金紫微 著

正学与践履

方孝孺儒学研究

上海古籍出版社

图书在版编目(CIP)数据

正学与践履:方孝孺儒学研究 / 金紫微著.

上海 : 上海古籍出版社，2024.6. -- ISBN 978-7-5732-1275-7

Ⅰ．B222.05

中国国家版本馆 CIP 数据核字第 2024VR0128 号

正学与践履:方孝孺儒学研究

金紫微 著

上海古籍出版社出版发行

(上海市闵行区号景路 159 弄 1‐5 号 A 座 5F　邮政编码 201101)

　(1) 网址：www.guji.com.cn

　(2) E‐mail：guji1@guji.com.cn

　(3) 易文网网址：www.ewen.co

常熟人民印刷有限公司印刷

开本 890×1240　1/32　印张 11.125　插页 3　字数 248,000

2024 年 6 月第 1 版　2024 年 6 月第 1 次印刷

印数:1—1,300

ISBN 978‐7‐5732‐1275‐7

B · 1407　定价:68.00 元

如有质量问题,请与承印公司联系

浙江省哲学社会科学规划青年课题"元末明初江南儒学的思想流变与政治实践研究"（21NDQN277YB）成果

目　录

序

　　明代理学的标杆是王阳明心学，但是王阳明着意编撰《朱子晚年定论》，无论出于何种目的，都足以表征朱子始终是王阳明的"他者"。这一"他者"的显著存在，不仅对于作为思想挑战者的王阳明，而且对于身处明亡之际的刘宗周以及其后生活于清代的弟子黄宗羲也是如此。当他们回望整个明代理学时，朱子学终究还是"正学"，整个明代理学仍须置于朱子学的维度上加以衡定，虽盛行于大江南北的王阳明心学亦不能外。在黄宗羲所述《师说》中，刘宗周对王阳明的评述将这层意思表述得很清楚；而黄宗羲在《明儒学案》也承其师说，分别树立了正反两方面的例子来凸显这层意思。反面的例子是泰州学派。泰州学派无疑是王门中人，但因其言行"非名教之所能羁络矣"，[1] 故也不能再列入"王门"；正面的例子便是方孝孺，刘宗周明确指出，"其扶持世教，信乎不愧千秋正学者也"，[2] 黄宗羲进而申明，方孝孺"持守之严，刚大之气，与紫阳

1　黄宗羲：《明儒学案》卷三十二《泰州学案》，《黄宗羲全集》第七册，杭州：浙江古籍出版社，2005 年版，第 820 页。
2　《明儒学案・师说》，《黄宗羲全集》第七册，第 8 页。

真相伯仲，固为有明之学祖也"。³学界析论泰州甚多，盖因泰州之
"非名教之所能羁络矣"，于今视之，恰似趋新，思想与行动上不只
是溢出王门，更是严重突破了"名教"；对方孝孺却着意有限，盖
"正学"意味着守旧，似不值得体会。但刘、黄师徒同为思想巨子，
且皆与王阳明心学有莫大关系，而如此推重方孝孺，实足以提醒今
日之心醉于阳明学中人亦能去理解刘、黄之论方孝孺，并由此体会
到作为明代理学之正学的朱子学。

一　与紫阳真相伯仲

方孝孺之为"正学"，首在于守道之正。方孝孺从学于宋濂，
先于京师宋濂任上，后又随宋濂返金华，"先后凡六岁，尽传其
学"。⁴宋濂作为明代开国文臣之首，接续的是金华北山四先生以降
的朱子学脉。全祖望讲：

> 文宪（宋濂）之学，受之其乡黄（溍）文献公、柳（贯）文
> 肃公、渊颖先生吴莱、凝熙先生闻人梦吉，四家之学，并出于北
> 山（何基）、鲁斋（王柏）、仁山（金履祥）、白云（许谦）之递
> 传，上溯勉斋（黄榦），以为徽公（朱子）世嫡。⁵

3　《明儒学案》卷四十三《诸儒学案上》,《黄宗羲全集》第八册，第 334 页。
4　同上，第 333 页。据方孝孺《祭太史公》(《逊志斋集》卷二十,《儒藏》"精华编"第
　　二五〇册，北京：北京大学出版社，2014 年版，第 749 页）与宋濂《送方生还宁海并
　　序》(《芝园续集》卷十,《宋濂全集》, 杭州：浙江古籍出版社，2014 年版，第 1819—
　　1820 页），方孝孺在宋濂门下实际上共四年，其中在婺三年。
5　《宋元学案》卷八十二《北山四先生学案》,《黄宗羲全集》第六册，第 298 页。

朱子之后，黄榦承其学，其金华弟子何基以传朱子理学为己任，后经王柏、金履祥、许谦的前后接续，北山四先生遂被后来者如黄潜尊奉为朱学世嫡。宋濂受业于黄潜，成为元末金华士人社群的代表，并于风云际会中得遇于朱元璋，不仅提振了包括金华在内的整个浙东士人社群在明初的政治地位与影响，而且在《元史》总裁官的任上，将北山四先生作为"徽公世嫡"写入正史，确定了金华朱子学的正统地位。据此，亲炙于宋濂前后达六年并深获宋濂肯定的方孝孺，其学统之正原不必赘言，但黄宗羲并没有简单地把学统之正移作为学之正的根据，相反，他在认真陈述了方孝孺师从宋濂的事实之后，特别指出，"先生之学，虽出自景濂氏，然得之家庭者居多。其父克勤，尝寻讨乡先达授受原委，寝食为之几废者也"。[6]换言之，方孝孺之学别有"授受"，不能把他与宋濂的师承简单地视为正学的依据，而是在承认师承的同时，在思想上作了某种切割。

黄宗羲这样的处理固然有其事实依据，即如引述，是来自家学，因此，这算是一种历史的重建（historical reconstruction）。但是更值得探究的，还是黄宗羲这样处理的理性依据，因为这一处理同时更是一种理性的重建（rational reconstruction），即从思想逻辑上来切割方孝孺与宋濂的联系。

然则黄宗羲为什么要作此处理呢？究其原委，主要在二：一是宋濂虽接续北山四先生以降之学统，并予以褒扬，于正史中确定为"徽公世嫡"，但宋濂本人"出入于二氏"，在思想上已经明显地偏

6 《明儒学案》卷四十三《诸儒学案上》，《黄宗羲全集》第八册，第334页。

离了朱子学；二是方孝孺从宋濂处虽"尽传其学"，但宋濂之学实际上已是文辞之学，与朱子学有了很大的距离。

黄宗羲的整个说明是清楚的，但比较简略，尤其是后一点的宋濂文辞之学并没有正面指出，而是通过方孝孺对待文辞之学的否定态度反过来印证这一点。关于婺学流为文辞之学，后来黄百家讲得更直截，他讲："金华之学，自白云（许谦）一辈而下，多流而为文人。"[7] 据此，金华学人流为文人，还不是在宋濂，而是更早地在许谦那里就开始了，只不过在宋濂这里已全然彰显，成了婺学的标签。当然，宋濂的根本问题还是在佞佛。对此，全祖望通过婺学的梳理，讲得很清楚：

> 予尝谓婺中之学，至白云而所求于道者，疑若稍浅，渐流于章句训诂，未有深造自得之语，视仁山远逊之，婺中学统之一变也。义乌诸公师之，遂成文章之士，则再变也。至公（宋濂）而渐流于佞佛者流，则三变也。[8]

方孝孺在对待佞佛的问题上，持守坚正，立场是非常明确的。黄宗羲说他是"以叛道者莫过于二氏，而释氏尤甚，不惮放言驱斥，一时僧徒俱恨之"。[9] 文辞的问题比较复杂，就一般意义上讲，诚如黄百家所言，"夫文与道不相离，文显而道薄耳。虽然，道之不亡也，犹幸有斯"。[10] 首先是"文与道不相离"，其次是"文显而

7　《宋元学案》卷八十二《北山四先生学案》，《黄宗羲全集》第六册，第298页。
8　同上，第298—299页。
9　《明儒学案》卷四十三《诸儒学案上》，《黄宗羲全集》第八册，第334页。
10　《宋元学案》卷八十二《北山四先生学案》，《黄宗羲全集》第六册，第298页。

道薄"，但道的传承又有赖于文；这一有赖，还不仅仅是因为"文与道不相离"，道的阐释传达总是离不开言语文辞的，而且还因为文与道在趣味上相比较，对于大多数士子而言，文辞显然更具生气而吸引人，道理不免枯槁许多。具体落到婺学中人以及宋濂，其文辞之学固得彰显，但似乎并不能因此简单地判定已经流于文以害道了。全祖望讲：

> 吾读文献（黄溍）、文肃（柳贯）、渊颖（吴莱）及公（宋濂）之文，爱其雅驯不佻，粹然有儒者气象，此则究其所得于经苑之坠言，不可诬也。词章虽君子之余事，然而心气由之以传，虽欲粉饰而卒不可得。公以开国巨公，首倡有明三百年钟吕之音，故尤有苍浑肃穆之神，旁魄于行墨之间，其一代之元化，所以鼓吹休明者与？[11]

显然，在全祖望看来，宋濂的辞章之学还是根柢于六经之坠言的，虽已是坠言，但终究有所依归，故不失雅驯，且"粹然有儒者气象"；而且全祖望强调，词章虽是余事，但却足以看出作者的心气，想要有所粉饰也是很难的，而宋濂的文章"有苍浑肃穆之神"，不能简单否定之。然尽管如此，方孝孺仍然还是不以为然的，他认为对文辞之学的热衷还是会偏离穷理持敬的朱子道学。故黄宗羲一方面表彰方孝孺"自幼精敏绝伦，八岁而读书，十五而学文"，后从学于宋濂，"尽传其学"，另一方面又强调方孝孺对此"学"并不

---

11 《宋元学案》卷八十二《北山四先生学案》，《黄宗羲全集》第六册，第 299 页。

满意，"朋友以文辞相问者，必告之以道，谓文不足为也"。[12] 这意味着，方孝孺之为"正学"，不仅在儒佛之间的坚正取舍，而且在文道之间的关系厘清。正是这一取舍与厘清，使得方孝孺为明代理学树立起一个标杆，即如全祖望接着前述婺学三变后强调，"犹幸方文正公为公（宋濂）高弟，一振而有光于西河，儿儿乎可以复振徽公（朱子）之绪"。这里的"西河"大致是取子夏于西河传孔子之学的典故，以此喻方孝孺对于明代理学的贡献。

由此，黄宗羲更进一步指出，"先生（方孝孺）直以圣贤自任，一切世俗之事皆不关怀"，这是方孝孺持坚守的正学。这里所谓的"世俗之事"，绝非是指修齐治平的人间事务，否则"一切世俗之事皆不关怀"便与遁入空门的释子没有区别了。方孝孺"直以圣贤自任"，"入道之路，莫切于公私义利之辨"。换言之，皆不关怀的一切世俗之事，与修齐治平的人间事务，中间是有一个公私义利的界限的。正是有此持守，故黄宗羲才称方孝孺"持守之严，刚大之气，与紫阳（朱子）真相伯仲"。实际上，方孝孺的"一切世俗之事皆不关怀"，与明亡之际顾炎武强调的"凡文之不关于六经之指、当世之务者，一切不为"，[13] 是前后一贯的明代理学的真精神。明代理学虽然中间经历了王阳明心学的崛起，尤其是王门后学的因药成病，沉溺于意识的空幻虚渺之论而归禅，但黄宗羲在彻底梳理有明一代之学术思想，并着力于表彰王阳明心学的同时，最终标示"与紫阳真相伯仲"的方孝孺"固为有明之学祖也"，在极大意义上是

---

12 《明儒学案》卷四十三《诸儒学案上》，《黄宗羲全集》第八册，第334页。
13 《亭林文集》卷四《与人书三》，《顾炎武全集》第二十一册，上海：上海古籍出版社，2012年版，第139页。

以朱子学为明代理学之正学的；而由前述联系到的顾炎武，似乎可以断言，朱子学终究仍是明代理学首尾一贯的学术思想主流。此处需略申说的是，顾炎武向被学界视为清学开山，这当然是的论，但并不能因此忽略了顾炎武与明代理学的关系。顾炎武对清学的开启是建立在他对明代理学乃至整个宋学的总结上的。就思想发生的现实意义而言，同为明末清初自觉于承前启后的三大儒，"六经责我开生面"的王夫之归隐船山，撰著两部著名《学案》为整个宋元明三朝学术思想作梳理的黄宗羲晚岁惭德，只有顾炎武真正足以代表明代理学的终结。因此，由方孝孺到顾炎武，虽然跨越了整个明代，中间有波澜壮阔的思想激荡，但明代学术思想的基调无疑仍然是朱子学。事实上，这点只要借助于晚明漂洋过海万里东来的天主教耶稣会传教士观察所及的中土代表性学问是朱子理学，也足以佐证这一判识。

二　道体事而无不在

当然，方孝孺的摈斥佛教与崇道轻文，以及基于公私义利之辨基础上的"一切世俗之事皆不关怀"，更多的是守道之正，即正学之立场的坚守。但是，仅仅是立场坚守并不能替代学术思想的正面建设，方孝孺之为正学须由他的一系列论说完整构成。对此，黄宗羲有非常清晰的概述，请照引于此，再略作阐述。黄宗羲讲：

> （方孝孺）入道之路，莫切于公私义利之辨；念虑之兴，当静以察之。舍此不治，是犹纵盗于家，其余无可为力矣。其言周

> 子之主静，主于仁义中正，则未有不静。非强制其本心如木石
> 然，而不能应物也，故圣人未尝不动。谓圣功始于小学，作《幼
> 仪》二十首。谓化民必自正家始，作《宗仪》九篇。谓王治尚德
> 而缓刑，作《深虑论》十篇。谓道体事而无不在，列《杂诫》以
> 自警。[14]

这一概述要言不烦，分两层意思。其一是由方孝孺的守道之正，具
体点出他对周敦颐主静思想的扬弃；其二是说明方孝孺的正面思想
建设。

　　黄宗羲刻意点出方孝孺对周敦颐主静思想的扬弃是富具深意
的。方孝孺以公私义利之辨为入道之路，公私义利之辨虽然其最终
的结果必然是形诸于外，但其辨别之最初的根本却存于个人的一念
之间。个人的一念因其尚未呈现为言行，故其实难以为外人知晓，
甚至自己也可能没有自觉的意识，或者虽有自觉的意识，但又缺乏
足够的警醒，往往作出自以为是的判识。因此，方孝孺强调"念
虑之兴，当静以察之。舍此不治，是犹纵盗于家，其余无可为力
矣"。显然，方孝孺的这一思想，正是朱子所强调的体察未发之中
的贯彻。只是主张"当静以察之"，便与周敦颐在《太极图说》中
提出的"主静"相一致。周敦颐的整个思想体系经过朱子的肯定与
论证，已成为理学的基本框架，并不存在什么问题，但程朱一系对
周敦颐的思想经过了改造，即以"主敬"取代"主静"，同时强化
格物穷理的基本思想，从而使理学摆脱了"主静"所带来的严重内

---

14 《明儒学案》卷四十三《诸儒学案上》，《黄宗羲全集》第八册，第334页。

倾化问题，以及因"主静"而与佛学耽空悟虚相混同的问题。因此，方孝孺强调"当静以察之"，以为"舍此不治，是犹纵盗于家，其余无可为力矣"，便有脱离朱子主敬的思想而返归于周敦颐主静之嫌疑，并最终与宋濂"出入于二氏"难以切割。黄宗羲显然是清楚意识到这一点的。如前所述，强调方孝孺之为正学的最重要标志是他对佛教的"驱斥"，故黄宗羲必须着意指出，方孝孺"其言周子之主静，主于仁义中正，则未有不静。非强制其本心如木石然，而不能应物也，故圣人未尝不动"。换言之，黄宗羲把方孝孺讲周敦颐的"主静"，主要落在周敦颐《太极图说》"圣人定之以中正仁义，而主静立人极焉"的前半句，即"中正仁义"；而所谓的"主静"，"则未有不静"。相反，如果"强制其本心如木石然，而不能应物也，故圣人未尝不动"。因此，所谓的"当静以察之"虽袭用了周敦颐的"主静"，但更近于一种实践上的方便，静的关键不在静本身，而在于察，辨明念起念落中的公私义利。黄宗羲点出方孝孺扬弃周敦颐主静思想的深意在此，因为这是黄宗羲必须作出澄清的思想关键处。

当然，由于强调"静以察之"，终不免有思想上转向内在的可能，从而与着意于主体精神对象化的主敬有别。大概正是有见于此，故黄宗羲除了着意点出上述这层意思外，接着在第二层意思上便具体罗列了方孝孺的四种著述，《幼仪》《宗仪》《深虑论》《杂诫》，并分别点明各自的宗旨，以充分表征方孝孺的思想完全是朱子下学以上达的理学精神的贯彻，断言方孝孺"持守之严，刚大之气，与紫阳真相伯仲"。

作为方孝孺正面的思想建设，黄宗羲所介绍的四种著述中，二十首《幼仪》与九篇《宗仪》都是仪式行为的规范，虽然所有的仪式都涵有特定的思想意义，但在黄宗羲那里，"圣功始于小学"、"化民必自正家始"已将其思想高度概括；《深虑论》十篇亦是如此，其论政治思想，揭明其宗旨在"尚德而缓刑"，其余琐细便不待赘言。故作为方孝孺理学思想的呈现，在生平与思想概述加选录资料的学案体例中，黄宗羲的资料选录集中在方孝孺的《杂诫》，因为此书"谓道体事而无不在"，集中反映了方孝孺的理学思想。

从黄宗羲所选录的《杂诫》看，方孝孺的所思所虑基本没有溢出朱子理学的范畴，但可以看出他对朱子思想有所取舍而加以着重阐扬的部分。其中最基本的一点，即如黄宗羲所概括的，"谓道体事而无不在"，方孝孺几乎没有就理论性的"道体事"发议论，而是将"道体事"全部散落在从个人到国家的具体事上。这一特点一方面是反映了明初理学的共性，即普遍以为朱子已将道理说完，只待践履做去；另一方面是这一思想本身也是对朱子思想的贯彻，因为朱子思想的核心在理一分殊，"理一"固然是体现思想理论之所在，但朱子整个学术思想的用力处却又无疑是在"分殊"，即方孝孺所谓的"道体事而无不在"。

在那些着重阐扬的具体事上，方孝孺所论主要集中在两个方面。一个是围绕着修身。在这个问题上，方孝孺显然是把握住了朱子理学的核心，即对"学"的高度重视。黄宗羲选录的第一条开头就讲："人孰为重？身为重。身孰为大？学为大。"方孝孺甚至以为：

> 人或可以不食也，而不可以不学也。不食则死，死则已；不
> 学而生，则入于禽兽而不知也。与其禽兽也，宁死。[15]

实际上，在方孝孺看来，学不仅使人免于沦乎物，守其身，也是治民立教的根本。圣人之为圣人，贤者之为贤者，乃至各行各业，整个文明，都仰赖于"学"。

方孝孺强调学之重要，同时指出了为学有"四蠹害"，即"利禄"、"务名"、"训诂"、"文辞"。利禄与务名为"蠹害"，很容易理解；训诂与文辞也被列为"蠹害"，不免引起误解，因为训诂与文辞都是为学的基本方法，舍此难以言学。但方孝孺对此有具体的界定，他讲：

> 钩摭成说，务合上古，毁訾先儒，以为莫我及也，更为异义以惑学者，是谓训诂之蠹。不知道德之旨，雕饰缀缉以为新奇，钳齿刺舌以为简古，于世无所加益，是谓文辞之蠹。[16]

据此可知，所谓的训诂与文辞，其实只是利禄与务名这两种"蠹害"，尤其是务名在专业技能上的延伸，并非是求求真知的训诂与弘道济民的文辞。由此不仅可推知元末明初的学风，亦可有助于理解前述黄宗羲对方孝孺之学与宋濂之学的切割。

除了"学"的高度重视以外，方孝孺将修身之要定在治心，只是他的"治心"不是虚幻飘忽的悬空之论，而是落在具体的"义"

15　《明儒学案》卷四十三《诸儒学案上》，《黄宗羲全集》第八册，第335页。
16　同上，第334页。

上。方孝孺讲："治人之身，不若治其心；使人畏威，不若使人畏义。"这个"义"，往更具体处讲，便是"礼乐"，他讲："养身莫先于饮食，养心莫要于礼乐。"正是据于此，方孝孺对于仕风与政治作出相应的批判。如其论仕风："古之仕者及物，今之仕者适己。及物而仕，乐也；适己而弃民，耻也。"其论政治："古之治具五：政也，教也，礼也，乐也，刑罚也。今亡其四而存其末，欲治功之逮古，其能乎哉？"[17]

对政治的批判便延伸到了方孝孺的另一个思想中心，即为政。由上引所述关于"治具"的批判，可知方孝孺对于政治的思考，重在制度的建设。这应该是与方孝孺身逢乱世后的政治重建有着直接的关系。元明替代不完全只是一个朝代的替代，其中更有一层恢复中华文明的含义，因此明代政治的重建是有着特殊的挑战的，无论在政体建设，还是在治理方略上，都需要颇费周章。方孝孺讲：

> 为政有三：曰知体，稽古，审时。缺一焉非政也。何谓知体？自大臣至胥吏，皆有体，违之则为罔。先王之治法详矣，不稽其得失而肆行之，则为野。时相远也，事相悬也，不审其当而惟古之拘，则为固。惟豪杰之士，智周乎人情，才达乎事为，故行而不罔、不野、不固。[18]

强调知体，便是置制度建设为首务。明初政治的建设在意识层面自然需要跨过蒙元而上承华夏的传统，但蒙元近百年的政治也不是全

17　《明儒学案》卷四十三《诸儒学案上》，《黄宗羲全集》第八册，第335页。
18　同上。

无华夏的传统，彻底无视或完全跳开，不仅是全无可能的，也是完全不必要的。因此，方孝孺在强调知体，肯定制度建设为首务的前提下，提出稽古与审时并举，可谓是循理而行的思想。稽古与审时，不完全是实践意义上的，而是具有背后的义理识见。恢复中华的政治传统无疑是必须的，只是"先王之治法详矣"，究竟继承怎样的政治制度却是一件需要选择的难事，这就决定了考察"先王之治法"，"稽其得失"，成为必须要做的事情。与此相应，历史是永远向前的，"时相远也，事相悬也"，审时才是明智的。可见，方孝孺所强调的知体则不罔、稽古则不野、审时则不固，其不罔、不野、不固的背后支撑就是义理上的正当性与有效性。换言之，明理是整个良性政治的依据。

将明理的思想贯彻于整个社会治理，其结果自然就是要使治理合乎人情。方孝孺讲：

> 礼本于人情以制人情，泥则拘，越则肆，折衷焉斯可已。[19]

这与朱子深研礼学、建构南宋礼制的精神可谓一脉相承。朱子研究古礼，不在复古，而在明察存于礼仪背后的理据，而建构南宋礼制则依循所见得的理据，本于人情，缘俗成礼。故概而言之，方孝孺论政治，无论是国家层面，还是社会层面，所遵循的正是朱子的理念与路子。

---

19 《明儒学案》卷四十三《诸儒学案上》，《黄宗羲全集》第八册，第335页。

三 虽谓先生为中庸之道可也

毫无疑问，方孝孺最重要的事情是他的死节。黄宗羲概略述之：

> 文皇召之不至，使其门人廖镛往。先生曰："汝读几年书，还不识个是字。"于是系狱。时当世文章，共推先生为第一，故姚广孝尝嘱文皇曰："孝孺必不降，不可杀之，杀之天下读书种子绝矣。"文皇既惭德此举，欲令先生草诏，以塞天下之人心。先生以周公之说穷之。文皇亦降志乞草，先生怒骂不已。磔之聚宝门外，年四十六。坐死者凡八百四十七人。[20]

今人以常情度之，对于这样的酷烈之事，自然以为不可思议。其实在当时人看来，恐怕亦是大出意外，不然既不会有门人受命去劝降之事，也不会有姚广孝谏杀之语。在局外人看来，甚至或以为，如方孝孺肯退一步，便可免此灾难，即黄宗羲所讲的"庸人之论"："又以先生激烈已甚，致十族之酷。"但黄宗羲彻底否定这种假设，指出："夫成祖天性刻薄，先生为天下属望，不得其草，则怨毒倒行，无所不至，不关先生之甚不甚也。"实际上，这一酷烈事件的关键，不在于如何抨击暴君的凶残，因为这已不必赘言，关键在于如何理解方孝孺的选择死节。

古往今来，死节者多矣。死节本身当然是值得高度褒扬的义

---

20 《明儒学案》卷四十三《诸儒学案上》，《黄宗羲全集》第八册，第334页。

举，因为这印证了孟子所讲的生与义不可兼得，舍生而取义的精神追求，正是这种追求稳固地建立并维系起人类文明的价值内涵。只是方孝孺的死节是否别有"理学"的意义？换言之，方孝孺的死节是否构成明代理学的精神内涵？

在这点上，黄宗羲似乎远不如刘宗周讲得透彻。依前引黄宗羲所言，方孝孺的死节一则归于明成祖的刻薄怨毒，再则盖因"先生为天下属望，不得其草"。前者的然，但后者则不免有将方孝孺的不愿起草诏书视为某种外在身份，即"为天下属望"绑架之嫌疑。如若作此理解，那么方孝孺的死节除了有一义举外，很难说更有别的理学意涵；而且，方孝孺的死节也完全可以视作是一个无奈的历史偶然，黄宗羲也确实有此看法："不观先生而外，其受祸如先生者，宁皆已甚之所致乎？此但可委之无妄之运数耳。"

刘宗周完全没有将此事视作"无妄之运数"，也没有纠缠在明成祖的刻薄怨毒上，而是正面阐扬方孝孺的死节意涵。他讲：

> 或言先生之忠至矣，而十族与殉，无乃伤于激乎！余曰："先生只自办一死，其激而及十族，十族各办其一死耳。普天之下，莫非王土，十族众乎？而不当死乎？惟先生平日学问，断断乎臣尽忠，子尽孝，一本于良心之所固有者。率天下而趋之，至数十年之久，几于风移世变，一日乃得透此一段精光，不可掩遏。盖至诚形著，动变之理宜然，而非人力之所几及也，虽谓先生为中庸之道可也。"[21]

---

21 《明儒学案·师说》，《黄宗羲全集》第七册，第8—9页。

刘宗周的阐扬包含了几层意思。首先，"先生只自办一死"。方孝孺的死节是一种自我选择，绝非是某种身份的绑架，如前述黄宗羲所讲的"为天下属望，不得其草"。其次，这种自我选择"一本于良心之所固有者"。对固有良心的强调，不能简单地理解为王阳明的良知心学。相反，刘宗周强调这"一本于良心之所固有者"，不是临时的一念觉悟与发动，而是平日长达数十年问学的结果，更近于朱子学的立场。最后，也是最为重要而需作申言的，实践理性的落实是理学的根本。刘宗周讲：

> 考先生在当时，已称程、朱复出，后之人反以一死抹过先生一生苦心，谓节义与理学是两事。[22]

可以推知，随着时过境迁，士人已将方孝孺的死节视为一件偶发的历史事件，充其量是一壮烈的义举，并不是与理学必然相关的，理学似乎只是关乎性命天道之类话语的认知分疏，而与实践理性无关。刘宗周则强调，方孝孺几十年的理学修养，在一个特定的历史节点上，"一日乃得透此一段精光，不可掩遏"，"以九死成就一个是，完天下万世之责。其扶持世教，信乎不愧千秋正学也"。[23] 换言之，理学之为理学，最终与最根本的表征，既不是言语上的细分缕析，也不是精神意识上的虚高体悟，而是实践理性在行动上的落实。方孝孺回应劝降门生的话，"汝读几年书，还不识个是字"，这个"是"字当然首先是理性在认知上的判识，但此一判识不仅仅是

---

22 《明儒学案·师说》，《黄宗羲全集》第七册，第 8 页。
23 同上。

停留于言语，成为一个悬空了的认知，而是必须最终表征于实践上的。这也意味着，在刘宗周对明代理学的最终理解上，实践理性是根本。正因为如此，所以对于方孝孺之选择死节，刘宗周给予极高的肯定，"盖至诚形著，动变之理宜然，而非人力之所几及也，虽谓先生为中庸之道可也"。[24] 至于"其激而及十族"，也宜作此看。这里不在于遭此惨害的人数多少的问题，而在于是与非的选择问题，如果选择了是，那么"十族众乎？而不当死乎？"显然，答案是否定的。

尤为可贵的是，刘宗周不只是通过方孝孺对明代理学的正学作此判定与阐扬，而且众所周知，他更是以自己生命的最后实践表征了这一作为正学的理学。这也意味着，从方孝孺到刘宗周以死节殉道的极端形式所呈现的明代理学，其正学就是刘宗周对方孝孺的评定，即"已称程、朱复出"的朱子学。

如果更进一步看，将实践理性的呈现不限止于道德层面，那么从方孝孺到刘宗周以死节殉道的极端形式所呈现的明代理学之正学，事实上更是延展到文明的意义上，深刻地影响了明代士人。这里姑举与理学家似乎毫无关系的一则例子以为佐证，并以此结束此序。

明代中叶，天下承平，士大夫以儒雅相尚，评书品画，沦茗焚香，弹琴篆石等事，乐道而不疲。苏州著名的书画与诗文名家文徵明有位曾孙叫文震亨（字启美，1585—1645），自幼耳濡目染，曾以诸生卒业于南京国子监，崇祯十年，以琴书之才名达禁中，改授

---

24 《明儒学案·师说》，《黄宗羲全集》第七册，第8—9页。

武英殿中书舍人，后又因黄道周朋党之事饱受牵连入狱。文震亨著有《长物志》十二卷，所谓"长物"，馆臣以为取《世说》中王恭之语，即闲适玩好之物。《长物志》对晚明士大夫的生活日用及其趣味，作了系统全面的说明，可谓纤悉毕具。但正是这样一个对世俗生活表现出无比热爱的士人，当清兵攻破苏州城时，避乱于阳澄湖畔以为活命，在听闻剃发令后，还是选择了死亡，而且在投河自尽未遂后，硬是绝食六日，呕血而亡。友人沈春泽尝问："斯编常在子衣履襟带间，弄笔费纸，又无乃多事耶？"文震亨答："不然，吾正惧吴人心手日变。如子所云，小小闲事长物，将来有滥觞而不可知者，聊以是编隄防之。"正如沈春泽在序文中所讲，"予遂述前语相诮，令世睹是编，不徒占启美之韵、之才、之情，可以知其用意深矣"。[25] 这"用意"便正如文震亨闻剃发令而选择死所彰显的，已不限于道德意义的节义，而更是一种文明意义上的坚守了。

总而言之，方孝孺在明代理学上所树立起的标杆，以及刘宗周、黄宗羲在明亡之际及其后对方孝孺之为明代理学之正学的判识标举，乃至生命实践，是非常需要今天研究明代理学者深思的。金紫微的博士论文专治方孝孺，后又进一步研究完善，今将由上海古籍出版社刊行，嘱我写序，因其论而申言之。

何俊

甲辰小满后三日

---

25 《长物志》，杭州：浙江人民美术出版社，2016年版，第2页。

绪　论

　　方孝孺（1357—1402），字希直，又字希古，号逊志、正学先生、缑城先生，台州宁海人。他生来聪明绝顶，自幼就在父亲指导下接受正统儒家教育。少年孝孺文才出众，未冠即闻名于乡里，乃至"乡人目为'小韩子'"。[1]成年之后，孝孺入京，从学于"开国文臣之首"宋濂，受到后者的极大赏识，若干年间尽得所学。彼时孝孺不仅满腹诗书礼乐，而且身怀强烈的经世愿望，先后出任汉中府教授、侍讲学士、文学博士等，服务于蜀献王及建文帝；直至成祖夺帝位，孝孺宁死不屈，慨然就义，是为中国历史上最为著名的殉道者之一。孝孺工于文章，常以圣贤自任，终日念虑生民天下，未尝有私，其著甚丰，而今仅遗《逊志斋集》一部。作为历史上重要的学者与文臣，孝孺一直受到其后世学人的关注。在正式展开论述之前，本章将先交代相关研究背景及本书的基本情况。

1　张廷玉等：《方孝孺传》，《明史》卷一四一，北京：中华书局，1974年版，第4017页。

一 研究缘起

（一）学术史回顾

明清两代，方孝孺的事迹广泛收录于各类史书，亦被创作为各类文学作品，广为人知。明清士人围绕孝孺节行展开的讨论俯拾皆是，大都集中在有关殉难是非的评述抒怀上，如李贽《续藏书》充分肯定了孝孺的成仁取义，指出殉难一事对士人气节的巨大伤害，[2]又如孙奇逢责怪孝孺"顾生之心"不足而导致结果"惨极"的壬午殉难；[3]亦有针对孝孺文章的评价，如李贽赞曰"正学之文，从笃学力行中得来，有欲担扶世界之想"。[4]总体来说，受制于学科发展的固有规律，近代以前有关方孝孺的研究带有浓重的史传色彩，在思想性、学术性的挖掘上不够深刻。又由于革除一事的高度敏感，直至崇祯十四年（1641）才由蕺山门人卢演编定了《方正学先生年谱》（以下简称《年谱》），或可以看作是专门性、系统性地研究方孝孺的开端。此后，黄宗羲《明儒学案》将方孝孺收录入《师说》及《诸儒学案》，意味着对于方孝孺的研究正式开始转向对思想层面的关注。黄宗羲在书中写道：

> 先生直以圣贤自任，一切世俗之事，皆不关怀。朋友以文辞相问者，必告之以道，谓文不足为也。入道之路，莫切于公私义

2　参见李贽：《方孝孺》，《续藏书》卷五，《李贽文集》第四卷，北京：社会科学文献出版社，2000 年版，第 100 页。

3　参见孙奇逢：《读三异人传》，《逊志斋外集》，上海：上海古籍出版社，2009 年版，第183—184 页。

4　李贽：《题〈三异人文集〉小引》，《逊志斋外集》，第 176 页。

利之辨，念虑之兴，当静以察之。舍此不治，是犹纵盗于家，其余无可为力矣。其言周子之主静，主于仁义、中正，则未有不静，非强制其本心如木石然，而不能应物也，故圣人未尝不动。谓圣功始于小学，作《幼仪》二十首。谓化民必自正家始，作《宗仪》九篇。谓王治尚德而缓刑，作《深虑论》十篇。谓道体事而无不在，列《杂诫》以自警。持守之严，刚大之气，与紫阳真相伯仲，固为有明之学祖也。先生之学，虽出自景濂氏，然得之家庭者居多。其父克勤，尝寻讨乡先达授受原委，寝食为之几废者也。故景濂氏出入于二氏，先生以叛道者莫过于二氏，而释氏尤甚，不惮放言驱斥，一时僧徒俱恨之。[5]

对孝孺儒学思想的主静格物、为学践道、礼治主义、驱斥异端等方面皆有准确精当的把握。黄宗羲虽然高度总结性地对孝孺作了思想归纳与学术定位，但他的用意其实不纯在思想史现象的呈示，而是要以"我注六经"的方式，借思想史的构建，灌注和表达他自己的史学价值观与现世关怀。因为身历晚明的黄宗羲体验到的也是"神圣既远，祸乱相寻，学士大夫有以生民为虑、王道为心者绝少"[6]的文化衰落状况，所以他特别需要高举孝孺这样学行卓越的榜样人物以为世人之鉴。黄宗羲的论断完全符合以往儒家学者们对于孝孺学术醇正的一贯见解，但如果回到纯粹历史真实的还原问题上，孝孺是否真如黄宗羲所述是有明开山学祖，恐怕是值得怀疑的。

---

5 黄宗羲：《诸儒学案上一》，《明儒学案》卷四十三，北京：中华书局，2008 年版，第 1042 页。

6 《师说》，《明儒学案》，第 1 页。

由明清转入近现代以后，关于方孝孺的研究日益呈现出向思想层面倾斜的趋势。以笔者所见，除了李佩秋发表于 1937 年的《书明史方正学先生传后》(《文澜学报》，第 3 卷第 1 期，《序跋汇刊》第 1—2 页）仍然忠于孝孺身后事及其后嗣的历史考证，钱穆等多位先生都先后针对孝孺儒学思想的不同方面发表了不同以往的崭新见地，使得方孝孺作为理学家的重要性被重新发现。其中，钱穆对孝孺的思想与品行皆推崇备至，其《读明初开国诸臣诗文集》中"读《方正学集》"一节以孝孺正统论为例，力证孝孺乃真正有得于道者，认为孝孺之学回归到了儒家在人世间恢复天道的立教初衷，拔群于明代之学术，在气象上远胜曹端、吴与弼、陈献章，甚至超过了王阳明，直接造就了顾炎武、黄宗羲、王夫之等明清之际的实学大儒。[7] 容肇祖《明代哲学史》则把这层意思发挥得更为显白，直陈孝孺承接了宋元以来朱子学日渐重视现世实践的发展趋势，讲"他的淑世淑人的见解是要将学问和事功打成一片"，是"由博学致知而更趋向着践履的切实的方面走去了"，着意突出孝孺思想的用世特征。[8] 陈荣捷则作《早期明代之程朱学派》论文，一反单把明初朱子学看作对宋代毫无新意之宗继的陈说定论，创造性地发现了明初朱子学之于陈献章和阳明心学的先声意义，并特别提到了孝孺殉难事件也是这一发展过程中的影响因素之一，指出了此事对儒家学风从热衷形上思辨转向现世践履起到了比较关键性的推

7　参见钱穆：《中国学术思想史论丛（六）》，北京：生活·读书·新知三联书店，2009年版，第 180—187 页。
8　参见容肇祖：《明代思想史》，郑州：河南人民出版社，2016 年版，第 12—13 页。

动作用。[9]另外，孝孺的政治思想特别受到近代学者的关注。萧公权在初版印行于 1945 年的《中国政治思想史》"明代专制思想之反动与余波"章"方孝孺"一节专门阐发了孝孺的政治思想，认为其在政治源起、君主职务、宗法井田和民族思想等四方面颇有创新，尤以政治源起说当引起注意，正统之论亦开后世先河。[10]沈刚伯发表于 1961 年的《方孝孺的政治学说》[11]则结合君主政体论、井田论和地方自治论等三个理论重心阐释方孝孺的政治思想，高度评价了孝孺在政论建构方面的作为，认为其政治学说在系统性和全面性上可谓古来第一人。王云五则同时着力介绍了孝孺的政治思想[12]与教学思想[13]，相比后者重在析解材料和归纳思想，前者论述中新意更多，比较全面地陈述了孝孺在为君、正统、法度、人事、经济、正俗等方面的政治理论，指明了其忠君尊王主义和民本主义的主体精神。

　　进入当代，有关方孝孺的研究成果进一步丰富。专著方面，胡梦琪《方孝孺年谱》（西安：陕西人民出版社，1988 年版）在卢演《年谱》的基础上，既考订了旧说，又补充了大量史料，并对孝孺

9　参见陈荣捷：《早期明代之程朱学派》，《朱学论集》，上海：华东师范大学出版社，2007年版，第 215—228 页。

10　参见萧公权：《中国政治思想史》，北京：商务印书馆，2011 年版，第 515—530 页。

11　收录于《明清史研究论集》，《大陆杂志史学丛书》第二辑第四册，台北：大陆杂志社，第 15—21 页。原载《大陆杂志》，1961 年第 5 期，第 1—6 页。论文发表不久前，沈刚伯曾应胡适之邀，在同年 1 月 11 日蔡元培纪念日发表了《方孝孺的政治思想》的学术演讲。参见胡适：《胡适日记全编》第八册，曹伯言整理，合肥：安徽教育出版社，2001 年版，第 747—751 页。

12　参见王云五：《王云五全集》第三册，北京：九州出版社，2013 年版，第 34—55 页。

13　参见《王云五全集》第五册，第 259—271 页。

思想有所阐发；尤其值得注意的是，该书第三部分"方孝孺及其时代"从阶层分析的角度入手，分析了孝孺与洪武政权的关系及其思想与实践的深层原因，颇具说服力。台湾学者姬秀珠所著《明初大儒方孝孺研究》（台北：文史哲出版社，1991年版）也是较早面世的一部研究方孝孺思想比较深入的专著，该书史料翔实，在综合考量方孝孺所处的学术、政治环境的基础上，阐释了孝孺包括治学思想、理学理念、文学主张等在内的学术思想和包括施政理念、宗法论、社会治理理论、君主论等在内的政治思想，惟惜其立论时有失于偏颇。王春楠、赵映林所著《宋濂　方孝孺评传》（南京：南京大学出版社，2011年版）的下册"方孝孺评传"部分是研究方孝孺最具系统性的著作之一，该评传就方孝孺的家世生平、政治思想、法思想、经济思想、理学思想、文学思想和成就等都作了比较全面的阐述。张树旺《明初行政体制改革的逻辑：从方孝孺与浙东学派的视角》（北京：社会科学文献出版社，2017年版）[14]则将方孝孺的学行放在明初政治变革的历史环境中加以探讨，解读了孝孺之死背后蕴藏着他炼成的"圣人之心"，体系化地梳理了孝孺批判现实的制度思想和以制约君权为目的的君主论、正统论，最后还讨论了孝孺对黄宗羲政治思想的深刻影响。除上述专门论著外，若干部大跨度思想史、学术史著作也将方孝孺纳入了研究视野。侯外庐等主编《宋明理学史》（下册）（北京：人民出版社，1987年版，第94—106页）"方孝孺、曹端的理学思想"章首节专论方孝孺，分为

14　本书脱胎于作者的博士学位论文《理念世界与现实政治的冲突——方孝孺之死的思想史解读》（中山大学，2005年），故其主要观点的实际形成时间更早。

心性论与学道方法、行《周礼》与辟佛思想两个方面展开论述，旨在揭示其理学思想的本质；长期以来学者较为重视方孝孺的政治思想，对他的理学未作全面深刻的研究，该作填补了该领域的空白。管敏义著《浙东学术史》(上海：华东师范大学出版社，1993年版，第230—240页)"明代的浙东学术"章"明初浙东学术"节"方孝孺的学术思想"部分选取了学以用世的理学思想、气生万物的无神论思想和为天养民的社会政治思想等三方面呈现方孝孺学术思想的面貌；作者注意到了方孝孺思想形成的社会历史条件，并且对其不同于程朱理学的地方有所提点，但在个别观点上仍可商榷。[15]庞朴主编《中国儒学》(第一卷)(上海：东方出版中心，1997年版，第288页)沿用了《明儒学案》的说法，简介了孝孺思想重践履、明王道和辟异端的特点。董平著《浙江思想学术史：从王充到王国维》(北京：中国社会科学出版社，2005年版，第289—293页)将孝孺的思想编织进由汉代绵延至近代的浙江思想学术发展大脉络中，提纲挈领地点明了孝孺的理学思想与政治、社会经济思想的特点，以突显其对于浙东学术基本取向之贯通与传承。张岂之主编《中国思想学说史·明清卷》(广西师范大学出版社，2007年版，第31—33页)"明代朱学"章"明代朱学的发展与心性说的萌生"一节收录了方孝孺，指出他的思想显现出调和朱陆的倾向，正是其心学性格支撑了他的人格精神和道德践履。张学智著《中

15　例如，作者"方孝孺的反佛思想高于历来的反佛者"(第233页)的论断恐怕有失偏颇，其实宋代理学家多已注意到了要从根本上否定佛教存在根据的问题，朱熹辟佛就是最好的例子；作者还主张"黄宗羲'一切世俗之事皆不关怀'说有失偏颇"(第235页)，他对此的诠释也不尽然适切，黄宗羲所谓"世俗之事"不是作者理解的世间实事，而是指世间俗人关心的东西，例如财富名位等。

国儒学史·明代卷》(汤一介、李中华主编,北京:北京大学出版
社,2011 年版,第 51—73 页)"明代初年的儒学"章后三节分别详
细阐述了方孝孺的文道论、治平论与正统论,认为方孝孺的学术继
承了中原文献嫡传的金华文献之学,鲜明地体现了明初儒学的整体
面貌。

论文方面,二十世纪八十年代以降,国内学界在有关方孝孺研
究的领域内已获得了长足的进步。以笔者目力所及,自二十世纪中
叶起,政治思想的研究一直是方孝孺研究的重中之重,因此相关论
文占比最高;其次是史学与文学方面的研究;最后,从哲学思辨或
思想史考察的角度进入方孝孺研究者最少。现择其要言之如下:

第一,政治思想研究。一方面是关于孝孺的正统论,孙湘云
《方孝孺的夏夷论》(《华中师范大学学报(哲社版)》,1995 年第 6
期,第 89—92 页)指出了孝孺的历史正统论中蕴含的夏贵夷贱、
尊夏攘夷的夏夷观,是一种大汉族中心主义和华夏中心主义;孙宝
山《以"民族性"重构正统论——黄宗羲对方孝孺的正统论的继
承与发展》(《中国哲学史》,2005 年第 3 期,第 101—108 页)提出
孝孺以"道德性"和"民族性"对传统正统论进行了创造性的修
正,后又由黄宗羲继承、发展了下来;朱光明《从陈亮到方孝孺:
浙东学者关于正统的阐说及其流衍》(《河北大学学报(哲学社会科
学版)》,2017 年第 6 期,第 12—18 页)主张方孝孺在华夷之辨
上对陈亮既有继承又有发展,而其对正统和变统的区分带有较强烈
的道德色彩,体现了朱子学在明初不断强化的影响;孙锋《方孝孺
正统论探析》(《齐鲁学刊》,2017 年第 6 期,第 48-53 页)认为应
将方孝孺正统论置于元明鼎革之际的政权合法性建设这一时代背景

中去分析，置于古代正统论整体发展脉络中去考察。刁玮硕士论文《方孝孺法律思想研究》（西南政法大学，2014年）梳理了孝孺的社会治理理论和正统论，评析了其思想对其政治生涯与境遇的影响；刘浦江《元明革命的民族主义想象》（《中国史研究》，2014年第3期，第79—100页）则指出孝孺正统论对后世造成了深远影响，特别是土木之变后成为了明人表达民族情绪的最重要资源。另一方面是关于孝孺的治国治民思想，孙湘云《简析方孝孺的君臣关系说》（《华中师范大学学报（哲社版）》，1991年第4期，第69—71页）将孝孺的君臣关系说归纳为"君使臣以礼，臣事君以忠"，指出其重倡古论顺应了时势要求，在明代至清初都有较大影响；赵子贤《方孝孺"志于道"思想探析》（《宁波大学学报（人文科学版）》，2019年第1期，第6—10页）阐述了方孝孺"立法精神"的激发与践行，展现了其捍卫君臣法度的仁道精神；王雄军硕士论文《方孝孺"礼治主义"政治思想研究》（北京大学，2005年）围绕"礼治"这一特点全面阐述了孝孺的政治思想，包括正统论、君臣理论、宗法思想、井田思想和立法利民理论等五个方面；王伟博士论文《明前期士大夫主体意识研究（1368—1457）》（东北师范大学，2011年）从政治现象切入文化基因的研究，在厘清史实的基础上，重点关注孝孺的君臣共治理念，以其为洪武至建文期间士大夫对皇权与士人关系的主流认知，还梳理了明清两代士人对方孝孺的历史评价，间或阐述了方孝孺的价值观和正统论。

第二，史学和文学方面的研究。史学方面，董刚博士论文《元末明初浙东士大夫群体研究》（浙江大学，2004年）详述了方孝孺的从政和社会活动经历，阐发了方孝孺主导的建文新政的内容和意义；张树旺《论方孝孺之死对明代士风的影响》(《广东社会科学》，2006 年第 1 期，第 77—82 页）认为明成祖处死方孝孺是对明代士风最大的破坏，是造成明代中后期士人崇尚清谈最主要的原因之一；他的另一篇论文《论方孝孺之死的儒学史意蕴》(《船山学刊》，2010 年第 2 期，第 119—121 页）在辩明方孝孺的学行地位、社会影响力的基础上，指出其殉难应当是践行儒家信念的殉"志"，非为殉君，故才成为关系一个时代士人整体命运的重大历史事件；郭万金《"天下读书种子绝矣"——方孝孺之死的文化阐释》(《浙江学刊》，2007 年第 6 期，第 111—116 页）将方孝孺之死作为一桩文化事件讨论，指出正因为本以明道承统为任、广受社会上下推崇的"读书种子"以悲剧谢幕，明初士人与君主之间的隔阂才被推至极端，道统与治统之间才产生了巨大的裂痕；李谷悦《方孝孺殉难事迹的叙事演化与"诛十族"说考》(《史学月刊》，2014 年第 5 期，第 37—47 页）从史学切入，探明了关于方孝孺殉难的记述受到各种文化和政治因素左右，在明代中期以后渐始有夸大，至明末"诛十族"说成为主流，入清后对此产生质疑，"诛十族"情节脱离了正史叙事。文学方面，张梦新《文彪百代，骨鲠千秋——方孝孺的散文理论与实践》(《浙江学刊》，1991 年第 5 期，第 111—115 页）较详细地阐述了孝孺的文道论，分析了其散文创作的特点，封其为明初文学大家；左东岭《元明之际的"气"论与方孝孺的文学思想》(《文艺研究》，2006 年第 1 期，第 46—56 页）通过围绕孝孺道、气、文三者合一的文学思想的讨论，呈现出元明之际文学理论发展的一面相；王魁星《论方孝孺对宋濂文章观念的继承与新变》(《河南社会科学》，2019 年第 8 期，第 111—116 页）主张方孝孺文章观念在文道关系、师法"六经"与道、气、辞三者关系等方面都对宋濂有显著继承，体现了明朝取代元朝后意识形态重建工作的加强；陈志峰博士论文《方孝孺及其文学之研究》(中山大学，2009年)以文学为切口较全面地研究了方孝孺其人，考察了他的生平与师友关系，交代了他的学术思想和政治思想，重点阐述了他的文学观与文学批评、创作。

第三，哲学或思想史方面的研究。一方面是关于孝孺的理学思想，唐宇元《论方孝孺的用世和无神论思想》(《浙江学刊》，1986年第6期，第72—75页)是国内较早发表的有关方孝孺理学思想的专论，文章阐述了孝孺"用世"、"务实"的儒学精神，又以"无神论"为其辟佛思想定论，详细论述了孝孺如何批判佛教的轮回报应思想和基于有神论的佛事祭祀活动；吕诗尧《明初儒者方孝孺的辟异端思想》(《世界宗教研究》，2016年第4期，第32—37页)考察了孝孺"明王道、辟异端"思想的理论基础和他对佛教学说与儒家内部其他异端思想的批判；陈奇《明朝前期的陆学潜流》(《毕节师专学报》，1994年第1期，第18—24页)提及方孝孺的道德修养方法有吸收陆(九渊)学的迹象；刘宗贤《明代初期的心性道德之学》(《中国哲学史》，1999年第2期，第85—92页)提到了方孝孺的学说与同时代很多学者一样表现出了注重思考、重视道德实践的倾向；郭锋航博士论文《明初朱子学研究》(陕西师范大学，2012年，第31—32页)非常简略地提及了方孝孺理学思想的心学倾向；田义勇《"达"范畴与"士"的价值定位》(《南昌大学学报(人文社会科学版)》，2012年第4期，第80—85页)则介绍了方孝孺的"穷达"观。另一方面是关于孝孺的学术地位，唐宇元

《朱学在明代的流变与王学的缘起》(《哲学研究》，1986 年第 9 期，
第 70—75 页）认为方孝孺是明初朱学的重要人物；王琦珍《论明
初文坛的浙江文派》(《江西师范大学学报（哲学社会科学版）》，
1993 年第 1 期，第 41—46 页）认为方孝孺是宋濂之后接驳宋明的
一位重要古文派学者，通过他的作品可以显著看到程朱理学"文以
载道"思想的影响；陈寒鸣、贾志刚《方孝孺与明初金华朱学的终
结》(《沧州师范专科学校学报》，1999 年第 3 期，第 19—23 页）认
为方孝孺在理学方面对程朱几无发展，政治思想亦多迂阔，终使
得金华朱学因默守而走向终结，并指出了方孝孺的殉难是其必然
选择。[16]

（二）现有研究成果之评析

黄宗羲曾写道："考先生在当时已称程、朱复出，后之人反以
一死抹过先生一生苦心，谓节义与理学是两事，出此者入彼，至不
得与扬雄、吴草庐论次并称。"[17] 此说固然有统一节义与理学为一事
的用意，以突显出方孝孺在明代理学史上的杰出地位，[18] 但客观上
也提示出过去有关方孝孺的研究当中极易出现因其事迹和人格过于
伟大而忽略其思想之探究的情况。传统时代学者的学问路数不同于

16　商传《元末明初的学风》(《明史研究论丛》，第七辑，2007 年，第 1—24 页）亦支持了
　　这一观点，指出明初朱学终结于方孝孺、解缙。

17　《师说》，《明儒学案》，第 1 页。

18　参见王宇：《试论〈明儒学案〉对明代理学开端的构建》，《中共浙江省委党校学报》，
　　2007 年第 4 期，第 112—118 页。该文指出，黄宗羲不惜扭曲史实，也要在《明儒学
　　案》中对方孝孺的学术史地位进行特殊处理，是为了要利用其"死节"来替代与宋儒
　　的授受关系，成为明代理学开山的标志，从而确立明代理学与宋代分庭抗礼的地位。

今人，当然不能以现代框架妄加指摘；不过可以看到的是，随着近代以后西学范式的日渐适用，学科分野不断明确，剥去反对独裁、反对民族侵略等特定历史时期的需要后，方孝孺的思想与人格已经重新受到学者的客观审视，并累积下较为可观的研究成果。然而，通过上述国内有关方孝孺研究成果的梳理，仍然可以发现以下若干问题：

第一，现已面世的论著成果或在深度或在广度上仍有所不足。例如，《明初大儒方孝孺研究》视角独到而理路清晰，可是就方孝孺本人思想的阐释尚不够全面，论述本身也略显粗糙；与之相对地，《宋濂　方孝孺评传》以较大篇幅考察了方孝孺生平与学术，针对方孝孺本人思想的呈现已较为详尽，也在思想史维度进行了一定程度的挖掘，但还留有未尽之处。其他谈到方孝孺的大跨度思想史类著作则仅就自身论域内对其加以挖掘，恐怕尚不足以完整呈现方孝孺思想的全貌。总之，综观目前对于方孝孺的研究，可见其仍有待于在深度和广度上同时加以推进。

第二，学界对于方孝孺政治思想的重视程度远远高于其他方面，而其他方面的现有研究又呈现出散漫不集中的现状。从研究材料上看，方孝孺现存著作中有关政治思想的内容占比较大、篇幅较为集中，其次是其文道论，虽然分布较散碎，但材料总量相对丰富。孝孺思想的其他方面，或者材料极其分散，或者已经灭失不传，这恐怕正是导致方孝孺研究向政论、文论倾斜的一大原因。即便研究有一定难度，孝孺作为传统时代儒家学术传承中的重要学者，其思想的各个方面都不应被忽视，特别是应当将其理学思想充分纳入研究视野。

第三，方孝孺的学术史地位还缺乏明晰的界定。在现有研究成果中，对于方孝孺究竟在中国思想学术史上占有怎样的地位，各家或因循旧说，或未及详述，或流于笼统。黄宗羲《明儒学案》(以及《宋元学案》)的观点虽然受到过质疑，至今依然是权威。要言之，对于身处明初朱子学学术集团和浙东学派中的方孝孺，应当基于史实给予他更为确切的定位。

二 问题、材料与结构

(一) 问题意识

方孝孺是明代初期一名比较重要的儒家学者，兼具高超的学术水准与高尚的人格品质，历来不乏学者关注。从儒学发展史来看，婺州学派发展到第三代、第四代时，已经由注重探究性理之学的理学学派向关注训诂、文章之学的文学流派分化和转变。在这样的学术背景下，孝孺横空出世，成为金华理学甚至是明初理学的振兴者，仅从这层意义上就可以看出他的理学思想乃至整套儒学思想都非常重要，能够代表他所处时代的儒家学术的特点和方法进路。学术界一般认为，方孝孺是明初朱子学学术集团中的一员，和该集团的其他大部分成员一样，唯念"尊朱"、"述朱"，较少理论创新而较多强调践履。这一论断自然有其充分的依据，根据现阶段掌握的有关方孝孺的研究材料，的确还不能够发现太多他有别于宋代理学、创新于朱子学理论本根的内容。然而，这也不意味着可以简单地沿用前人论断，把某种先入为主的观念直接带入有关方孝孺思想研究的具体工作中去。另一方面，有学者甚至认为方孝孺算不上思想家，仅仅是一名当过官的文人，类似见解无形中也加剧了对方孝孺学术的认识偏颇。诚然，很早就有学者注意到了方孝孺曾经提出过不少富有开创性的政治设想、文学理论等，也有学者试图对方孝孺的思想进行全面梳理，不过仍然没有彻底改善方孝孺研究领域整体失衡的状况。事实上，方孝孺虽然没有学术专著存世，但他无疑有着高超的理学修养，而且擅长用儒学原理分析社会现实，并能使用准确精当的语言表达自己的思想。这些都使得他身为"醇儒"的基本形象更加丰满和耐人寻味，值得现今学人重新审视和深入研究。笔者以为，推进方孝孺思想的研究，一来将有助于厘清方孝孺本人的儒学思想体系，二来也将有助于探究明代中期新儒学之所以迎来转折的背景原因，三来还将有助于对孝孺之学乃至明初理学的发展情况做出恰当的评价，最终将有助于我们反思传统哲学与古典文化，以古鉴今。

（二）研究材料

本书依靠的材料首要为方孝孺本人的存世著作，即《逊志斋集》。

孝孺长于写作，文名极高。《明史》评价其乃明初时"以文雄"[19]者，称："孝孺工文章，醇深雄迈。每一篇出，海内争相传诵。"[20]孝孺少年学成，直至中年方出仕中央，此间长期从事著述与讲学，留下了不少著作。但是，靖难之后，方孝孺的精神遗产亦遭皇权封杀，所著皆列为禁书。后由门生王稌暗中收集他的遗留诗文

19　《文苑一》，《明史》卷二八五，第7307页。
20　《方孝孺传》，《明史》卷一四一，第4020页。

编成《缑城集》，至其殁后数十年的宣德年间，才逐渐得以重现于世。[21] 此后数百年间，后人又多方搜罗孝孺遗文，经过多次修编和刊刻，逐渐形成了方孝孺文集《逊志斋集》的各大卷本体系，流传至今。而关于孝孺的其他著作，据史书云，别有《周易枝词》、《周礼考次目录》、《武王戒书注》、《宋史要言》、《帝王基命录》、《文统》等六种，惜皆佚而不传。[22] 今仅见《逊志斋集》中遗留有《周礼考次目录序》、《武王戒书序》和《基命录序》等三篇序文。[23]

现就《逊志斋集》简要交代其成书及版本流传。

方孝孺在世时便有意编纂个人文集。同门郭濬写于洪武十三年（1380）的诗序中曾赞道："去年冬太史公来朝，往拜之顷，复得与希直晤叙，且得尽见其所谓《逊志斋稿》，文气浑成，识见卓迈。"[24] 说明不迟于洪武十二年（1379）冬，文集已初成。孝孺于洪武三十年（1397）夏所呈《上蜀府启》中则提到他有过去文稿两

---

21 《明史·方孝孺传》载："永乐中，藏孝孺文者罪至死。门人王稌潜录为《侯（缑）城集》，故后得行于世。"（见《明史》卷一四一，第4020页）王稌编纂《缑城集》一事亦可参见《续文献通考》卷六十七"忠隐"条王稌传。

22 黄佐《革除遗事》、焦竑《国朝献征录》、金贲亨《台学源流》等多书对此皆有所载。据卢演《年谱》可知，《周礼考次目录》（原文为"周易考次"，疑误）成书于洪武二十二年（1389），《武王戒书注》、《宋史要言》（实际可能只完成了太祖至哲宗的部分，参见方孝孺：《上蜀府启》，《逊志斋集》卷九，《儒藏》"精华编"第二五〇册，北京：北京大学出版社，2014年版，第331页）完成于洪武二十三年（1390），《周易枝辞》、《文统》成书于洪武二十四年（1391），《帝王基命录》成书于洪武二十八年（1395）。

23 除此之外，《逊志斋集》中仍留下了若干线索。例如，《与苏先生二首》（《逊志斋集》卷九，第348页）中写道："读《周易》，颇厌近时传注家繁复附会，欲为枝辞十余卷，发圣贤君子大意，使人不惑于众多纷纭之论。历时已久，而未能成书。"可窥知孝孺撰写《周易枝辞》的用意和指向。

24 《跋太史公送方希直还诗》，《逊志斋集》附录，第981—982页。

册，包括"旧读子书、杂书、议论数十首"，准备录入个人文集。[25]
现存《逊志斋集》中保留有同门王绅、林佑二人的序文，分别造于
洪武三十年秋、冬，据此，一般认为此即逊志文集编成的最可能年
份。根据史实推测，这个结论也是可靠的。因为次年明太祖即宾
天，建文帝即位，孝孺被委以重任，直至被杀的四年间皆忙于政务
国事，恐难以有闲顾及自家著书。而明人徐阶亦推测，洪武末期孝
孺教授蜀地，《逊志斋集》的原型当为其时孝孺自辑未刊之书。[26]

　　如前所述，革除之后，孝孺文因讳不传。《逊志斋集》正式重
刊延后到了天顺七年（1463），由临海教谕赵洪搜购蜀中方氏遗文，
计二百六十首，[27] 捐俸刻于蜀，即所谓蜀本。蜀本毕竟脱漏严重，
于是，成化十六年（1480）由黄孔昭、谢铎等人尽搜叶盛、林鹗、
王汶、柳演等人所藏，共计千二百首，编成三十卷并补遗十卷，二
刻《逊志斋集》于宁海，是为邑本，即收入《明史·艺文志》者。
邑本尽取蜀本所未备，但反过来也被认为"博而未精"。[28] 是故正
德十五年（1520），顾璘在邑本的基础上删定为文二十二卷、诗二
卷，三刻于台州，便是所谓郡本，《续文献通考》与《四库全书总
目》所收皆此本。不过，顾璘藏于郡斋的印板历久磨损，不可复
用。因此，嘉靖四十年（1561）由范惟一、唐尧臣、王可大等人主
持，以郡本为主，蜀本和邑本为参，进行了汇总修订并增补附录，

25　参见《上蜀府启》,《逊志斋集》卷九，第 336 页。孝孺提到的旧稿是由其门生郑叔贞
　　携来，叔贞前来的年份当在洪武二十五年（1393）。

26　参见徐阶:《重刊逊志先生集序》,《逊志斋外集》，第 4 页。

27　关于蜀本收录的首数并不确切。明人徐阶计为二百六十首，清人姚文栋计为
　　二百六十七首，清人盛朝彦计为三百余首。现取时代最为接近的徐阶说。

28　徐阶:《重刊逊志先生集序》,《逊志斋外集》，第 4 页。

四刻《逊志斋集》，可谓集大成者。经此四刻，《逊志斋集》已基本系统完备。万历四十年（1612）、崇祯十四年（1641）、康熙三十七年（1698）、同治十二年（1873）等多次重刻俱以嘉靖二十四卷本为基础，或仅稍补缀阙佚而已。

孝孺《逊志斋集》的流传，基本便以上述二十四卷本与四十卷本两个体系为主，[29]另有若干节选本行世。历史上的《逊志斋集》几经翻刻，可见读者群体的庞大与思想精髓的长盛不衰。据清人姚文栋序，《逊志斋集》在当时甚至已传至东瀛，有六卷节选本。[30]民国以后，《逊志斋集》不断重版，至今依然活跃于读者案头。今人点校《逊志斋集》流传较广的主要有三个版本，分别是：

① 徐光大点校：《逊志斋集》，宁波：宁波出版社，2000年版；

② 徐光大点校：《方孝孺集》，杭州：浙江古籍出版社，2013年版；

③ 张树旺点校：《逊志斋集》，《儒藏》"精华编"第二五〇册，北京：北京大学出版社，2014年版。

皆以嘉靖二十四卷本为底本，收录文二十二卷、诗二卷，附录一卷。

---

29 张常明《〈逊志斋集〉成书及版本考》(《图书馆杂志》，2009年第8期，第80页)指出，《逊志斋集》另有一个七卷本体系，刻成于同治四年（1865），当是以万历二十四卷本为依据。

30 参见姚文栋：《方正学先生〈逊志斋全集〉序》，《逊志斋外集》，第46页。

（三）本书结构

方孝孺儒学建构的根本目的是为了经世致用，亦即在成就理想人格的基础上，恢复礼乐文明，重整人间秩序，最终将儒家内圣外王的理想变为现实。为此，他需要同时着力于人的自我改造与改造世界两种实践活动，真正做到明体而达用。由是，本书绪论以降，将根据以下结构展开：第一章"历史时空中的方孝孺"为背景研究，考察方孝孺本人的生平及其学术交往圈的基本情况，简要分析方孝孺儒学思想形成的社会历史环境；上篇为"理学本体论与实践论研究"，涵盖第二章至第五章，着重厘清方孝孺儒学的形而上学基础与实践方法论框架，具体阐述其宗朱而不泥朱的理学思想、道德导向的为学与教育思想、以美德论包摄规范论的道德哲学和人生哲学，以及辟佛为主的辟异端思想；下篇为"文化哲学与政治思想研究"，涵盖第六章至第九章，着重剖析方孝孺儒学发用于现世功利后确立的价值目标与实现路径，具体阐述其稽古主义的文化哲学、立足考据凸显义理的正统论以及民本仁政、王道教化的政治思想，并进一步探讨方孝孺政治伦理的后世影响；结论则交代方孝孺明体达用之学的理论终点，并论述其儒学思想反映的深层特征与历史文化意义。

第一章　历史时空中的方孝孺

任何学者的思想或某种学术体系都不会凭空产生，总是有其形成的历史过程和促使其形成的外部大环境。儒家一贯特别重视学以用世，儒家学者思想的建构便愈加与其人生经历和所处的社会历史条件不可割离，方孝孺也不例外。因此，在对孝孺的儒学思想作系统性探究之前，将先就其学术事迹、学术交往圈概况及其思想形成的社会历史背景等加以适当交代。

一　学术生涯与社交网络

（一）生平概略

方孝孺为著名的历史文化人物，为孝孺立传者向来不在少数，求之史载不胜枚举。至于现当代史学界，邱德修《方孝孺》、连晓鸣、徐立新《读书种子——方孝孺传》和王春南、赵映林《宋濂　方孝孺评传》等著的研究皆已详尽周到，可资参读。本书写作的目的主要在于厘清方孝孺的思想，故将不再重复前人的研究，现仅提纲挈领地交代孝孺作为儒家学者的生平概况。若以学术生涯为考察对象，孝孺一生大抵可划分为以下四个阶段：

1. 自幼聪颖，随父游学：元至正十七年（1357）至明洪武八年（1375）

方孝孺生于元至正十七年，家乡位于浙江宁海缑城里，父克勤，母林氏，兄孝闻，弟孝友。孝孺的早慧是受到各史家公认的，但他本人总是极度自谦的，自称"顽鄙之资无异于人"、[1] "气质至愚，于世事皆不晓达"，[2] 唯有好学而已，"生八岁而读书……自少惟嗜读书，年十余岁，辄日坐一室，不出门户。当理趣会心，神融意畅，虽户外钟鼓鸣而风雨作，不复觉也。"[3] 后人记叙不免夸张，孝孺自述则较为可靠。是以可知幼年孝孺的好学之癖强烈到邻里"多指目以为迂，虽姻连密迩者皆然也"的程度，唯有方父见之称奇，"以为可教"，遂亲自指导孝孺读儒家经典。[4]

洪武四年（1371），方父出官济宁，携孝孺随往游学。期间，孝孺游历了孔门圣贤故迹，坚定了成人求道的志向；拜谒了曹国公李文忠，得后者期许；更重要的是写作了《深虑论》十篇与《释统》三篇，基本奠定了自己政治思想的大本。另外，通过方父将孝孺文章散于文人当中传阅和孝孺自己与同辈学者的不断交流，孝孺的个人名声也渐渐传播开来。这些在《逊志斋集》的孝孺自述和《年谱》等处皆可考。

2. 师从宋濂，名扬宇内：明洪武九年（1376）至明洪武十四年（1381）

洪武八年，方父谪役江浦，孝孺则奉父命前往京师，于翌年春

---

1 《与郑叔度八首》，《逊志斋集》卷十，第 388 页。
2 《答俞子严二首》，《逊志斋集》卷十一，第 446 页。
3 《上胡先生二首》，《逊志斋集》卷九，第 344 页。
4 参见《与郑叔度八首》，《逊志斋集》卷十，第 388 页。

22

拜谒了宋濂。方父欲"见其有成"，[5] 孝孺亦不负所望，甫一携文前往就受到了宋濂的极大赏识。关于此事，宋濂在《送方生还宁海并序》中写道："洪武丙辰，予官禁林。宁海方生孝孺过从，以文为贽，一览辄奇之。馆置左右，与其谈经，历三时乃去。"[6] 据孝孺自述，他仰慕宋濂如当世欧阳修，宋濂亦视其如璞玉，一见而曰"是生也可教，其从吾游，吾于是幸有望焉"，[7] 孝孺就此入宋濂门下为徒。当年秋，方父坐空印案死，孝孺扶柩归乡，暂别宋濂。期间宋濂思念孝孺，作《送方生孝孺还天台诗有序》，序中直赞孝孺为百鸟中一羽"孤凤皇"，[8] 诚可见爱才至意。

洪武十年（1377），孝孺前往金华，正式跟随宋濂钻研学问。关于孝孺在宋门的时长，《明儒学案》以为有六年，实际上孝孺《谢太史公书》《祭太史公八首》《上胡先生二首》、宋濂《送方生还宁海并序》、《年谱》、《殿阁词林记》等都记为四年（其中在婺三年），即到洪武十三年为止。离家三年，孝孺告别老师归省宁海。不想宋濂受到胡惟庸案牵连，于洪武十四年卒于西行道中，师生就此永诀。

这一时期，孝孺在京师、婺州两地广泛结交士人，声名日长，人皆见之叹服，其中就包括当时名儒胡翰、苏伯衡等。孝孺自称"特以尝出太史公门下，谬为当世所推"，[9] 他的成名固然与宋濂的提

5　参见《与郑叔度八首》，《逊志斋集》卷十，第 388 页。

6　宋濂：《送方生还宁海并序》，《芝园续集》卷十，《宋濂全集》，杭州：浙江古籍出版社，2014 年版，第 1819 页。

7　《上胡先生二首》，《逊志斋集》卷九，第 345 页。

8　见《辑补一》，《宋濂全集》，第 2157 页。

9　《与苏先生二首》，《逊志斋集》卷九，第 348 页。

正学与践履：方孝孺儒学研究

携有关，但更重要的是由于他本身卓尔不群。孝孺才华犹高，宋濂许其文章水准超过了唐代以来除欧阳修、苏轼以外的所有文人，[10]这也为孝孺日后的悲剧埋下了伏笔。

3. 著述执教，潜心学术：明洪武十五年（1382）至明洪武三十年（1397）

这一阶段又可分为两个时期。首先是从洪武十五年起的八年有余，孝孺的主要活动范围在以家乡为中心的浙东地区，除了处理家事和因病养疾，他将全部精力都投入了著述、讲学和以乡村睦族为主的民间自治实践。在这一时期，孝孺讲道于石镜精舍，完成了《宗仪》、[11]《君学》、《君职》等一批政治论文和《周礼考次目录》、《武王戒书注》、《宋史要言》、《周易枝辞》、《文统》等著作，可以说孝孺的思想体系在反复的建构、实践与再建构之后已基本臻至成熟完善。此外，这个时期又分别以明太祖对方孝孺的两次召见为首尾。朱元璋虽欣赏孝孺，却不实际任用他。《明史》记曰：

> 洪武十五年，以吴沉、揭枢荐，召见。太祖喜其举止端整，谓皇太子曰："此庄士，当老其才。"礼遣还。后为仇家所连，逮至京。太祖见其名，释之。二十五年，又以荐召至。太祖曰："今非用孝孺时。"[12]

二次召见后，孝孺被象征性地授予了汉中府学教授一职。

---

10 见《送希直归宁海五十四韵有引》，《逊志斋集》附录，第 978 页。

11 以目前掌握的资料，《宗仪》九首的具体完成时间无法得知，但可以推测是在从学宋濂以后到闲居家乡初年这一期间。

12 《方孝孺传》，《明史》卷一四一，第 4017 页。

其次是从洪武二十三年 [13] 起的八年间，孝孺先任汉中府学教授，后兼任蜀王世子师，全力从事儒家教育和政治实践。孝孺讲学犹重义义，"恒以明王道"为宗旨，吸引了大批学子慕名而来，据信每年前来汉中府学旁听者多时达两千人之众。期间，孝孺先后主持四川秋闱与秋季京闱，成了一批贡士的座师。此二事极大地提高了孝孺在天下读书人中的影响力，无怪乎此后姚广孝誉其为"读书种子"了。

4. 辅佐建文，慷慨殉难：明洪武三十一年（1398）至明建文四年（1402）

洪武三十一年夏，明太祖崩，建文帝即位，即召孝孺入京辅政。建文年间，孝孺作为皇帝心腹直接参与中央行政，倾尽全力于治平事业，而于学术方面则几近搁置了。孝孺帮助建文帝推行仁治新政，纠正洪武朝的严刑峻法、过度集权与重武轻文，据《周礼》改定官制，施行民众减负政策，俱收效不俗。随着孝孺被启用，一批浙东士人也相应受到重用，活跃于朝野，而这一群体也成为后来明成祖入主朝廷后重点打击的"方党"。

建文元年（1399），在朝廷力主削藩的威胁下，朱棣以"靖难"为名起兵南下。在建文帝与燕王的对抗中，孝孺不仅全权担当皇帝的政治顾问与操笔侍从，甚至兼任了军事谋士。然而由于朝廷一开始就没能正确把握形势，中又多方失误，终不敌燕军，在建文四年六月时终至京师沦陷，政权瓦解。随后不久，便发生了在历史上

13　前引《明史》记明太祖二次召见孝孺在洪武二十五年，则孝孺赴任汉中当在次年，其实不然。胡梦琪对此有详细考证，理据俨然，今据其说认为孝孺入秦当在洪武二十三年。参见胡梦琪：《方孝孺年谱》，西安：陕西人民出版社，1988 年版，第 74—76 页。

具有深远影响的壬午殉难。关于该事件，史载繁多而不尽相同，但大都统一于《明史·方孝孺传》的说法。由于革除一事的高度敏感性，从明成祖起直到清代都对《明史》相关记载进行了反复窜改，今已很难再准确把握历史的真实细节。唯一可确定的是，方孝孺无疑在面对万难之际做出了过人的抉择，成就了一段不朽的人生。

（二）学统传承

方孝孺的师承关系比较简单。他八岁正式入学读书，十五岁起在父亲方克勤的指导下读经、学文，二十岁到京城拜入宋濂门下，此后便未再求学于他人。孝孺从两位学术导师处学到的都是纯正的儒学，如其言："性命之说，尝闻诸父师矣。"[14] 但比较来说，方克勤对孝孺之学所起的启蒙与奠基作用较强，宋濂对孝孺之学所起的激发与升华作用则至大。

1. 方克勤与方氏家学

浙东地区历来人杰地灵，英才辈出。宁海方氏源远流长，本拥有较为浓厚的家学底蕴与文人基因。[15] 黄宗羲曾言："先生之学，虽出自景濂氏，然得之家庭者居多。"[16] 此言不假。方克勤作

---

14 《答林子山》，《逊志斋集》卷十一，第 434 页。

15 方孝孺的家族可上溯至西汉末年，起初根于歙县，后历经多代传承，其中一支终于北宋初年定居宁海缑城里，即为孝孺先人。宁海方氏代代读书，绵延不衰，有"诗书之宗"之号。孝孺近祖中，方重桂、方子野、方烔和方克勤等皆数名儒。方氏家传大略可参见《方氏谱序》（《逊志斋集》卷十三，第 512 页）、宋濂《〈方氏族谱〉序》（收于《芝园前集》卷二，《宋濂全集》，第 1347—1350 页）两文。

16 《诸儒学案上一》，《明儒学案》卷四十三，第 1042 页。

为导师，更作为父亲，在学术与人格两方面都对孝孺产生了很深的影响。

一方面，方克勤是一位学术醇正的儒者，夯实了孝孺的学术根基。根据孝孺的记述，宁海方氏"世敦儒术，为邑礼义家"，[17] 生于此般家庭的克勤从小就熟习五经，在十余岁上便领悟到濂、洛、关、闽之学才是学者当循之道，从此终身不改，可当"伊洛正传"。[18] 洪武二年（1369），明太祖诏立郡县学，克勤即积极响应，担任县学训导，"负笈来从者，至百余人"，[19] 虽任教时间不长，但深受学生爱戴，可见克勤学养之厚。孝孺论及先君之学，明确言其"明白纯正，以绍述考亭为己责"。[20] 克勤之学大体得自家学与身近贤达，同样通过家学而获启蒙的孝孺会打下坚实的理学基础也就不难想象了。克勤于阴阳消长之度、礼乐名物之数、井田封建之制、躔次疆理之说皆有研究，尤擅易学，这些在孝孺后来的学问中都可以看到。

另一方面，方克勤更是一位"动容周旋中礼"的德范，影响了孝孺的人格形成。史评克勤多称以循吏，基本可以认为他是一位注重民生的官员。根据孝孺所写《先府君行状》来看，他对克勤的生活状态与种种事迹不但褒扬，甚至佩服，称"先君之道，盖法时乎《易》，取政乎《书》，主敬乎《礼》，体和乎《乐》，雅言以《诗》，制事以《春秋》"，[21] 俨然视其为君子榜样。孝孺本身格

---

17 《先府君行状》，《逊志斋集》卷二十一，第 778 页。

18 《故愚庵先生方公墓版文》，《逊志斋集》附录，第 1005 页。

19 同上，第 1000 页。

20 《先府君行状》，《逊志斋集》卷二十一，第 785 页。

21 同上，第 786 页。

外看重榜样的力量，尤其是家族内的榜样。他认为："使一宗之中，得一人以显其先自奋，他宗之中，亦必有慕效而起者。"[22] 有充分理由相信，这也是孝孺自身为人的写照，而其自称"自从先公学经，匪圣人之言不敢存于心，匪生民之利害无所用其情"[23] 亦可谓顺理成章。

2. 宋濂

宋濂是方孝孺人生中最重要的导师。孝孺极重视宋濂，乃至于宋濂殁后，只因便于吊唁，他欣然接受了汉中府学教授及蜀王世子师二职，往来夔州必往祭拜，总书祭文八首之多，且长年代师照看后嗣。之所以如此，孝孺曾明言"执事于义，则师也、知己也；于恩，则拔之于恒人之中，而感之也"，[24] 是因为宋濂之于孝孺不仅有传道授业的私情，更有知遇以共谋达道于当世的公义。

儒家学者对于宋濂的感情向来复杂。因为宋濂身为金华北山学派后学中的佼佼者，理应秉持程朱正宗，却出入释老，落得个"便非儒者气象"[25] 的评价，以至于黄宗羲为了拔高方孝孺理学正宗的地位，不得不尽量撇清二人的学术承接关系。事实上，孝孺从学于宋濂的四年间，二人有三年之久形影不离，终日探讨理学渊源之统、人文绝续之寄、盛衰几微之载、名物度数之变。孝孺视宋濂为"翼孟、宗韩、沿洙、尊洛"的大儒，宋濂亦许孝孺为可托大任之才，二人的学术交流其实还是基本限于儒学范围。笔者以为，无论

---

22 《方氏族谱序》，《逊志斋集》卷十三，第 513 页。

23 《传经斋记》，《逊志斋集》卷十六，第 600 页。

24 《谢太史公》，《逊志斋集》卷九，第 341 页。

25 黄宗羲：《金石要例·附论文管见》，《黄宗羲全集》第二册，杭州：浙江古籍出版社，1986 年版，第 272 页。

宋濂自身的学问应当如何评价，宋、方二人的学术渊源到底是不可一带而过的。如果说孝孺学于克勤者在六经基本与理学大要，那么在宋濂门下，孝孺得其中原文献之学真传，才真正体会到超越文辞之上的经典之用和为学在践履的道理，由此铸就了他整个儒学思想的精髓。孝孺尝言，"某少颇自负，长而无成。自入执事之门，然后得窥见圣贤堂序，粗识修己经世之大端"，[26] "学于太史公，而后知为学之道大也；闻太史公之言，而后知天下之巨人也"，[27] "微之于性命之理，明之于礼乐刑政之要，苟有得者，无不以言"。[28] 宋濂的言传身教给予孝孺莫大的鼓舞，令其决意为实现唐虞之治而奋斗终身。诀别前导师"真儒在用世"[29]的箴言也确被孝孺铭记一生，体现在其学问与实践中便是"重践履"的精神，亦可以看作是浙东学派总体精神的体现与传承。

（三）学术交游

出仕建文以前，洪武年间的方孝孺主攻学术，活动范围主要在以宁海、金华为中心的浙东地区，其父出仕的济宁，京师南京以及就职的汉中、巴蜀等地。他广泛结交儒家知识分子，与师长、学友、门徒进行广泛深入的思想交流，这一过程也使得孝孺之学日趋完融，影响越来越大。在孝孺的社交网络中，史料可考的友人至少有数十位，择要梳理其交游关系如下：

---

26 《谢太史公》，《逊志斋集》卷九，第 341 页。

27 《与郑叔度八首》，《逊志斋集》卷十，第 388 页。

28 《传经斋记》，《逊志斋集》卷十六，第 601 页。

29 《送方生还宁海并序》，《芝园续集》卷十，《宋濂全集》，第 1820 页。

表1　方孝孺的主要交游关系

籍贯	人物	关系	与方孝孺的交往	备注
宁海	叶见泰 夷仲	长辈 师友	方父克勤之友。自孝孺幼时即与相识，对孝孺抱以厚望。洪武十五年，方、叶及张廷璧、林公辅、陈元采共登巾山，孝孺作《巾山草堂记》。洪武十六年（1383），二人同时获得举荐上京，途中叶夷仲作《跋太史公送方希直还诗》。洪武十九年（1386）卒，孝孺作《祭叶夷仲主事》悼之。《逊志斋集》收《与叶夷仲先生》书信一封。	
	卢原质 希鲁	平辈 亲友	孝孺姑子。洪武朝历任翰林院编修、太常少卿，建文朝继续从政，与孝孺多有共事。洪武十五年，方、卢等九人共游清泉山，孝孺作《游清泉山记》。洪武二十一年（1388）卢原质中探花，孝孺曾赋诗祝贺。	殉难坐死
	林右 公辅	平辈 友	推测是在洪武八年孝孺随父进京时与之结识，孝孺作《赠林公辅序》赠之。二人志同道合，从此为知己。孝孺离婺返台后，常与林公辅等同郡好友相与论学。洪武三十年，林公辅为《逊志斋集》作序。孝孺赞其"气高才敏"，视之为"所敬者"（见《与赵伯钦三首》，《逊志斋集》卷十一，第419页）。《逊志斋集》另收孝孺《答林公辅》书信一封，并附录林作《跋太史公送方希直还诗》。	
	许继 士修	平辈 友	洪武十年，孝孺在家乡初识许士修。往宋濂处前，许士修作《送希直游金华》赠予孝孺。洪武十五年孝孺赴京，又作《送希直应聘赴京》，后作《闻希直自京还》勉励孝孺。二人互为挚友，孝孺尝为许士修诗集作序、跋，对其诗文评价很高。许士修早病逝于洪武十七年（1384），孝孺作《祭许士修》与《许士修墓铭》吊之。《逊志斋集》收《与士修二首》、《寄士修修德》三封讨论学问的书信。	

续表

籍贯	人物	关系	与方孝孺的交往	备注
宁海	郭浚 士渊	平辈友	洪武十二年，孝孺在京师时识得。郭士渊当时已备有文名，也曾受到宋濂称许。孝孺曾撰《与郭士渊论文》一文，与之探讨文道问题。洪武十五年郭士渊被诬死后，孝孺甚为痛惜，作《祭郭士渊》、《郭君圹铭》纪念之。	
	童思立 伯礼	平辈友	石镜精舍主人。洪武间孝孺居宁海时，交往甚密，是孝孺开展民间自治实践的重要盟友。其孝友知礼为孝孺所称，建文中多次受到举荐，皆不仕。孝孺曾为其作《童氏族谱序》。童伯礼布衣而终，孝孺作《祭童伯礼》。《逊志斋集》有《与童伯礼》书信一封。	弟伯谦殉难坐死
	林昇 嘉献	师生	原师从王修德。洪武间孝孺在家乡办学时收之入门下，以后甚爱之，曰其"静笃可喜，不欲其专意为文辞"(《与王修德八首》,《逊志斋集》卷九，第375页)。洪武十五年，同游清泉山。孝孺授汉中府学教授后，与郑叔贞在洪武二十五年共至，跟随孝孺求学，两年后方返家。建文朝入史馆为编修，后迁陕西金事，对孝孺多有助益，据说孝孺间燕之谋实出于林嘉献之策。《逊志斋集》收《答林嘉献》书信一封。	殉难坐死
	郑公智 叔贞	师生	与林嘉献同时期入师门，同为孝孺最喜门生，孝孺曾以二子为"匡我"者，称二人"好学，吾爱且望之"(据《答林嘉献》,《逊志斋集》卷十一，第451、453页)。洪武二十五年郑、林二人共来汉中，直至洪武二十八年郑叔贞赴任成都府学训导。建文初，孝孺举荐其为监察御史。	殉难坐死

籍贯	人物	关系	与方孝孺的交往	备注
金华	胡翰仲申	长辈师友	洪武十年,孝孺往金华后首次拜见胡翰,便其受其赏识,此后若干年皆有密切交往。孝孺曾向其推荐邦中俊才。胡翰殁后,孝孺作《祭胡仲申先生》、《重告胡先生墓》。《逊志斋集》收《上胡先生二首》书信二封、《题胡仲申先生撰韩复阳墓铭后》题跋一篇。	吴莱、许谦弟子婺州学派第三代
	苏伯衡平仲	长辈师友	孝孺入宋门后即与苏伯衡相识,颇受其关爱。孝孺曾言:"编修苏先生待某甚厚,乐善亦甚至。"(《上胡先生二首》,《逊志斋集》卷九,第 347 页)洪武十九年(1386),孝孺致信苏伯衡,请求其撰文以正流俗,苏遂作《染说》(收于《逊志斋集》附录,第982—984 页)。《逊志斋集》收《与苏先生二首》书信共三封。	婺州学派第三代
	王绅仲缙	同窗	明初大儒王祎之子,宋濂门生。与孝孺结识于宋门,二人关系亲密,常有来往。孝孺受聘于蜀王后曾荐王仲缙。建文朝为国子博士,与孝孺共同编修《太祖实录》。洪武三十年,曾为《逊志斋集》作序。建文二年(1400)卒于任上,孝孺作《祭王博士》,哀之甚。其子称为孝孺门生,在殉难后为孝孺的遗骸收葬、遗文收集付出了巨大努力。《逊志斋集》收二人往来书信《答王仲缙五首》与《答方希直先生书》、《上侯城先生书》、《上侯城先生第二书》共八封,另收《王氏兄弟字说》、《赠王仲缙序》两篇赠文和王仲缙为孝孺所作的《正学斋记》。	婺州学派第四代
	郑楷叔度	同窗	宋濂门生。洪武十年相识为挚友,二人思想颇为契合,孝孺待之为"爱敬亲密少间蔽者"(《与郑叔度八首》,《逊志斋集》卷十,第 394 页)。孝孺曾为其作《郑叔度字说》,为其书斋作《种学斋记》。《逊志斋集》收《与郑叔度八首》书信八封,俱谈学问事。	婺州学派第四代

续表

籍贯	人物	关系	与方孝孺的交往	备注
其他	刘刚 养浩	同窗	宋濂门生。博学而能文。孝孺曾为其书斋作《集义斋记》，为其诗集作《刘氏诗序》。《逊志斋集》收《答刘养浩二首》书信二封。	婺州学派 第四代
	茅浦 大方	平辈 友	孝孺曾为其作《希董堂记》，赞扬其品行可匹敌董仲舒。建文元年（1399），迁右副都御史，是与孝孺共同辅佐建文帝进行新政改革的重要官员。	江苏 泰兴人 殉难坐死
	郑居贞	平辈 友	史载其"与孝孺友善"(《明史》卷一四一，第4021页)。孝孺任汉中府学教授后，作《凤雏行》勖之。官至河南参政。	福建人 殉难坐死
	胡子昭 仲常	师生	孝孺于汉中府学教授任上所收门生，后蜀王荐为县训导。建文初，与孝孺共同编修《太祖实录》。官至刑部侍郎。	四川 荣县人 殉难坐死
	廖镛 景声	师生	孝孺门生。建文间任散骑舍人。孝孺死后，拾其遗骸葬于聚宝城门外山上，因此被捕而就戮。	德庆侯 之子 殉难坐死

　　综上可见，孝孺在婺州与台州这两大元末明初朱子学传承重地皆有深广的学术影响力，他作为明初朱子学代表性学者的地位是确凿无疑的。就其本人的学术性格而言，孝孺受到婺州学派的影响更大，学术归属感也更强，可以说是由他接续了宋濂传承自中原文献之学的金华文献之学。可是，孝孺生前虽然为金华学派的发展壮大充分发挥了承上作用，却因殉难一事遏止了启下的进程。经此，金华学派乃至整个明初士人群体都受到了沉重的打击，客观上对明代理学学风的转变起到了很大作用。

二　方孝孺儒学思想形成的时代背景

（一）明初的社会生活

1. 物质从俭

自宋代起，中国的社会经济进入飞速发展期，全国上下的物质生活不断丰富，尤其是社会上层阶级的生活已经相当奢靡。其后的元代虽享国不足百年，腐败享乐之风却上行下效，变本加厉，至末代顺帝时期到达顶峰。统治阶级的荒淫无度必然导致国库虚耗，国家财政危机被转嫁到下层民众头上。元朝中后期内乱不断，加上天灾频发，百姓生活至于困极。入明以后，洪武朝的头等问题就是修复因前朝摧残和易代战乱造成的社会经济的普遍崩溃。因此，明太祖出台了一系列休养生息的政策，"劝农务垦辟，土无莱芜，人敦本业"，[30] 并降低田赋，起到了鼓励和恢复农业生产、保障和安定农民生活的作用，使明代前中期社会经济稳步好转。但是，国家经济的修复非一日之功，明初社会贫富差距依然很大。所以，明太祖同时在全国上下倡导推行极度节俭的生活作风，对于非必要性的物质需求一律不予鼓励，客观上对商品经济的发展产生了一定程度的打压。

明太祖重本抑末、厉行节俭的政策对于士人阶层产生了相当大的影响，其中最直接的就是导致士人生活日趋窘迫。明太祖于立国之初便施行了一系列针对士绅阶层的清算措施，对社会总体财富

30　《食货一》，《明史》卷七十七，第 1877 页。

进行了再分配，已使得士绅的经济状况发生了相当程度的恶化；[31] 后又更定官制，进一步压缩了士人的收入来源，"全国雇用的文官不足 8000 人，他们都领取微不足道的或名义上的官俸"，[32] 以至于《明史》评之曰"自古官俸之薄，未有若此者"。[33] 人性本易耽于追求物质利益，加之很多士人并不能及时转换身份、改造思想，尤其是原本处在经济发达地区、数百年来生活相对优渥的江南士人，不免更容易生起追名逐利之心，甚至因此望利弃义，违背儒家伦理规范。孝孺不厌其烦地在文章中控诉这种不义之风，如其言"我伤时人，以利胜恩。珍贵锱铢，芥视天伦"，[34] 这就预示了他的修身内圣之学不会停留于泛泛而谈，而是要自觉地面对亟待解决的现实困境。

2. 礼俗胡化

近世华夏民族与外来少数民族之间一直保持着密切的接触，先有南宋时女真占据华北百余年，后有蒙元统国近百年，明代以前的

31　明太祖统治初期即"惩元末豪强侮贫弱，立法多右贫抑富"(《食货一》,《明史》卷七十七，第 1880 页)，他对士绅阶层的清算大致在两方面：一是惩处元故官或加入过敌对阵营的士人，查抄他们的财产；二是建国后推行迁户、屯田等政策，有意削弱豪门望族。亦可参见罗云丹《明初士人研究》第 31—33 页，比较具体地阐述了明太祖相关政策对明初士人经济状况的重大影响。

32　[英]崔瑞德、[美]牟复礼编：《剑桥中国明代史》(下卷)，北京：中国社会科学出版社，2006 年版，第 94 页。

33　《食货六》,《明史》卷八十二，第 2003 页。据《明史》记载，洪武二十五年更定百官禄后，官员收入锐减，譬如正一品月俸由洪武十三年制定的千石骤降至八十七石，减数达十倍有余，职阶最低的九品官员月仅给五石。此制不但一出为明代永制，后又因折钞、折布等措施而令官员获得的实际可支配收入更少于账面数值，而使大量官员陷入经济危机乃至生存危机。赵翼《廿二史札记》卷三十二"明官俸最薄"节亦评述了这一历史现象。

34　《祭童伯礼》,《逊志斋集》卷二十，第 768 页。

中国可谓在异民族风俗文化中间长久浸淫。尤其是蒙元王朝把持国家权力，将汉人大量排除出公权力机构，使用各种行政手段有目的性地推广普及非汉民族的礼俗，对华夏民族从宋代延续而来的礼仪制度、生活习惯和社会风气等都造成了巨大的破坏。正如孝孺所说："宋亡，元主中国者八十余年，中国之民，言语、服食、器用、礼文不化而为夷者鲜矣。"[35]

　　明初社会的礼俗胡化问题相当严峻，主要表现在生活习惯和人生礼仪两方面。其一，生活习惯是跨文化交流过程中最易受到影响的，元明易代时期人们在发型、服饰、饮食、语言、姓名等多方面都广泛挪用了蒙元风俗。[36]宋濂曾指出"宋之遗俗变且尽矣"，[37]孝孺也曾写道"在宋之时，见胡服，闻胡语者，犹以为怪。主其帝而房之，或羞称其事。至于元百年之间，四海之内，起居饮食，声音器用皆化而同之"，[38]清楚地记述了时人生活习惯胡化的情况。其二，人生礼仪的胡化问题在洪武初年也十分显著。为了巩固统治，元朝政府极力推行自己的礼俗以同化、笼络汉人和南人，譬如支持收继婚、异民族通婚和火葬等违背华夏礼法的婚丧礼仪的合法性，

35　《正俗》，《逊志斋集》卷三，第143页。在本文中，孝孺详尽地谈到了经过元朝统治，宋代积累下的良好社会风气败坏到了什么程度。

36　例如，明人何梦春曾描述道："元世祖起自朔漠，以有天下。悉以胡俗变易中国之制，士庶咸辫发椎髻，深襜胡帽，衣服则为袴褶窄袖及辫线腰褶。妇女衣窄袖短衣，下服裙裳，无复中国衣冠之旧。甚者易其姓氏，为胡语。俗化既久，恬不知怪。"（何孟春：《余冬序录摘抄内外篇》卷一，北京：中华书局，1985年版，第2页）赵翼则指出过"元汉人多作蒙古名"（参见赵翼：《廿二史札记校证》卷三十，北京：中华书局，1984年版，第701—703页）和"元朝帝后皆不讳名"（同上，第675页）的现象。

37　《汪先生墓铭》，《芝园续集》卷四，《宋濂全集》，第1717页。

38　《后正统论》，《逊志斋集》卷二，第107页。

用"胡人式"跪拜、蒙古饮酒礼替代华夏民族本有的揖礼和拜礼、乡饮酒礼等。[39] 礼仪风俗的胡化不仅在一般民众中能被广泛观察到，士人阶层亦不能幸免。[40] 孝孺敏锐地觉察到了士人妥协的重要原因乃是为了尽快融入异民族文化圈，以便换取更顺畅的上升通道，[41] 这自然正中元朝统治者下怀，由此形成的"元之遗弊"[42] 也累及明初社会。总之，前朝华夏民族礼俗胡化得越成功，留给明朝政府和明代士人移风易俗的任务也越重，这当然也是孝孺义无反顾承担的职责之一。

（二）洪武朝的政治环境

1. 绝对君权

天下甫定，明太祖便着手清洗权臣以整顿政治经济秩序、调和阶级矛盾、巩固皇权统治，遂有胡、蓝之狱，史载坐死者有近五万之众。孝孺之师宋濂便死于洪武十三年发的胡惟庸案牵连，而该案于行政领域产生的影响更为深远：经此一案，明朝政府彻底废除中

39　参见张佳《新天下之化——明初礼俗改革研究》（上海：复旦大学出版社，2014 年版）第三章、第四章，对这些情况有详细论述。

40　比如孝孺同时代江西人刘夏曾说："当其革命之初，父兄耆老相与疑怪，以为异类。岁月既久，渐及百年，后生子弟耳濡目染，精神心术之俱化。故近年以来天下之士习，斁坏彝伦，蔑弃礼法，乎求便利，狙诈无耻。于是士大夫皆有狄习。"（刘夏：《上魏提举书》，《刘尚宾文续集》卷三，《续修四库全书》第 1326 册，第 136—137 页）他还痛陈天下人缺乏夷夏大防意识，"虽学士大夫，尚且不知此意"（《陈言时事五十条》，《刘尚宾文续集》卷四，第 155 页）。

41　参见《俞先生墓表》一文谓："为士者，辫发短衣，效其语言容饰，以附于上，冀速获仕进，否则讪笑，以为鄙怯。"（《逊志斋集》卷二十二，第 835 页）

42　见《赠卢信道序》，《逊志斋集》卷十四，第 566 页。按照文中孝孺的观察，宋时，其乡里风俗甚美，"重道德，尚名节"；"至于元，以功利诱天下，众欢趋之，而习于浮夸"；由元入明，应当恢复如故宋一般的美俗。

书省丞相制，无复有足以与君权对峙的文官体系。[43] 可想而知，洪武朝的君主权威由此达到了极点，"这些行动即使不使其追随者产生恐怖心理，也旨在威慑他们，从而使他（笔者注：指明太祖）能独揽处理政务的大权，另外还能预防以后发生任何会危及其继承者专制权力的变化"。[44]

明太祖的中央集权举措在当时无疑是成功的，从中央到地方的各级文官和数量庞大的服从朝廷领导的士绅们都成为这个庞大统治系统中的零部件，高度统一于君主一人意志的指挥。如卜正民说："在明初，精英们使国家统治权发生偏差的问题不大可能出现。在明朝初年，只要国家愿意，国家就能够切实地介入到社会机构管理之中。"[45] 然而不得不承认的是，洪武朝绝对君权的形成是以牺牲行政效率和权力机构的自我纠偏能力为代价的。而对于士人阶层来说，更为致命的是原本臣辅佐君、君臣共治的王治模式变成了皇帝

43　为了彻底拔高君权，明太祖不仅废相，晚年还严令："国家罢丞相，设府、部、院、寺以分理庶务，立法至为详善。以后嗣君，其毋得议置丞相。臣下有奏请设立者，论以极刑。"（《职官一》，《明史》卷七十二，第1733页。该谕亦见于《皇明祖训》）明太祖的中央集权举措当然不是一蹴而就的。早在胡党案发前，他已经花费多年时间逐步改造政府结构，目的是使由地方到中央都形成既有分工又互相钳制、便于朝廷操纵的机构体系，最终由君主掌揽一切。而胡惟庸案无非是一个关键转折点，标志着君权吸收相权合二为一，"皇权由之达于极峰"（吴晗：《朱元璋传》，长沙：湖南人民出版社，2013年版，第152页）。不过，皇帝亲领六部治理庞大的国家需要君主本人有极高的执政能力和勤勉务实的品格，显然非历代所有皇帝皆能及，因此"其权遂渐入殿阁学士之手"（吕思勉：《中国通史》，上海：上海古籍出版社，2009年版，第98页）。但此乃后话，本书仅讨论洪武一朝的政治环境，所以姑且出此论断。

44　《剑桥中国明代史》（下卷），第91页。

45　［加］卜正民：《明代的社会与国家》，陈时龙译，北京：商务印书馆，2014年版，第209页。

独揽大权统治天下的霸政。在这样的权力配置体系中，互相制衡的君臣关系转变为一边倒的主仆关系，士人的政治地位也一落千丈。但士人中的很多人仍然保有作为道德主体和政治主体的自觉和尊严，总要千方百计地去履行儒者据道统而监督治统的责任，孝孺亦是其中之一。不过，孝孺本人似乎颇为拥护洪武政权，[46] 由于并没有充足的文本证据，本书亦无意于暗示孝孺政治思想与历史哲学的种种观点总是出于对明朝统治现状的不满。但是，在外部政治环境变动的影响下，孝孺历史政治思想关注的重心从现象层面的制度问题转向了君主这一特殊政治角色却是不争的事实，这也使得其历史政治思想在洪武朝极权主义高压的背景下显得意味深长，颇具现实批判意义。

2. 严刑峻法

帝王统治的极权主义是洪武朝皇权与士人阶层之间矛盾激烈的重要原因之一，除此之外，明太祖施行的严刑峻法则是另一大要因。客观来讲，明太祖立法行刑首要针对的是官吏，未尝滥及平民，他相信依靠刑法"能协助他维持以他的世系为中心的官僚的纪律、公众的秩序和固定下来的制度"。[47] 为此，洪武朝以重典治吏，不仅包含了严惩贪腐、法治平等、保障庶民权益等正面内容，也包含了法外用刑、量刑过度、冤假错案等负面情况，其中就发生了文

---

46 孝孺时不时会在文章中赞美洪武政权，例如《送徐思勉之山东按察司佥事诗序》一文中即直称"今上圣明，不愧三代贤主"，细数了明太祖持统以来一系列整顿风俗的政策，赞其教化之效甚大，"由是天下忻然，谓太平可立致"(《逊志斋集》卷十四，第544—545页)。

47 《剑桥中国明代史》(下卷)，第151页。

字狱、空印案和郭桓案等直指恐怖统治的实例。直到执政末期，明太祖自认为君权已稳，遂表示不再"乱世用重典"，峻刻无比的刑法才稍有好转。[48]

洪武朝的重典治吏在中国历史上都是鲜见的，也确实在一定程度上达到了震慑奸邪、平整歪风的效果。明初仕风多少一反了元廷"有司承风，上下贿赂，公行如市，荡然无复纪纲"[49]的堕落之相，转向了唯谨务实。[50]然而，明太祖治吏之残暴对士人阶层造成的伤害也是空前的。无论官员还是读书人，其性命受到人治无常的威胁，其尊严受到特务私刑的侮辱，以至于"京官每旦入朝，必与妻子诀，及暮无事，则相庆又活一日"，[51]士人阶层生存境况之残酷可见一斑。在绝对君权和严刑峻法的双重压制下，士人阶层噤若寒蝉，[52]君主极权变本加厉。其实，君主向来掌握生杀大权，士人阶层本无资本与君主抗衡，但儒者的可贵之处就在于将生死置之度外的求道精神，使他们能够超越趋附权力的常态，成为勇于批判极端强权的社会脊梁。面对这样的外部政治环境，孝

48　《明史》记载明太祖晚年喻朱允炆曰："吾治乱世，刑不得不重。汝治平世，刑自当轻，所谓刑罚世轻世重也。"（《刑法一》，《明史》卷九十三，第 2283 页）表示此后可以转而施行较为宽松的法治。即便如此，明太祖所订《大明律》也是中国历史上最为严苛的法典之一，并在明代通行始终。

49　叶子奇：《杂俎篇》，《草木子》卷四下，北京：中华书局，1959 年版，第 82 页。

50　严刑峻法对官吏的震慑作用确实极大，如孝孺曾记述道："郡县之官虽居穷山绝塞之地，去京师万余里外，皆悚心震胆，如神明临其庭，不敢少肆。"（《送祝彦芳致仕还家序》，《逊志斋集》卷十四，第 547 页）

51　《明祖晚年去严刑》，《廿二史札记校证》卷三十二，第 744 页。

52　洪武朝官员对君主的政治批评明显少于明代其他时期即反映了这一点。可参见李佳博士论文《论明代的君臣冲突》（东北师范大学，2011 年）第一章第一节"明代君臣冲突的演进"，第 15 页。

孺必不能置身事外。就思想方面而言,他在文章中对士人遭受不公平待遇的现象和现行法治的问题都作了大量深入的反思;就行动方面而言,孝孺本人的事迹即可谓儒者中流砥柱精神最鲜活的注脚。

上　篇

理学本体论与实践论研究

第二章 宗朱而不泥朱的理学思想

根据方孝孺的学统传承来看，他先后从学于方克勤、宋濂二师，以程朱理学和浙东精神为根基构筑起了自身理学思想的基本体系。方克勤精通理学，思想纯正，推崇六经；宋濂本人即婺学中坚，先后师从闻人梦吉、柳贯、黄溍、吴莱，在朱学嫡传的熏陶下深通儒家之道。在此二师的指引下，孝孺的儒学造诣自然不俗。例如，宋濂即盛赞孝孺"静敏绝伦，每粗发其端，即能逆推而底于极，本末兼举，细大弗遗"；[1] 黄宗羲延续老师刘宗周的观点，称许孝孺为朱熹第二，评其"持守之严，刚大之气，与紫阳真相伯仲，固为有明之学祖也"。[2] 事实上，元末明初比较活跃的理学家基本全都属于朱子学派，孝孺对天、道、理、气、心、性等形而上学问题的看法也大都来自对理学前辈论说的继承。但需要特别指出的是，孝孺真正关心的不是玄妙飘渺的形上思辨本身。他很少就上述理学核心问题作纯粹思辨性的大幅阐述，一旦提及，目的总是在于活用前人思想作为自身立论的前提，从而指导实践。可以说，方孝孺思想中的理学建构不全然体现为对真理、真知的纯粹追求，而是更注

---

1 《送方生还宁海并序》，《芝园续集》卷十，《宋濂全集》，第 1819 页。

2 《诸儒学案上一》，《明儒学案》卷四十三，第 1042 页。

重用儒家形而上学去支撑儒者的现世践履，亦即修齐治平之学。

在方孝孺的理学思想研究方面，前人大都主张孝孺代表了明初朱子学比较保守的一面，其理学思想重在述朱而无甚发明。孝孺自己似也没有太强烈的主观意图去扬弃和革新旧说，认为"朱子之学，圣贤之学也。自朱子没二百年，天下之士人未有舍朱子之学而为学者"。[3] 不过，这只能表明孝孺极度推崇朱熹，并不等于他实际上盲目照搬了朱子性理之学。总的来说，孝孺的理学思想是赓续理学传统的，具备宗孔孟而继程朱的主要性格，但也展现出明初朱子学日趋显著的调和心学的倾向和浙东学者的固有性格。

一　天道论：确证"天人合一"

中国哲学论域中的儒家理学与西洋哲学虽然在具体的思维方式、逻辑展开、价值取向等诸多方面存在较大差异，但都有对一些共同问题的关切，如世界本原的探究、变化规律的把握、道德本原的追寻等。直接引入西洋哲学所说的本体论、认识论、伦理学等范畴切割中国哲学自然是不适洽的，不过，在具体论述中有限度地使用这些概念却能够有助于今人更好地理解古人的思想，对于方孝孺亦不例外。孝孺的天道论从本体论、宇宙论两端对形上之道与包括人类在内的形下经验世界加以考察，进而得以在天人之际问题上对天道、人道相合的可能性与应然性作了哲学论证。

在本体论上，孝孺将"道"作为本体。一者，道是宇宙的第一

3　《赠庐信道序》，《逊志斋集》卷十四，第 566 页。

因。"天地不能自立也，必有立之者；不能自为也，必有为之者"，道作为"一气之始"，乃是宇宙万物的形而上起点。[4] 二者，道是宇宙中事物运动变化的终极原理，即"复乎往乎，而孰为之宰乎？盈乎缩乎，而孰司其始乎？是道也"。[5] 三者，道是超验存在，具有时空无限性和永恒性。"无穷者，天下之理也；不易者，造化之运也"，[6] "天地有坏，而立之者未尝变也；人之生有尽，而俾之生者未尝尽也"，[7] 宇宙万物是有限的，而道超越于经验世界，是无限而永恒不变的。因此孝孺说："充天地，亘古今，一而已矣。……是道也，不以富贵而加，不以贫贱而损，不以古而兴，不以今而隙。"[8] 最后，道是最高善，即道德本体。"天地无意于生死"，[9] 天道本然地具有无私的品格，犹《礼记·孔子闲居》语"天无私覆，地无私载，日月无私照"。又曰，"道贵乎至公"，[10] 无私即公，公即中正，中正即义，因而天道推至人类社会，所要求的必定也是善。"德者，得也"，天道同时也成了人间道德的根源和依据。

在宇宙论上，孝孺十分重视周敦颐的有关思想，他曾写道："周子后出，又揭而为图，明太极本然之妙、阴阳动静之理，而言圣人定之以仁义中正而主静。又著于《通书》以释其意。"[11] 在朱熹追溯的宋代新儒学建构过程中，周敦颐作《太极图说》率先奠定了

---

4 《艨艟轩记》，《逊志斋集》卷十五，第593页。
5 《娱静楼记》，《逊志斋集》卷十六，第639页。
6 《观乐生诗集序》，《逊志斋集》卷十二，第484页。
7 《艨艟轩记》，《逊志斋集》卷十五，第593页。
8 《好古斋记》，《逊志斋集》卷十七，第672页。
9 《明辨》，《逊志斋集》卷六，第243页。
10 同上。
11 《答林子山》，《逊志斋集》卷十一，第434页。

新儒学宇宙论的基本架构，又作《通书》在本体论和天人关系等问题上突破了儒家以往的实用主义框架，真正地进行了形而上学的思考，因而被朱熹推举为理学传承体系中最早且最重要的开拓者之一。[12] 实际上，孝孺的天道论观点就充分反映了周敦颐以降的新儒学宇宙论传统。根据孝孺的主张：

第一，天道主静，然静而无静，因而能生。周敦颐以为阴阳二气来自太极自身的动静互化，"动而生阳，动极而静，静而生阴，静极复动"。[13] 孝孺也赞同宇宙本体之静而无静，他讲："天地之初，事物之始，性情之中，静也，而未尝不动也。憧憧然出入与日俱至者，动也，而未尝不静也。"[14] 天道作为超验存在，必须具有永恒性，因此主静；但它本身同样是生化出二气五行、宇宙万物的动力因，所以也隐含有动的一面。宇宙万物的生化过程自然是动，但由于这个过程总是处在天道的笼罩下，以道为依据和条件，故而始终是道的体现和具显，内在蕴含着静的一面。

第二，构成宇宙万物的质料是气，气与道是两事。孝孺明确指出"生物者天地也"，[15] 而"惟天以二气敷施，五行实函，显赫徽命，

---

12 朱熹之所以要将周敦颐的思想引入他构建的学术体系，并倍加推崇，是因为无论是孔、孟还是二程的思想，都无法像周敦颐的《太极图说》和《通书》那样，为儒家修齐治平的工夫实践提供一套现成、完整而精深的形而上学框架，从而真正确立起新儒学的根基，可见周敦颐思想在朱子学中举足轻重的地位。为此，朱熹不仅著《太极图说解》《通书解》对周敦颐思想进行了诠释，还通过编撰《伊洛渊源录》对周敦颐与二程之间的师徒关系进行了论证。参见何俊：《南宋儒学建构》，上海：上海人民出版社，2013年版，第137—140页。
13 周敦颐：《太极图说》，《周敦颐集》，北京：中华书局，1995年版，第3页。
14 《娱静楼记》，《逊志斋集》卷十六，第639页。
15 《启感》，《逊志斋集》卷六，第239页。

播生万汇"，[16] 这正呼应了周敦颐讲的"二气交感，化生万物"。[17] 孝孺还说："夫行乎天地之间而生万物者，非二气五行乎？"[18] 主张只有"二气五行"能够成为构成现实经验世界中一切实有存在的质料，而非其他任何东西。既是质料，"二五"便皆是气，是形而下的，因而不能直接探知形上之道。所以孝孺随即说："其动静之机，惟天地能知之，虽二气五行，设于天地者，不知之也。"[19] 指出无论是构成实存的质料还是一切实存本身，都不能先天地与道合一，不附加任何条件地把握宇宙本体及其生成变化规律。

第三，宇宙万物的生成变化无穷无尽，其中人类最灵。《太极图说》有言："万物生生，而变化无穷焉。"[20] 为了在数量和形态两方面论证万物生化的无限性，孝孺首先说："阴阳之气，运乎两间，物之有形色者，莫不资之以自成。而是气也，末尝为之加损。……其化可谓盛矣，而运行不息者，曷尝有古今之间哉！"[21] 在肯定了天地造化所需质料的数量及其生化作用本身都是无限的以后，孝孺才着手解决造化产物多样性的问题，他说：

> 二气五行精粗粹杂不同，而受之者亦异。自草木言之，草木之形不能无别也；自鸟兽言之，鸟兽之形不能无别也；自人言之，人之形不能无不相似也。非二气五行有心于异而为之，虽二

16 《存养斋记》，《逊志斋集》卷十六，第 606 页。
17 《太极图说》，《周敦颐集》，第 4 页。
18 《启惑》，《逊志斋集》卷六，第 239 页。
19 同上。
20 《太极图说》，《周敦颐集》，第 4—5 页。
21 《学孔斋记》，《逊志斋集》卷十七，第 657 页。

气五行亦莫知其何为而各异也。故人而具人之形者，常也。其或
具人之形而不能以全，或杂物之形而异常可怪，此气之变而然，
所谓非常者也，非有他故而然也。[22]

正因为天地生物具有无限性，才会导致现实经验世界的万物在外部
形态上各不相同，即气的精粗不同是事物多样性的固有原因。不
过，理学家把气区分以精粗杂粹，不仅是为了在宇宙论上给予事物
多样性一个合理的解释，更是为了在价值论意义上高扬人类作为万
物灵长的特殊地位。如周敦颐所言"唯人也，得其秀而最灵"，[23] 孝
孺也认为"吾之形，异万物而最灵者"，[24] 把受天地间清气而成的人
类[25] 规定为特别的存在。

　　鉴于上述本体论和宇宙论观念，在天人之际问题上，孝孺也
赞同"天人合一"的天人关系论。天道神幻莫测，即便人为万物灵
长，但由于"吾之身，犹借阴阳造化以生"，[26] 由气化而成，则毫无
例外地不能先天地掌握天道。不过，因为人类为天所生，无差别地
分有了天理，天人相合的通道并未断绝。天人之间首先是造物主和
受造者的关系，依据天道而生的人类必须按照天道安排生活，亦即
"事天者，不恃天之不我违，而恃我有以合乎天"，[27] 这是针对所有
人的普遍要求。在此基础上，人应当主动地体认天道，尽人之事，

22 《启惑》，《逊志斋集》卷六，第 239 页。

23 《太极图说》，《周敦颐集》，第 5 页。

24 《问月楼记》，《逊志斋集》卷十六，第 604 页。

25 　参见孝孺语，"清气之在天地间，得其纯全之会，则为圣贤人，得其浇驳之余，则为庸
　　众人"（《贮清轩记》，《逊志斋集》卷十六，第 640—641 页），表明无论是圣贤还是众
　　人，都得天地间清气而生，只是所得的粹杂有别。

26 《借竹轩记》，《逊志斋集》卷十五，第 586 页。

27 《与采苓先生二首》，《逊志斋集》卷十，第 381 页。

成全天赋之使命，这即是儒者该采取的生活方式。孝孺认为，"天之生人，岂不欲使之各得其所哉！然而势有所不能"，[28] 为了实现至善，天道内在地需要人的助益，"盖天之授人以才智，非欲其自谋一身而已，固将望之补天道之所不能，助生民之所不及焉"。[29] 他多次直言"道本于人心，非幽深玄远不可知也"，[30] "天道在人，为心之仁"[31] 等，就是要为"下学而上达"的儒家修身路径再次夯实形上基础，申明儒者最终能够成就参赞天地化育的圣人境界。是以孝孺说：

> 天之所赋于我者，若是其大也。吾充之尽其道，则可以运阳阴而顺四时，辅天地而遂万物。[32]

不但昭示了通过儒家修行能够达到的天人合一的境界，而且指出修行的关键在于充分发挥"天之所赋于我者"。所谓"天之所赋于我者"当然是指人所分有的"理"，这便涉及下文即将讨论的孝孺心性论。

二　心性论："天之所与我者"在心

以上梳理了方孝孺"天人合一"的天道论思想。"天人之际"

28　《宗仪九首·体仁》，《逊志斋集》卷一，第 98 页。

29　《后乐堂记》，《逊志斋集》卷十七，第 665 页。

30　《赠金溪吴仲实序》，《逊志斋集》卷十四，第 551 页。

31　《谨节堂铭》，《逊志斋集》卷七，第 283 页。

32　《赠林公辅序》，《逊志斋集》卷十四，第 533 页。

是儒家哲学的核心关切，涉及了天道论、心性论、人性论、价值论、工夫论、境界论等多重哲学问题，同时也是儒家内圣之学最重要的理论基石。不过，天人之际问题的关键从来不在"天"，而在"人"。若更为具体地说，就在人的心性问题上。只有先厘清了人的心性本质，才能摸索出有效的修身工夫。接下来将围绕心性论进一步说明孝孺的理学观念。

　　心性论是新儒学的核心问题，北宋以来的儒家学者鲜有不谈心性的。孝孺所处的时代以前，新儒学中最有影响的心性论观点有二家：以二程、朱熹为代表的理学心性论和以陆九渊为代表的心学心性论。理学一脉主张"性即理"，心学一脉则主张"心即理"，二者的根本分歧在于寓于每个人类个体的先天本质规定性——即"理"的现实载体落于何处。但无论是理学讲的"性"，还是心学讲的"本心"，就其理论源头上说应当都可上溯至孟子所讲的"天之所与我者"。由此，在"心"与"理"的关系上，理学和心学之间也存在着重大分歧。刘述先对此分析得十分透彻，他讲："朱子所言之心为一经验实然之心，它与理的关系是当具，不是本具。是通过后天的修养功夫才可以使心与理一。"[33] 理学首先将心和情都规定为气："性是理，情是气，心是气之精爽所以具众理而应万事者也。"[34] 气既是形而下的，则无法直接与形上之理相通。朱熹之"心"必然不能够像陆九渊之"心"那样本然地具于理、合于理，而只能是一个虚的知觉容器，包住性、情并统摄之。其实，朱

33　刘述先：《朱子哲学思想的发展与完成》，台北：学生书局，1995 年版，第 197 页。
34　同上，第 269 页。

熹的性理之学也是他的理气观在人这一特殊对象上的具体应用，性与心的关系是理气关系的一种特殊状态，因而也表现为互相之间的"不离不杂"，所以心能知性。心为气之精爽，最大特征是能够主宰，即主动向善的主观意识能力。人必须通过心这个精神主体去体认性，从而令所发之情符合理的要求，这就是尽心知性、知性知天，是实现天人合一的关键工夫。朱熹相信，天生宇宙万物，寓于万物之理如一，观物即是观己，因此通过不断的格物来穷究天理是可行的。相对而言，陆九渊没有这样复杂而系统化的理论建构。象山心学坚持"心"不仅有精神主体或主观意识这个层面的含义，而且也涵有道德本体的意义。因此为了实现心与理合、人与天合，所需的工夫便是内省，从而去除外扰，发明内心本然之善。

那么，方孝孺又是如何阐述心性问题的呢？作为一位公认的朱子学者，孝孺直接讨论"性"的文本并不太多，但不难从中看出他的主要观点。从一般语义而言，"性"泛指人的先天本质，即"天命之谓性"（《礼记·中庸》）的性，譬如孝孺说"人有五常之性，天命也"。[35] 根据孝孺的宇宙论，天地生物都只是太极生化的结果，宇宙万物皆分有同一个理作为自身的存在本体，人类也不例外，因而这个"性"便等同于人所分有的理。性具有道德性和普遍性两大特征：一方面，人之性是天所赋予的，所以必然可以得出"性与理合"、[36]"人之性本善"[37]的结论；另一方面，寓于不同人类个体的

---

35 《石镜精舍记》，《逊志斋集》卷十六，第 612 页。

36 《敬题蜀王殿下来鸥亭诗后》，《逊志斋集》卷十八，第 712 页。

37 《贮清轩记》，《逊志斋集》卷十六，第 641 页。

理未有不同，即"人之受于天者均也"。[38] 与此同时，性的承担者是心，"有心则有仁义礼智之性"，[39] 故而如孟子曰"心之所同然者何也？谓理也，义也"（《孟子·告子上》），孝孺也认为"人心亦众矣，欲一而同之，舍其性之所同有者，不能也"。[40] 基于这种人类的先天本质皆乃同一个天理的存在论预设，每个个体都有采取人类应当采取的生活方式之义务，亦都有经由尽性知天而通达天人合一之圣贤境界的可能性。因此孝孺讲："盖人苟能尽其性，则将与天地比德，何卉木之不如？"[41] 反之，则"苟蔽于私，而溺于欲，戕其性而谬迷其天，诚有不若卉木之足信者矣"。[42]

不过，有时孝孺对于"性"的表述并不严谨。这样的例子至少可以找到两处，分别是：

> 是知人诱于利欲，故往往失其性。[43]
> 圣人惧人性之偏于所习，而沦于不善，立诗书礼乐以教之。[44]

按照朱子学的观点，性是未发，纯然寂静，没有主观能动性，更不会偏失；若言偏失，则定讲已发之偏失。孝孺以为"性"有"失"或"偏"的可能性，进而"沦于不善"，此二处言"性"显然就不

38　《直内斋记》，《逊志斋集》卷十七，第 649 页。

39　《学辨》，《逊志斋集》卷六，第 244 页。

40　《读书斋记》，《逊志斋集》卷十七，第 679—680 页。

41　《卫氏紫薇诗序》，《逊志斋集》卷十三，第 522 页。

42　同上。

43　同上。

44　《读书斋记》，《逊志斋集》卷十七，第 679 页。

等同于朱熹所讲"纯是善底"[45]的作为本体的性，只能从气质之性的意义上去理解。朱熹尝谓，"天命之性，本未尝偏。但气质所禀，却有偏处，气有昏明厚薄之不同"，[46]"心有善恶，性无不善。若论气质之性，亦有不善"。[47]天命之性才是形上本体，气质之性到底是形下事物，是具体地落于人心的性，仅具有应然的善。天命之性必须安顿在具体的气质上，具体的气质之性也必当寻求返归天命之性。朱熹对此区分得十分苟刻，未有见其提及气质之性时而不特指。由此可见，虽然孝孺对"性"的理解基本符合理学内涵，但他对于"性"的概念的使用并没有特别严格地遵守朱子学的定例。

相较之下，孝孺谈到"心"的地方则很多。在一封书信中，他写道：

> 夫人之心，五性具焉，其中虽寂然静也，而不能不与物接。及乎既发，则七情动矣。苟动而中其节……则何不可之有？惟夫七情之发，为物所蔽，则或汨其本然之善。故圣贤立教，使人寡欲养心，克己以求仁。[48]

五性即仁、义、礼、智、信的五常之性，孝孺在此说"心具五性"，乍见与朱熹所言"性则心之所具之理"[49]并无大不同。然

---

45 黎靖德编：《性理二·性情心意等名义》，《朱子语类》卷五，北京：中华书局，1986年版，第83页。

46 《性理一·人物之性气质之性》，《朱子语类》卷四，第64—65页。

47 《性理二·性情心意等名义》，《朱子语类》卷五，第89页。

48 《答林子山》，《逊志斋集》卷十一，第433—434页。

49 朱熹：《四书章句集注》，北京：中华书局，1983年版，第349页。

而，朱熹讲的"理具于心"是指心涵摄着理、可以认知到理，非
为内在本具，心与理到底是两事。孝孺却说"心之中"是静，宛
如意指心乃本然地合于理。他又提到发而不中节之情会扰乱"其
本然之善"，因此圣贤教人以寡欲养心，似乎也不尽然与朱熹的意
思吻合。具言之，朱子学主张情如果不以心为之宰，就会放浪而
不得其正。所以朱子学提倡养心，养心是为了更好地发挥心运用
理去节制情的主宰能力。问题在于若按朱熹"情者，性之所发"[50]
的定律，性之本善不会因为情的偏颇而受到干扰，未发之性即是
理，总是处在静的、中的状态。有可能受到外界气之扰动的只会
是同属形下的心，而要说心具本然之善，则恐骤然脱离了朱子学
的路径。虽然朱熹也曾说过"心之本体未尝不善"，[51]"既汨于物欲
而失之，便须用功亲切，方可复得其本心之仁"，[52]认为心的本质
状态无不善，但这只是对心之本体作出的价值判断，不是肯定其
为善之本体。况且，朱熹确然无疑地主张性即理，也尽可能在论
说中避免产生相关误会。孝孺却并没有严格限定"性"的本体地
位，其心性论的暧昧之处也正起于此。既然如此，为了厘清孝孺观
念里"心"与"理"的关系，就必须倚赖更丰富的文本材料来求
证了。

　　然而，直接从孝孺的表述中判断他对"心"的确切看法并不容
易。一方面，他把心当作属于经验世界的具体的东西。孝孺曾讲：

50　《孟子九·告子上》，《朱子语类》卷五十九，第1380页。

51　《性理二·性情心意等名义》，《朱子语类》卷五，第86页。

52　朱熹：《答何叔京》，《晦庵先生朱文公文集》卷四十，《朱子全书》第22册，上海：上
　　海古籍出版社，2002年版，第1841页。

> 存之无形，索之无方，而其动无常者，心也。[53]
>
> 凡接于目者会诸心，心之所会皆足为我用，而不为所役。[54]
>
> 吾之所得存于心，未尝发口，而彼能的然先得吾之所存，固人情之所甚快也。[55]

很显然在这几段材料中，心指称的是人的思想和意识中枢，功能在于容纳与整合感觉器官和思维器官所产生的信息，这是"心"的一般性词义。另一方面，孝孺文章中使用的"心"的概念，又有若干处颇为接近心学的"本心"之意。其文曰：

> 斯理之在人心，穷宇宙而不可磨灭者，天之道也。[56]
>
> 盖其心之虚明广大，与天地同体，而无一物之累，其乐不亦宜乎？[57]
>
> 必也端其本乎！本安在？心是也。子其正乃心，嗜欲不形，好恶不倾，是非咸得其正，然后可以为正矣。[58]

通过上述三段材料可以看到：其一，心为理的安顿处；其二，人心本与天理一致；其三，道德实践之本在心。如果附加上"性便是心之所有之理，心便是理之所会之地"[59]的前提，以上意思尚可谓没

53　《君学下》，《逊志斋集》卷三，第 126 页。

54　《见山堂记》，《逊志斋集》卷十七，第 681—682 页。

55　《题琴轩记后》，《逊志斋集》卷十八，第 711 页。

56　《蜀汉本末序》，《逊志斋集》卷十二，第 470 页。

57　《来鸥亭记》，《逊志斋集》卷十七，第 678 页。

58　《送石君永常赴河南金事序》，《逊志斋集》卷十四，第 536 页。

59　《性理二·性情心意等名义》，《朱子语类》卷五，第 88 页。

56

有超出理学心性论范围。可是以现有文本证据为前提，同样不可忽视的是孝孺也已经比较隐晦地肯定了心作为先验的道德理性和价值自觉能力的意义。但与其说这是倒向主张"本心"即理的心学阵营，不如说是一种理学心性论融会心学之后的有限度的改造。孝孺没有拘泥于朱子学的固有说法，比起对心与理是二事的严密隔阂和对心之虚摄地位的强调，他更为重视心的能动作用，亦即心能主动地合乎理的"主宰"特性。故而他说：

> 道之不明，治之不古，非人之心有异也，蔽于近使然也。……人之所以参配天地，超乎万物之表，而独贵乎宇宙之内者，特以是心为之宰耳。人孰无是心也，用之得其道，则日月不能擅其明，山岳不能擅其高，河海不能比其容。不善用之，则虽有出万物之资，而终不免与万物同泯，可不知所务乎？[60]

明确指出了心的主宰能力是人超脱禽兽草木的那个"几希"，是个体修身以合乎天理的关键。能始终合于天道之心便是"道心"，须得"克私去欲，以复道心之大全"，[61] 此乃修身的首要目标。值得注意的是，无论心学还是理学，其实都赞同人的现实行为不能合乎中正的原因在于心受到外物牵引或遮蔽，只不过由于在心、理关系上的分歧，落实到工夫论上，就变成了心学倚赖心的"自反"能力去蔽，而理学谋求发扬心的主宰能力规避外物的负面影响。从这个角度看，孝孺讲"心"还是更为符合理学的路径。不过，也正因为他

---

60 《心远轩记》，《逊志斋集》卷十六，第 628 页。
61 同上。

正学与践履：方孝孺儒学研究

相对看重"心"而不甚强调"性"，使其论说被动地呈现出调和心学的倾向。譬如在心、性的关系上，孝孺这样写道：

> 稽于初，乃无殊，惟心宰身，微而灵，虚而神，囿覆载，靡或遗，酬酢群动，靡或窒，圣有之，众人亦有。兹惟命，在心为性，为道之原，为善之会，为人物之分。圣匪加多，众人匪有亏。[62]

从表面上看，这段材料的逻辑展开完全符合理学的观点，实则同样突出心能主宰之意，而没有明确回答"心"与"理"是否同一的问题。孝孺看似直接肯定了"性"是存在本体和为善依据，但也只在发用层面上说心是性的载体，始终没有在本体层面上否定过心、性的同一性。换言之，即是给主张"心即理"的心学路径打开了罅隙。

综合看来，孝孺在具体讲用中没有特别明确地划定心、性两个概念的使用范围，诸多相关文本中甚至能够互换二者而不产生歧义，与朱熹严密规定心、性的内涵且在使用时字斟句酌的情况形成了鲜明对比，这是造成孝孺的心性论观点看似骑于理学、心学之间的最大原因。当然，孝孺大多数存世作品不是专门的学术论文，可能会存在行文的不严谨，这恰恰反过来说明了他并不是特别重视两者的分别。不过，这依然不能成为最终认定孝孺支持心学的证据，现有材料表明其心性论还是更多地符合理学的路数。可见孝孺虽然

---

62 《存养斋记》，《逊志斋集》卷十六，第 606 页。

熟于宋学,尤尊考亭,却并不是事无巨细地将朱子学照本宣科地复制到当代。此外,孝孺有关理具于心的思想也很容易令人联想到婺学先贤吕祖谦。两部学案面世以来,通行的儒学判教观点多认为吕祖谦的学问带有调和朱陆的特色,在强调"理"的同时又含有心学特征。[63] 吕祖谦明确接着孟子而提出"万物皆备于我,万理皆备于心",[64] 他将心的地位拔高到与天理、天地并列的思想可在宋濂的"是则心也,万理之源"[65] 处看到映照,同样在孝孺这里也未必毫不相干。无论如何,要更为准确地为孝孺的理学思想定位,厘清其内圣之学的理论基础,仅考察心性论仍不足够,因此下面将进一步究明其工夫论。

三 工夫论:养心为本,致知躬行

从大处说,朱学的"性"与陆学的"本心"恐怕没有太大差别,都是指"天之所与我者",都是一个"理"而已。之所以必须赋予其迥然的称谓,并且发挥出完全不同的理论体系,很大程度上是因为朱陆二人对"心"属理或属气的理解不同,从而也导致二家在工夫论的取向上出现根本分歧。归根结底,儒学不是纯然名相之学,其终极关怀总是要落在切实处,安顿到现实经验世界的人类社

---

63 可参见《宋元学案》载全祖望所言:"朱学以格物致知,陆学以明心,吕学则兼取其长,而复以中原文献之统润色之。"(黄宗羲、全祖望:《东莱学案》,《宋元学案》卷五十一,北京:中华书局,1986 年版,第 1653 页)

64 吕祖谦:《左氏博议》卷十五,《吕祖谦全集》第六册,杭州:浙江古籍出版社,2008年版,第 373 页。

65 《〈夹注辅教编〉序》,《翰院续集》卷九,《宋濂全集》,第 1101 页。

会生活实践中去。正是在这个意义上，工夫论的问题在儒学中显得尤为重要。前人的研究总结方孝孺的工夫论思想往往着重列出以下几大要点：养气终身、主敬立诚、格物穷理、养心寡欲和良知良能。若加以深究，就可以发现这些要点并非彼此独立，而是在孝孺的理学思想内部连贯成了一个完整的工夫论体系。

首先，学者以养气为本，养气即是养心。养气即孟子"养吾浩然之气"的简称。纵使孟子认为浩然之气"难言也"(《孟子·公孙丑上》)，孝孺却对养气的内涵、作用与方法等具体细节问题有自己的心得。孟子形容浩然之气为"至大至刚"、"配义与道"、"集义所生"，孝孺则称之为"至神之气"。据他所说：

> 天地有至神之气……惟人者，莫不得是气，而鲜得其纯。得其至纯者，圣人；养而至于纯者，贤者也。是气也，养之以其道，上之和阴阳，下之育庶类。[66]

可见此气不但对个人修身至关重要，还是万物各付其性和社会有序运行的关键。进而孝孺认为，"圣贤之道，以养气为本"，[67] 有志于道者不可不养气。由于人类天生具有弘扬天道的使命，养气也是人作为人存在的内在要求。根据孟子以来的儒学传统，孝孺也主张若人"不能奉天之道，尽人之性，自致其身于无过"，则与禽兽无异，"虽谈笑而亡，尤不得其死也"。[68] 这些人被归为"众人"，也就是

---

66 《赠郭士渊序》，《逊志斋集》卷十四，第 538—539 页。
67 《三贤赞》，《逊志斋集》卷十九，第 723 页。
68 《斥妄》，《逊志斋集》卷六，第 237 页。

徒有人形而不能发挥"天之所与我者"的庸人。人皆分有同一个天理，圣人能够与天同德，众人却与物为徒，两者的区别不仅在先天所受之气的精粗，更在后天存养之功有别。孝孺断定，众人受到外来的物质诱惑或者无节制的情感的搅扰，而不能使视听言动符合天道的要求，"其与物相去不能分寸者，不知自新之学故也"。[69] "自新"之语源自《大学》，即自去其恶、止于至善之谓。"自新者治其心"，[70] 自新之学便是要人做工夫，工夫在于养气，养气便是养心。孝孺清楚地认识到人之有心正是"几希"，"耳目者人，心通乎天"。[71] 心本身只是气，然乃气之精爽，又是性的承担者。性即理而本善，决定善恶之呈现者果在于气禀因素，亦即心如何发挥知性与主宰的能力而使其发用合于天理。因此孝孺讲："盖以五性在人，犹水之在于器。器有污洁，而水之清初非以污洁而加损也。……善学者积澄滤之功，以变其浑浊，而反乎至清，则众人可为圣贤人，亦理然也。"[72] 由此看来，在工夫问题上，孝孺把养气与养心看作一事，甚至很可能就是把浩然之气看作心。

其次，主敬成仁，寡欲养心，而至于静。孝孺向来主张儒者工夫惟是自得，非可外求，他说：

> 求道于人，不知在我乎？[73]
> 闻君子之于学，将有以扩充吾良知良能，而复吾本然之量，

---

69 《直内斋记》，《逊志斋集》卷十七，第650页。
70 同上。
71 《毁誉箴》，《逊志斋集》卷一，第73页。
72 《贮清轩记》，《逊志斋集》卷十六，第641页。
73 《杂问》，《逊志斋集》卷六，第265页。

非由外铄我也。⁷⁴

　　君子之养气，非能兼取于人也，能自充之而已。充之之道无
他，能循乎理而已矣。⁷⁵

类似以内修为纲的言论多见于其作品中。考孟子曰，"仁义礼智，
非由外铄我也，我固有之也，弗思耳矣"（《孟子·告子上》），"行
有不得者，皆反求诸己，其身正而天下归之"（《孟子·离娄上》）。
又曰，"人之所不学而能者，其良能也；所不虑而知者，其良知也"
（《孟子·尽心上》）。天命之性内在，"反求诸己"便非外求；"良知
良能"便是人生来具有的先验的道德判断力和实践理性，是综合心
的能知与能宰来讲的。在孝孺看来，心本来已经充分具备尽性知天
的条件，所以专注于向内做工夫才是有效的。养心的具体工夫一
来要求主敬，二来要求寡欲。两者互为表里，分别从积极和消极
的角度促使心存养住"主静"的状态。先讲主敬。孝孺推崇"敬"
为孔孟之学的精髓，谓"敬者，所以成夫仁而已矣。仁为众善之
原，群德之长，而天地之心也。得此以为人，则人道尽；得此以为
君，则君道备"。⁷⁶"主敬"则可体认与保养住人之为人的东西，亦
即是"成仁"。仁就是天德，成仁也就是心总是保持在与天理合一
的状态，此即是主静，即是不以物喜、不以己悲，从而能够使一切
发至现实的行为恰如其分，自然不会生出利心私欲。因此，主敬

---

74 《与陈敬斋》，《逊志斋集》卷十一，第 454 页。

75 《集义斋记》，《逊志斋集》卷十六，第 615 页。

76 《学孔斋记》，《逊志斋集》卷十七，第 659 页。孝孺的"主敬成仁"说当然是秉持了朱
　　子学的传统，吸取了周敦颐"主静说"、程颐"主敬说"、朱熹"居敬说"和宋濂"持
　　敬说"等，同时也是孝孺自己研读先秦经典的体会。

成仁是从增长人的先天道德能力入手，正面地促进养心工夫。再讲寡欲。孟子曰："养心莫善于寡欲。"（《孟子·尽心下》）周敦颐亦以"无欲"为学圣贤的要旨，言"无欲则静虚、动直"。[77] 孝孺自然也把物欲看作大害，道："世之人溺于自私，视世之物皆执以为己有，营营乎得丧之区，而不知止，何异于蜣螂之丸粪土乎？"[78] 因为"人之情不能无欲也"，[79] 克服私心便成了最为切近的修身工夫。孝孺以为"入道之路莫切于公私义利之辨"，[80] 他要求学者都应当看清物欲纯系于外来，生自私心，只会扰乱心行使为善的能力，妨碍与天相合的目标。"人惟无欲……则心何往而不静？"[81] 寡欲、去欲就是克己之私，就是归于仁，是从反面避免心溺于物而不辨善恶、兴风作浪，陷入人而兽的境地。综合上述二者，孝孺便说：

> 夫敬为复善去恶之机，天理之所由存，人欲之所由消也。[82]

揭示了主敬、寡欲二者实乃一体两面的同一种工夫，目的便在于养心以主静。

再次，静以致知。孝孺的工夫论并没有因为重视心的作用就囿于内修的层面，通过主敬、寡欲等要旨养心以主于静，最终是为了

77　《通书·圣学第二十》，《周敦颐集》卷二，第 29—30 页。

78　《借竹轩记》，《逊志斋集》卷十五，第 586 页。

79　《周礼辨疑》，《逊志斋集》卷三，第 153 页。

80　《答陈元采》，《逊志斋集》卷九，第 369 页。

81　《静斋记》，《逊志斋集》卷十六，第 611 页。

82　《直内斋记》，《逊志斋集》卷十七，第 649 页。

格物致知，落实到现实的生活交往中去。孝孺工夫论到达这一步，才算从内心走向了外部世界，从未发进入了已发。格物对于学者而言是必要的。物本身是静的，人则是能动的。孝孺指出："夫人处乎万事万物之间，而欲与之俯仰，裁天下之变，成天下之务，欲其不动，不可得也。"[83] 人毕竟生活于现实经验世界中，不可能不与物相接。众人常溺于物，而学者当以道观物，主静而不为所动。当然，孝孺所说的主静不是要人"强制其本心如木石然，而不能应物"，[84] 而是要人从未发转向已发时总是契合天理，在内心向外表达之际总是仁义中正而主于静，不为外物所动。与此同时，出于世间万物皆分有同一个天理的宇宙论前设，孝孺承认"山岳川流，霞云草木，流峙卷舒，荣悴之态，变化至无穷尽也，然咸出天地自然之理"。[85] 于是，在人、物必然相接和"天下之物莫不有理"[86] 的双重前提下，"山川云木固为人学道之助"，[87] 格物穷理作为修身方法便获得了有效性和必要性。接触与体认外界事物固然对内心有益，但如何保证能够从中了解和把握天理便成为问题。孝孺以为"心之为物，静则明，动则眩"，[88] 主静是格物有效的充要条件。唯有不带有"欲之之心"，[89] 才能使内心不受搅扰地反照事物本来的样貌，达到"感而遂通天下之故"。[90] 由此他写道：

83　《答林子山》，《逊志斋集》卷十一，第434页。

84　同上。

85　《龟岩隐居记》，《逊志斋集》卷十七，第645页。

86　《四书章句集注》，第7页。

87　《龟岩隐居记》，《逊志斋集》卷十七，第645页。

88　《静斋记》，《逊志斋集》卷十六，第611页。

89　同上。

90　《答林子山》，《逊志斋集》卷十一，第434页。

> 物之理不可以数计，而欲知之也，盖有要焉。操至静之器，以应乎群动，以索乎册书，察之于天地之际，验之于伦理之间。譬诸破竹焉，既得函刃之地，一节之后，将豁然矣。知既尽，而于圣贤之学无得者，吾不信也。[91]

提出格物应当先以主静之心亲近外界事物，吸取儒家经典中的知识，并在自然规律与社会人伦中寻求印证。只不过，和朱熹格物"须着逐一件与他理会过"[92]的慎重不同，孝孺相当乐观地认为通过上述方法可以势如破竹地穷尽物之理，显然不尽然吻合朱子学本来渐进积累的修身方式。以此观之，孝孺的工夫论虽然赋予格物致知不可或缺的地位，可是修身的重心依然在于养心。

最后，致知而躬行，知先而行后。如前所述，孝孺认为从逻辑先后次序上来讲，主静而后可以致知，致知而后可行而皆中。"天之所与我者"决定了人先天地负有尽性知天、补益天道的使命，所以知必然要付诸行。由养心始，至于躬行，方才使工夫实践形成了一个现实世界中"人能弘道"的完整回路。故而孝孺将孔子语"穷理尽性以至于命"（《周易·说卦》）具体扩充为"穷天下之理，而见之于躬行，尽乎三纲六纪，而达之于天道"[93]的意思，其境界直指圣人。孝孺相信人人皆可为圣贤，"能穷理而尽性，虽即吾身为孔孟可也"，[94]"人能一主乎敬……而圣人之天德可庶几而至矣"，[95]

91　《题郑叔致字辞后》，《逊志斋集》卷十八，第704页。

92　《大学二·经下》，《朱子语类》卷十五，第295页。

93　《斥妄》，《逊志斋集》卷六，第237—238页。

94　《尚友斋记》，《逊志斋集》卷十七，第653页。

95　《直内斋记》，《逊志斋集》卷十七，第649—650页。

前提是必须从事儒家的知行实践。于是，在知行关系上，孝孺也赞同朱子学的"知先行后"，[96] 甚至断言"古圣贤之学，必以知为先也"。[97] 这也是因为，假使未能知性知天，则无从采取符合天理的行为方式，人在现实中的作为便一定会走向偏失，反而有害天道，故言"夫人之通患，不患于不能行，而尝患于不知"。[98] 需要指出的是，在知行问题上，孝孺所谓"知"当是指对于宇宙终极原理的把握，所谓"行"则仅相当于"欲明此理而力行之"[99] 的"行"，指现实的社会生活实践。孝孺尝言，"内直，则方外者在是"，[100] "士能有所养，然后临事而不困"。[101] 他对知行关系的认识基本还停留在知指导行的单向作用层面，反过来说，行只能用于知的求证，不能直接为人提供有关真理的新内容。这是一种彻底的唯理论，是主张"心具众理"的必然结果。

综观孝孺的工夫论可知，养心是工夫的基点和关键，这和孝孺心性论重视心的主宰作用是一致的。其实，在修身问题上，孝孺就是把人首先看作精神主体，人作为物质性实存则是第二性的了。他教人"弃汝耳目，惟心是察"，[102] 便是把心当作贯穿一切修身活动的主体，修身之所以可能也就在于心能够发现自身所具之理并用以

96　朱熹明确说过"论先后，知为先"（《学三·论知行》，《朱子语类》卷九，第 148 页），"夫泛论知行之理而就一事之中以观之，则知之为先，行之为后，无可疑者"（《答吴晦叔》，《晦庵先生朱文公文集》卷四十二，《朱子全书》第 22 册，第 1914 页）。

97　《题郑叔致字辞后》，《逊志斋集》卷十八，第 704 页。

98　同上。

99　《答郭希吕》，《晦庵先生朱文公文集》卷五十四，《朱子全书》第 23 册，第 2566 页。

100　《直内斋记》，《逊志斋集》卷十七，第 649—650 页。

101　《讷斋记》，《逊志斋集》卷十七，第 674 页。

102　《毁誉箴》，《逊志斋集》卷一，第 73 页。

为善。孝孺承认心的这一最为重要的道德能力就是反思，即孟子所说"心之官则思"（《孟子·告子上》），他说：

> 修身之道，莫切乎治心，而心之官，则在乎思。是思者，贤否之所由出，治乱之所由生，休咎之所由分也。人之有身，孰能无所思也哉！[103]

反思的对象既是天理也是自身，这种对内在工夫的强调无疑呈现出了采心学之长的特征。即便如此，孝孺仍旧格外重视格物。单就格物穷理对于修身的重要性而言，孝孺工夫论与朱子学的观点并无冲突。倒不如说孝孺之所以要突出心的地位和作用，正是出于儒学以道德实践为旨归的精神，而对朱熹"知先行后"思想的融汇吸收。问题在于孝孺可能罔顾了朱熹对"格物、致知、正心、诚意"之修身次第不可躐等的规定，使其工夫论走向了朱子学忌惮的"重顿不重渐"路子。正如前辈学者评析的："方孝孺与宋濂、刘基则是朱熹当年所指责过的那种'存诸内而略夫外'，'只持一个敬字，更不做集义工夫'的学者。因此，他们对朱学可以说是'得其半而失其半'。……恰恰在他们那里，'恢阔'的朱学被弄得偏枯了。"[104]

至此，基本可以确定地说孝孺的工夫论思想呈现出对理学与心学兼容并蓄的倾向。但是，若要就此以"朱陆合流"为之定性则为时过早。即便可以把孝孺横向地纳入元末明初儒学内部调和朱陆的整体趋向中，也不能够断言他的思想特征就源于对时代思潮的拿来

103　《身修思永堂记》，《逊志斋集》卷十七，第660页。
104　《宋明理学史》(下册)，第99页。

主义。纵观孝孺的言论可知，他对锱铢必较的形而上学思辨并不抱有特别的兴趣，所优先关心的总是生活实践，充分彰显出浙东学人历来注重实用的性格作风。同样，工夫论上那种内省与格物并重的为学风格也极有可能是来自以吕祖谦为首的婺学兼采众长的传统，后者也倡导"养气"和"以心御气"，将工夫落实在发挥心的主宰作用上。此外，吕祖谦在心性论问题上也不像朱、陆那样或苛刻或前卫，他基本忠于孟子而较少独特发明的特点也与孝孺不谋而合，二人之间是否实际存在一定的思想承继关系当是一个值得继续深入探讨的问题。

四　小结

虽然方孝孺没有系统阐释其理学思想的作品存世，今人还是能够从其文章片段反推出他在本体论、宇宙论、心性论、工夫论等方面的观点立场。首先，在本体论方面，孝孺完全依照孔孟之学传统以"道"为本体，他所主张的道的性质也与儒家普遍观点一致；而在宇宙论方面，孝孺推崇以周敦颐为首的新儒学气化宇宙论，并将动静问题、理气问题等经由天人关系论带入人的学问中。其次，在心性论方面，孝孺倾向于将"性"理解为"天之所与我者"的仁义礼智之性，将"心"理解为性的承担者，拥有知天的主观能动性与用所知天理使所发归于中的主宰作用。其心性论在大要上与朱熹学说并无甚冲突，但在细节上却没有彻底遵循朱子学定理，其中对"心"的地位与作用的强调更使其呈现出一定程度上调和心学的倾向。最后，在工夫论方面，孝孺显然极为重视"心"。其工夫论按照主敬寡欲以养心、心主于静而格物致知、知先行后而圣贤可至的逻辑顺序展开，皆围绕着养心这个核心与基点，因此也在客观上显得走向了顿教与心学。

孝孺的理学思想，尤其是其天人关系论，充分展现出了儒家形而上学的目的论特征。表面上看，孝孺的宇宙论肯定了物成于气和自然规律，但他并没有把探求宇宙论真理作为唯一追求或当务之急，其终极关切始终指向对自然原理之人文价值的明确和对有利斯世之价值体系的构建。举例而言，《蒋氏异瓜辨》一文中，孝孺即表示追究自然之物是否反映或如何反映"道"这个客观精神的意志并不重要，"谓之祥者是也，谓之非祥者亦是也"，因为事物的意义与价值最终是靠能与天合一之人赋予的，"君子之道，大极乎天地，微通乎鬼神。能充其用，雨旸寒暑，自我而施，况一草之异乎？故有以致之，则谓之祥可也"，重要的是在当下及未来补益和促进天道至善在人间的实现。[105] 当然，所谓意义或价值在儒者看来就是天道之理，这是对实然与应然、事实与价值的打通。孝孺的这种思想倾向是儒家哲学一贯的思维方式。早在西周至春秋时期，儒家哲学已完成了从本体论到道德哲学的转向。因为儒家宇宙论认为人与最高存在之间具有先验的联系，所以能够直接跳过认识论，确信形而下的人类个体拥有把握形而上之"道"的能力。这或许是一种对真理的歪曲，但不可否认儒学因此而构建出了独特的极具道德性的形而上学体系。存在本体与价值本体的同一在儒学是不言自明的。道德即得之于道者，最高善被默认为客观真理。这是一种古典的思

---

[105] 参见《蒋氏异瓜辨》，《逊志斋集》卷七，第307页。

维方式，即认为世界是目的论导向的。放在儒学语境下讲，世界的存在原理就是为了实现最高善。"天之所与我者"的"理"既是存在的根据和条件，同时也是先验的普遍道德法则。换言之，儒家宇宙论本身更像是其价值论的前提和预设，儒家学者愿意相信那就是对世界生成变化之真相的确切描述。孝孺等儒家学者不会关心毫无目的性的所谓宇宙真理，归根结底是由于他们拥有强烈的在世间实现良善生活的济世意愿。故而可以说，工夫论才是孝孺理学思想的归宿，其理学思想最终要为修齐治平的现世实践服务。基于本章所述的理学观念，孝孺在人的自处与处世两个维度上分别发挥了他的为学思想和伦理道德学说，进而又将他正本清源、整饬人心的重要努力落实在辟异端一事上，以下将就此三者详细展开论述。

第三章 为学之方：内涵、方法与动机

为学向来是儒者的第一要务。广义的为学包含了体道、行道的全部实践活动，狭义的为学就是指接受儒家教育，亦即士人自处之学。孔子曰："生而知之者，上也；学而知之者，次也；困而学之，又其次也；困而不学，民斯为下矣。"（《论语·季氏》）可见在儒家思想中，为学对于除"生而知之者"外的绝大多数人之人生境界的成就来说都是必须的。因而作为儒者，不可能不对为学的内涵、方法、原则和实践中的诸多问题有所思考。与此同时，又由于孝孺相信每个儒者都有"辅天地所不及，而助之养斯民"[1]的责任，只有天下士人皆为学有道，才能发挥好助益天道的作用，推行符合圣贤之道的为学方式，也成了他实现救治人心、匡扶世道的儒家理想的必经之途。总之，孝孺尽一生致力于儒家学术事业，长期活跃在教书育人第一线，留下了比较丰富的治学思想和教育哲学。

孝孺的现存作品中，有关为学的论述比比皆是，既有鸿雁切磋，亦有专论杂记，合起来可以比较清晰地勾勒出孝孺为学思想的

---

1 《尚志斋记》，《逊志斋集》卷十七，第 652 页。

面貌。总的来说，孝孺认为为学不单是读书作文，而须以为道为体，以读经为本，以立志为原则，不落为文之窠臼，且应该在教育活动中遵循相应的教学理念。联系明初学术界的状况可以看到，孝孺的为学思想是具有时代精神和现实意义的，其亮点不全然在具体内容本身，更在于其中强烈的道德意识。[2] "德者，得也"，道德意识就是对于知天践道的自觉，或许也正是有见于此，黄宗羲才褒称孝孺为"学有以见性分大全"[3]者。

2　学界以往对孝孺为学思想有一定的研究，但新意不多，也大都未尝瞩目于孝孺为学思想的这一特征。除了王云五《明清教学思想》一书中专门陈述了方孝孺的教学思想，当代有姬秀珠《明初大儒方孝孺研究》从治学态度和治学方法两个要点切入，呈现出了孝孺立志、疑古、学习的精神及其力行为本、次第分明的治学详方，史小军、黄美华《方孝孺论学》(《名作欣赏》，2006 年第 8 期，第 102—106 页) 则从为学之决定道德完善水平的重要性、服务于"道"的目的、辨疑开放的态度和以行为本、因材施教、以古为制的方法等方面总结了方孝孺的为学思想，并就明初社会风气、孝孺自身家世背景和求学经历等方面的影响探讨了上述思想形成的渊源。另外，如果从为学活动价值导向的角度加以分析，讨论"文"与"道"关系的文道论在广义上也属于为学思想研究的范围。学界有关孝孺文论的研究成果较多，除绪论中已作罗列的，尚有：汪正章《方孝孺文学思想初探》(《渤海学刊》，1989 年第 3 期，第 92—98 页) 具体阐述了方孝孺的文论主张和文学思想；黄美华硕士论文《论方孝孺的文学观及其创作》(暨南大学，2006 年) 认为方孝孺的文学思想根源在其理学思想，并就此加以展开；邹丽娟硕士论文《方孝孺文学思想与元末明初文坛走向》(中南大学，2007 年) 除详细阐发方孝孺的文学思想外，还分析了其对当世文人及后世文坛的影响；张霞硕士论文《方孝孺尚气文学思想研究》(首都师范大学，2009 年) 着重从"气"论角度切入辨析了方孝孺文学思想的形成、演变与内涵；盛夏硕士论文《程朱理学与方孝孺的文学思想及其创作》(湖北大学，2012 年) 主要探讨方孝孺的文学，亦对方孝孺的理学思想有所阐释，着重在推崇朱学、理气学说、学道方法等方面；赵珊珊、王燕《论方孝孺的文学思想》(《淮北职业技术学院学报》，2012 年第 4 期，第 58—59 页) 归纳了方孝孺主张文以载道、文贵乎自然和推崇"气"论的文学思想；李圣华《方孝孺的论诗绝句及其尚宋之调》(《古典文学知识》，2014 年第 4 期，第 68—73 页) 探讨了方孝孺忠于理学的文学思想。

3　《师说》，《明儒学案》，第 1 页。

一　为学即为道

为学不单单是读书。儒家所谓"学"有其独特的内涵、外延和价值诉求,不纯是指一般意义上人类获得知识或技能的行为或过程。例如,孔子极为强调好学,认为好学是人的一切优良品性实现的基础,言"好仁不好学,其蔽也愚;好知不好学,其蔽也荡;好信不好学,其蔽也贼;好直不好学,其蔽也绞;好勇不好学,其蔽也乱;好刚不好学,其蔽也狂"(《论语·阳货》);唐宋以降,理学家们普遍互称"学者",亦揭示了"学"在儒学语境下首先指向圣贤之道的情况。换言之,为学的目的和旨趣总是在为道。对此,孝孺同谓:

> 古之学者舍道无所为学。[4]
> 君子之为学,事道而已。[5]

确凿地表明他认可为学即为道的观点,主张二者具有内在统一性。

其实,儒家思想素来不曾将为学与为道视作二事。要言之,为学是为道的条件,为道是为学的要求。孔子曰"下学而上达"(《论语·宪问》)、"君子食无求饱,居无求安,敏于事而慎于言,就有道而正焉,可谓好学也已"(《论语·学而》)、"君子学道则爱人,小人学道则易使也"(《论语·阳货》),子夏曰"君子学以致其道"(《论语·子张》),都提示出儒家思想总是将践行符合道德的生活方

---

4 《策问十二首》,《逊志斋集》卷六,第 270 页。
5 《答林嘉猷》,《逊志斋集》卷十一,第 452 页。

式作为人类精神的自我更新活动反映到具体行为上的应然结果。也就是说，遵照天赋予人之理，人人都应当从天人相分的初始状态去达到天人合一的最终境界；这个穷理尽性、尽性知天的蜕变不可能凭空发生，而一定是人类的自觉意识自发地推动的，所谓"圣贤君子非天坠而地出，人为之也"，[6] 其中必然会经历一系列思想观念、道德判断力和现实行为的更新改造，这就是"学"。"学"是对天道或者说天理的体认、确证与践履，是一个既不离知更不离行的过程。学乃学何谓道、如何尽道，无学则人不为人，更无以弘道。正因为如此，"学者，君子之先务也"，[7] 为学是导向人类主体性自我之建立及升华的唯一途径。孝孺就此说：

> 夫人之有生也，则有是心，有心则有仁义礼智之性。是性也，惟圣人不假乎学，能生而尽之。非圣人之资也，苟不学，安能尽其理而无过哉？故凡学者所以学，尽其性而已，不能尽其性，而人之伦紊矣，此人之所以不可无学也。[8]

指出人若无学，甚至不能正确地把握自身存在，也就不能正确把握人与他人、与外界事物的关系，无以采取正确的处世态度，更无以在社会生活中充分展现人独特的价值。而对于道，"生者知此而后可生，死者明此而后可死"。[9] 可以肯定地说，人若无学，等于放弃

---

6 《宗仪九首·务学》，《逊志斋集》卷一，第 94 页。
7 同上，第 93 页。
8 《学辨》，《逊志斋集》卷六，第 244 页。
9 《斥妄》，《逊志斋集》卷六，第 238 页。

了人作为人应有的生存方式，失掉了"几希"，旋即堕入鸟兽虫鱼之属。

为学的正面意义在于使人近道，反面意义便在于避免人走向无道。孝孺观察到，当世处处可见各种失道无德的现象，尤其是肩负历史命运和社会责任的学者、士人阶层多有卑陋者，"不复知周公、孔子之大方，因陈袭腐，自珍自诳"，[10] "摇夺于利欲，渐渍于污卑"，[11] 此皆是以道不明、无得于道的结果。由众多不合格的士人操持的社会生活与国家政治，遂落入了"风俗日偷，而治功难成；礼乐沦坏，而刑罚不措"[12] 的局面。孝孺反思无道现状的原因，而将之归结为世人不学圣贤之道。不学本身就是对道的远离，具体原因又可分为两类，或者"狂则足己自放，而不肯务学"，或者"惑则贱己自画，而不敢为学"。[13] 朱熹曾讲："为学须是专一。吾儒惟专一于道理，则自有得。"[14] 孝孺也相信，如果世人俱能去狂去惑，锐意为学，"学之终身而不倦以止，不盈以肆"，[15] 必定能够有见于斯道；如能"于道诚有所得，而养之纯，守之笃"，自然不会发生"加之以富贵则骄，处之以贫贱则屈，习之以机巧则迁，天之全以与之者，至于丧失拆裂而无遗"的情形，人间秩序的重建亦随之有望。[16]

---

10 《答林嘉献》，《逊志斋集》卷十一，第 451 页。

11 《送解元振先生还庐陵序》，《逊志斋集》卷十四，第 558 页。

12 《答林嘉献》，《逊志斋集》卷十一，第 451 页。

13 同上。

14 《学二·总论为学之方》，《朱子语类》卷八，第 142 页。

15 《答林嘉献》，《逊志斋集》卷十一，第 451 页。

16 参见《送解元振先生还庐陵序》，《逊志斋集》卷十四，第 559 页。

要使为学即为道在现实中成立，立志是贯通两者的关键。立志就是选择，选择是人的实践理性的根本作用，是人作为道德的生物的根本体现。在孝孺看来，当立之志必然在求道、行道，此乃治学之原则。他首先是这样要求自己的：

> 世之称七八君子者，以文。某于文虽尝学焉，然志不好也。……上以不愧乎天，中以不怍于心，下以有益于人而后止。此某之志也。[17]
>
> 吾身之未为圣贤君子也，是吾之所当忧，而所当自望者也。[18]

不同于世人热衷于用文章博取功名利禄，孝孺为学追求的是成为真正的圣贤君子。若能尽性知天，全然按照本善去行动，所作所为必然有利于斯道斯民，为学的现实意义即在于个人乃至社会全体良善生活的实现。不过，孝孺不得不面对的是，虽然他自己确实达到了朱熹言"立志要如饥渴之于饮食"[19]的标准，普天之下的士人却多短于志；即便有志，亦不知为学的正确方法。因此，孝孺在确立立志原则的同时，对为学方法也作了多方论述。

二　以五经为要

孝孺发现，世间学者大都不知如何为学。对于当时的士人阶

17　《答钱罗二秀才》，《逊志斋集》卷十一，第 439—440 页。

18　《答林嘉猷》，《逊志斋集》卷十一，第 452 页。

19　《学二·总论为学之方》，《朱子语类》卷八，第 134 页。

层，他痛陈道：

> 少或有志斯事，谨愿者笃于守，而不知推乎性命之原，达
> 乎政教之统；疏俊者锐于言，而不知本乎伦理之常，践乎礼义之
> 实。故显而在位，则不足以淑世；约而在野，则不足以淑人。[20]

其中总结了两类为学的不正之风：谨愿者相当于孔子所说的"狷
者有所不为"（《论语·子路》），疏俊者则相当于"狂者进取"（同
前），过犹不及，皆非中行，乃于道不明所导致的。孝孺主张为学
即为道，如果达不到"道明"的境界，断然不可谓学有所成；谈不
上"于天下之事无难言者"，[21] 知不足以指导行，更谈不上充分履行
社会职责和伦理义务，乃至实现儒家理想了。至于为何会造成这种
流弊，孝孺从为学主体的角度出发，从内外两方面提出了分析：一
者"学之功不若古人"，[22] 乃就主体的内部原因而言；二者"生也非
其乡，学也非其师"，[23] 乃就被动的外部条件而言。当然，外因不是
决定性因素，内因才是根本原因。有志者应当同时摒弃与克服这两
方面的不利条件，主动选择有益于进道的为学之方。

　　要使为学活动的价值诉求得以落实，学者自身首先应该采取正
确的治学进路。孝孺谓"为学不难，知要为贵"，[24] 要求学者须识学
之大端在知道。作为一名对道统传承有着高度自觉的儒家学者，孝

20　《答林嘉献》，《逊志斋集》卷十一，第 451 页。
21　《答俞子严二首》，《逊志斋集》卷十一，第 447 页。
22　《尊闻斋记》，《逊志斋集》卷十七，第 676 页。
23　《送解元振先生还庐陵序》，《逊志斋集》卷十四，第 559 页。
24　《学箴九首·知要》，《逊志斋集》卷一，第 67 页。

孺极力推举以读经为核心的治学方法。古先圣贤之言，亦即以五经为首的儒家经典，在孝孺眼中正是真理的代表，全然反映了天理而无丝毫偏失，故读经乃入道之基本与核心。他说：

> 《易》、《诗》、《书》、《春秋》、《礼记》，圣人之经也。圣人之经非圣人之私言也，天之理也。天不言而圣人发之，则犹天之言也。[25]
>
> 学必有要焉，何谓要？五经者天地之心也，三才之纪也，道德之本也。[26]

圣人代天作则的思想在儒家一脉相承，是儒学真理性不可动摇的根本保证。《礼记》云，"圣人作则，必以天地为本，以阴阳为端，以四时为柄，以日星为纪，月以为量，鬼神以为徒，五行以为质，礼义以为器，人情以为田，四灵以为畜"（《礼运》），"圣人建阴阳天地之情，立以为《易》"（《祭义》）。换言之，五经（囊括《乐》则为六经）是圣人在原原本本记述自然界的生成原理和运化规律后，根据其形式而推之于人类社会生活这个典型方面，所制作的具有规范性和道德意义的文化体系。以五经为首的儒家经典虽为历史文本，但由于天道本身的无限性与永恒性，任何一个时代的有识之士所得的天理不会有所不同，"千载之上有异才焉，出乎其间，所得之理，与今同也，所乘之运，与今同也，其言安得不与今同乎？千

---

25 《石镜精舍记》，《逊志斋集》卷十六，第 612 页。
26 《学辨》，《逊志斋集》卷六，第 244 页。

载之下有异才焉，同是理也，同是运也，其言安得异于古乎？"[27] 儒家经典具有超越时代的普遍适用性，为孝孺坚持当代为学仍应以此为根柢提供了强有力的理论支持。

读经既是为学之要，须得遵循正确的修习次第。孝孺对于经典学习次第的论述可从以下两个层面加以理解：第一，先养心再读经。按照孝孺"静以致知"的工夫论思想，保持心主于静的中正无私状态是人能够在为学过程中顺利体认"天之言"所含"天之理"的必要条件。如果怀着私心邪念，为学目的本身就不符合"为道"的要求，读经所得必不能在为学主体的思想与实践中获得共鸣或印证，也必定无法通过经典学习真正地致知穷理。由于读经等治学活动有效开展的前提是一定程度的内在修养，立志便也与养心密切相关。志于道意味着为学目的的纯粹无私，非于寡欲工夫上有所成者而不可。"知主敬以明善"[28] 是为有志者，从而可以"操至静之器"以"索乎册书"，自然而然能"察之于天地之际，验之于伦理之间"，保障学经活动按照其固有的价值导向推进与展开。[29] 第二，先四书再五经。孝孺认为经典学习本身也应遵循一定的操作顺序，"不可骤而进也，盖有渐焉"。[30] 按照他在《学辨》一文中所阐述的，五经是为学总纲，但学者一般应先从四书入手，"先之《大学》以正其本，次之孟轲之书以振其气，则之《论语》以观其中，约之《中庸》以逢其原"，[31] 此刻再从事五经之学，将能就经意取得更为

27　《观乐生诗集序》，《逊志斋集》卷十二，第 484 页。

28　《直内斋记》，《逊志斋集》卷十七，第 650 页。

29　参见《题郑叔致字辞后》，《逊志斋集》卷十八，第 704 页。

30　《学辨》，《逊志斋集》卷六，第 245 页。

31　同上。

合宜深刻的把握。五经既有所措，次则宜于推而广之，就要"博之诸子以睹其辨，索之《史记》以质其效，归之伊洛关闽之说以定其是非"，[32] 然后才能进一步求证到齐家治国的社会政治实践中去。孝孺的这一套读经次第与朱熹如出一辙，[33] 不同的是朱熹非常严厉地强调只有在不断的经典研习中才能日渐达到近道的内心状态，而孝孺要求学者须以近道之心切入经典，不免有几分"学问之道无他，求其放心而已矣"(《孟子·告子上》)的心学色彩了。此外，需要说明的是，孝孺虽对四书五经等作了次第区分，但这并不是对它们作为儒家经典的狭义文化价值或学术价值有所权衡。他讲：

> 夫圣贤之言非一端也，其言未尝同，其要未尝不同；其意未尝同，其理未始不同。……惟能识其意，则理之从衡顺逆、巨细显微，咸可推而得矣。[34]

只要是有得于道者所留下的文化遗产，在孝孺那里都具有同等的促进有志者为学的意义。

除了学者自身用力于读经，孝孺还十分重视师友交往的助益

---

32 《学辨》，《逊志斋集》卷六，第 245 页。

33 朱熹认为，为学"必先观《论》、《孟》、《大学》、《中庸》，以考圣贤之意；读史，以考存亡治乱之迹；读诸子百家，以见其驳杂之病。其节目自有次序，不可逾越"(《学五·读书法下》，《朱子语类》卷十一，第 188 页)，还讲，"人之为学，先读《大学》，次读《论语》"(《大学一·纲领》，《朱子语类》卷十四，第 250 页)，"专看《大学》，首尾贯通，都无所疑，然后可读《语》、《孟》。《语》、《孟》又无所疑，然后可读《中庸》"(《答郭希吕》，《晦庵先生朱文公文集》卷五十四，《朱子全书》第 23 册，第 2568 页)。

34 《与友人》，《逊志斋集》卷十一，第 447—448 页。

作用。一般而言，师友可以通称学术群体中的长辈与平辈。作为拥有共同志向与目标的同道中人，彼此交流探讨无疑是有效的治学方法。儒家学术群体中的交往活动往往也都围绕儒家经典进行，师友交往亦为经典学习的重要方面。这也是因为一般人皆不具有生知之资，即便可以自学圣人之言，身处于一定的学术群体中，不可避免地会在为学过程中有求于水平更高者，正可谓"犹必讲学，以辨是非"，[35]"学不能无待于人而自达，故必资师友之助"。[36]孝孺特别看重师长教授的关键性作用，尤其是在最初进入学术生活时，学者尚未建构起独立的人格与价值观，启蒙教师的水平将直接影响学生进学的方向与成果。如果"教之者无其术，养之者无其素"，学者纵然读经也是徒劳无益，终将"不足以得经之理，诵而习之则有余，推而用之则不达"，而对于天道之实"悦乎目而不入于心，窥其常而不究其变"，难以成就圣贤君子的境界。[37]孝孺认为，今之学者虽然"无圣人为之师"，[38]还是应该主动寻求其他可以为师者，化解不利于为学的外部条件，绝不可自暴自弃。事实上，圣人之道通过儒家经典不断流传于后世，"苟求胜己者而师之，岂无其人乎"，通过从"胜己者"处获得知识或教导，"吾之所闻必众矣，告吾以善者必多矣"，必将大有利于学者自身德智水平与实践技能的提高。[39]同理可知，每个学者的自我提升可以经由彼此的学术交往而呈现乘数效应，这也是孝孺强调"圣贤学术"不可不传的一大原因。

---

35 《四忧箴》，《逊志斋集》卷一，第 68 页。

36 《送伴读朱君之庆府序》，《逊志斋集》卷十四，第 545 页。

37 参见《送周景琰入试序》，《逊志斋集》卷十四，第 567 页。

38 《尊闻斋记》，《逊志斋集》卷十七，第 675 页。

39 参见同上，第 676 页。

三 为道不为文

如前所述，孝孺把立志学圣贤之道确立为为学之原则。其根据在于，一旦孝孺将其天人关系论注入治学实践中，定然需要贯彻合乎道的价值观，定会对立志学圣贤之道的必要性提出要求。立志即关乎出于何种动机为学的问题，孝孺自然主张为道是为学的唯一合理动机。而只有每个人都主动为学，不是出于被动强迫，才能达到为道的效果。道理很简单，行为只会因行动主体完全出于自主地选择道德的行为而获得道德性。"天命之谓性"是客观的，"率性之谓道"、"修道之谓教"（《礼记·中庸》）则是依赖于主观作为的。志于道、志于学就是选择彻底符合道德的生活，意味着人对于"天之所与我者"的自觉。通过立志这一关节，"人皆可为圣贤"这一命题从可能性转化成现实性，从他律转化为自律，高扬起儒家教育哲学的道德属性与人文关怀。

儒学自孔孟起便格外重视为学动机的重要性，至宋代理学兴起后更是将立志视为迫切的问题。孔子自道"吾十有五而志于学"（《论语·为政》），所学便在古先圣贤之道；朱熹教人"学者大要立志。所谓志者，不道将这些意气去盖他人，只是直截要学尧舜"，[40]"为学大端在于立志必为圣贤"，[41]所言亦不过此理。无论历史事实如何，显然儒家的有识之士始终对于天下无道、人心易失抱有极高的警惕，而不能不对作为中流砥柱的士人阶层提出较高的道

---

40 《学二·总论为学之方》，《朱子语类》卷八，第 133 页。
41 《朱子十五·训门人六》，《朱子语类》卷一一八，第 2846 页。

德要求。朱熹曾指出当世学者之大病在于"志不足以有为",[42] 孝孺则认为自己时代的积重难返更甚于前,他的笔下屡屡表达对人心不古、圣贤不传的痛心,尤其是"今人多不如古也,而莫士为甚,以其无志也",而"所志在乎富贵权术,得之则以为荣,失之则摧挫而欲死"。[43] 无志则不学,不学则愈加堕落,有待于外。孝孺敏锐地注意到并不是今人相比古人在天资或其他外部条件上有所欠缺,"世之言学者,果不足以为学"[44] 的源头在于本应率先承担济世职分者对于自我责任的漠视与放弃,这才是最令孝孺感到担忧的。因此他呼吁道:

> 人恒虑志不足。苟有志,不有遇于时,将有垂于后;不有合于人,将有合于天。安知今人之非古乎哉?安知古之果异于今人乎哉?[45]

学者先得不论气禀强弱,立起道德自觉之志,其作为人真正的价值与意义才有条件得以开显。

世人为学不能坚持志于道的动机,追本溯源固然是由于学者自己弃公济私,但也不能忽略社会历史环境对于人的价值取向和现实人生抉择的作用。在此便不得不略加述及明初学术环境与士人生态,尤其是科举制度对于学者的影响。明初教育界百废待兴,本

---

42 《学二·总论为学之方》,《朱子语类》卷八,第 133 页。
43 参见《尚志斋记》,《逊志斋集》卷十七,第 652—653 页。
44 《传经斋记》,《逊志斋集》卷十六,第 601 页。
45 《谢太史公》,《逊志斋集》卷九,第 342 页。

着恢复汉文化与加强统治的目的，明太祖筹建官学，[46] 更定科举制度，[47] 进一步推广圣贤学术之用。明代科举的考试内容"专取四子书及《易》、《书》、《诗》、《春秋》、《礼记》五经命题试士"，[48] 与科举密切相关的学校教材亦大抵不出此范围。所以说时人绝不是真的全然不知务学之要在于读经，而是多将读经当作了求取科举考试成功的手段，偏离了为学的本来目的。对此宋濂亦颇有指摘，道"自贡举法行，学者知以摘经拟题为志，其所最切者，惟四子一经之笺，是钻是窥，余则漫不加省"，[49] 培养出了一批只知应试写八股文而于礼乐政教一律不通的迂儒。孝孺更是一针见血地指出，"以词说为学，上以是取士，下以是自期，此士所以莫逮乎古也"，[50] 直指俗学之弊。

由此可见，志不足者在外部环境的影响下，其为学极易误入歧途。对于儒家经典的学习若能始终基于中正之心而遵循适宜的方法，则乃为道之捷径；反之，如果主静存心的工夫未至，不能志于

46 据《明史》载："明制，科目为盛，卿相皆由此出，学校则储才以应科目者也。……科举必由学校，而学校起家，可不由科举。学校有二：曰国学，曰府、州、县学。府、州、县学诸生入国学者，乃可得官，不入者不能得也。"(《选举一》，《明史》卷六十九，第1675—1676页) 而明代官学的全面设立始于洪武二年，意在"延师儒，授生徒，讲论圣道，使人日渐月化，以复先王之旧"，从此"明代学校之盛，唐、宋以来所不及也"(参见同上，第1686页)。

47 据《明史》载："科目者，沿唐、宋之旧，而稍变其试士之法，专取四子书及《易》、《书》、《诗》、《春秋》、《礼记》五经命题试士。盖太祖与刘基所定。其文略仿宋经义，然代古人语气为之，体用排偶，谓之八股，通谓之制义。"(《选举二》，《明史》卷七十，第1693页)

48 《选举二》，《明史》卷七十，第1693页。

49 《大明故中顺大夫礼部侍郎鲁公神道碑》，《銮坡后集》卷七，《宋濂全集》，第846页。

50 《宗仪九首》，《逊志斋集》卷一，第94页。

道，遂杂以私意而读之，往往就会走上"为文"的路子。所谓为文者，具体表现在俗儒身上，就是指"不求其意之所存，不察其道之可法"[51] 而只道"文辞以为华，记诵以为博"[52] 之人。虽然古来经典学习不外乎读书、写作两种方式，但古人为学不独是为了培养出口成章、落笔生花的文士，而始终是有一种人道向天道回归之理念贯彻于教育之中的。孝孺对于文道之辨的问题相当警惕，因为这关系到为学的根本价值取向及其效用的实现。他讲：

> 文辞言语，道之余器耳。古之人未尝以此为学，而后之大儒君子，舍是无以名，此学之所以坠地而莫救也。[53]

认为是崇文不崇道的时代风气导致了学者败坏，更明确将"文"限定为"道之余器"，表明文辞言语只可以作为道的载体，而绝非真理本身。因此他进一步写道：

> 盖文与道相表里，不可勉而为。道者气之君，气者文之师也。道明则气昌，气昌则辞达。文者，辞达而已矣。[54]

澄清了文与道之间是本末相即的关系，"道者根也，文者枝也"，[55] 唯有于道有所至者才足以言文。孝孺这种文以载道、文末道本的思

---

51 《尊闻斋记》，《逊志斋集》卷十七，第 676 页。

52 《林泉读书斋铭》，《逊志斋集》卷七，第 289 页。

53 《棠溪书舍记》，《逊志斋集》卷十七，第 677—678 页。

54 《与舒君》，《逊志斋集》卷十一，第 460 页。

55 《与郑叔度八首》，《逊志斋集》卷十，第 393 页。

想继承了宋以来的新儒学文道论传统。自周敦颐言"文所以载道也"，[56] 这一思想就成了后代理学家比较普遍的共识，朱熹亦言"道者，文之根本；文者，道之枝叶"。[57] 孝孺面临的问题其实也不新鲜，"今之病者莫甚于好利而自私"[58] 也是宋儒曾遇到的，所以理学家总要率先强调修身的至关重要。而世间学者只知为文，不知明道，完全是本末倒置。在孝孺看来，文章只应有两个用途：一为明道，二为纪事。[59] 圣贤为文从来只是将其当作行道的手段，五经亦只是圣人"作为礼乐教化刑罚以治之，修其五伦六纪、天衷人极以正之，而一寓之于文"[60] 的结果。上乘之文应当是将所得之道付诸言辞后的自然流露，或者是将合乎道的理念注入对自然现象和历史人文的文学加工。学者应当先去欲存心，再投身圣贤学术，以见乎道之真，自然便会认清"苟得乎道，何患乎文之不肆"[61] 的道理，不至于蔽于一己之私或眩于文辞之富，真正能够经由读书作文去接近真理、实践真知。因此，孝孺断言，知修其身者一定同时是善学者，谓："惟知要之士，操大中以制众理，居至静以裁万变，知周乎物而不劳，才裕于用而无穷，斯为善学者矣。"[62]

---

56 《通书·文辞第二十八》，《周敦颐集》卷二，第 34 页。

57 《论文上》，《朱子语类》卷一三九，第 3319 页。

58 《答陈元采》，《逊志斋集》卷九，第 369 页。

59 孝孺关于文之用有二的说法有两种，分别是《答王秀才》(《逊志斋集》卷十一，第 437 页）一文称明道、立政二端，《题刘养浩所制本朝铙歌后》(《逊志斋集》卷十八，第 707 页）一文称明道、纪事二端。详读原文可知，前者孝孺乃特以儒家经典论；后者说"文"则复囊括史书、文集，范围更广。广义上讲，立政功能亦可包括在明道功能中。因此，本书取明道、纪事二端之说。

60 《答王秀才》，《逊志斋集》卷十一，第 437 页。

61 《答王仲缙五首》，《逊志斋集》卷十，第 406 页。

62 《见山堂记》，《逊志斋集》卷十七，第 682 页。

四　方孝孺教育哲学的特色

以上阐述了方孝孺为学思想的价值观与方法论。除了抽象的理念，为学的实现更需要具体的方式方法。教育活动是为学最重要的实现形式。为学离不开教学关系，儒家自孔子创立其师生集团以来，一直采取学统传承的方式保存与传递其核心理念和知识技能。孝孺以为人之为道，知先而行后，那么学者具体从事志业时需要先从知入手，便不外乎通过私淑、拜师两种方式进学。无论是自我教育还是受教于人，教育者在教学关系中的影响与导向作用都是至大的。为了贯彻自己的为学理念，使更多学者真正从中受益，造福于社会良俗的实现与人间秩序的重建，孝孺对于教育的具体实施自然也有一系列见解。他在《务学》一文中写道：

> 方氏之学以行为本，以穷理诚身为要，以礼乐政教为用。因人以为教，而不强人所不能，师古以为制，而不违时所不可，此其大较也。[63]

旗帜鲜明地提出了自己的教学纲领，集中表达出孝孺教育哲学的几大特征。现分述如下：

第一，践履为本，厚积薄发。虽然在知行二者的逻辑关系上，孝孺契合程朱以来的理学传统而主张知先行后，但他对行重于知的强调程度之于朱熹犹有过之。孝孺明确主张学者应当"以行为

---

63 《宗仪九首·务学》,《逊志斋集》卷一，第 94 页。

本"，此含有以下两方面意思。一方面，进学不能脱离实践。治学之要在经，读经是为了体认经籍所含的天理。然而孝孺不提倡一味背诵或者单纯的文本钻研，而是提倡结合实践更能通达经之深意，因此说"多诵而不思，不如少诵而思之为愈也。思而不行，不如不思而行之为愈也"。[64] 另一方面，治学就是为了行道。无论职分与方式，学者最终必须投入礼乐政教的社会生活中实践天道。否则，圣贤之学无以用世，"斯为一艺"[65] 而已，不能对良善生活的实现有真正的作用，也违背了为学的本来旨趣。孝孺主张"行"应同时贯穿于为学活动的手段和目的，其实也反映了经世致用的浙东精神与明初理学在理论上少有发明而偏重践履的总体风气。而他自己也承认，"斯道自近世大儒剖析刮磨，且已明白，所患者信而行之者寡耳"，[66] 自陈躬行为先是他作为富有道德责任感的儒者的自主选择。可是，这并不意味着孝孺对"知"有所忽视，而是由于孝孺实际上是把致知看作"穷理诚身"的工夫实践有所成后再投入治学活动的必得结果，使得"行"成了知行关系中比重较大的因素。因此，孝孺恰恰要求学者应该厚积而薄发，只有始终不放松养心工夫，才能令精神主体保持在与道相接的状态，使得治学行道在现实世界中条畅无碍地开展，故而讲"为学不可无所守，自守不可无其素"，[67] "今之为士者，不患其无才，而患其无气；不患其无气，而患其不知道"。[68]

---

64 《答俞子严二首》，《逊志斋集》卷十一，第 446 页。

65 《学箴九首·知要》，《逊志斋集》卷一，第 67 页。

66 《答王仲缙五首》，《逊志斋集》卷十，第 410 页。

67 《守素斋记》，《逊志斋集》卷十六，第 634 页。

68 《题溪渔子传后》，《逊志斋集》卷十八，第 702 页。

第二，以古为师，疑而能辨。身处明初的复古主义思潮中，孝孺也极度推崇以古为师、以古为友，称"非吾求异于当时也，将同乎古，固不得苟同乎今也"。[69] 不过，孝孺所说的"古"不应单从历史意义上加以理解，其稽古思想也不等于盲目复古。孝孺认为以古为师乃"顺于道，而无所容心"，[70] 意味着他实则是把"古"作为一种价值准绳，"古者"代表着符合天道，乃人所应然。基于此看待孝孺教育哲学中的师古倾向，便可知其断然不是在提倡一种迂腐的为学理念。孝孺认为，古之学者胜于今人，在于立志上的"未至圣贤，终身不止"，[71] 在于为学目的上的"善其身而已，未尝有求于世"，[72] 在于价值取向上的"明其道而已"，[73] 总之彻底体现了"为学即为道"的核心理念。是故孝孺教导他人"修己也，则思如古之人；事君临民也，则思不愧乎圣贤"，[74] 实际上是在警勉学者自省，以把持住为学之正。除此之外，孝孺主张教学活动应该始终以古为师，也是对学者辨别是非、道与非道的能力提出了要求，因而他特别申明了学习过程中辨疑的重要性。孝孺确信，善学者必定疑而能辨，而不善学者"不能有疑，谓古皆是，曲为之辞"。[75] 其实，不善学者正是犯了盲目复古的错误，根源即在于道不明。道作为儒家哲学体系中的道德本体，无论何时都是价值判断的唯一标准，"古"

69　《赵彦殊字序》，《逊志斋集》卷十三，第 529 页。

70　同上。

71　《家人箴十五首·笃行》，《逊志斋集》卷一，第 75 页。

72　《好古斋记》，《逊志斋集》卷十七，第 672 页。

73　同上。

74　《思孝堂记》，《逊志斋集》卷十六，第 622 页。

75　《学箴九首·辨疑》，《逊志斋集》卷一，第 66 页。

只不过是符合道、符合善的价值的代名词，这对于明道的善学者是一目了然的。但须说明的是，孝孺所说的辨疑精神在为学过程中的发挥仍然有其限度。譬如他坚持天道就是不可动摇的至善，通过圣人体道、发而为言形成的以四书五经为代表的儒家经典在他那里也相应地具有无可置疑的绝对权威。孝孺所说的辨疑，更多的是发挥在学经有得之后，参之于古今文章、天下诸说而明其正谬，以起到辅助为学和巩固所得之理的作用。也正是在这个意义上，孝孺才道"书不可尽信也，而纪载之词为尤甚"，[76] 而称"窃以为古人之言，有是有非。是其是，而非其非，乃为得之。若以古人为皆然，则不可也"。[77]

第三，因材施教，循序渐进。为了将自己的为学思想切实贯彻于行，孝孺根据因材施教、循序渐进的原则具体制定了较为详细的育才方法。孝孺的教育体系首先分为小学与大学两端，须次第为之。小学乃启蒙教育，针对心智尚未发育完全的儿童，主要依靠感性熏染的方式启发其善性，培养有一定道德意识的预备人才，也是为大学阶段独立自主地从事儒家志业打好基础。在小学教育环节，孝孺指出培养儿童应该"敏者守之以重默，木者开之以英慧。柔者作之，强者抑之、扶之、植之、摧之、激之"，[78] 说明他已经意识到了人类精神气质的差异性会对育才方法提出不同的要求。如果说小学是普及教育，大学则不免有精英教育的意味。事实上，孝孺的大学教育确实旨在培养能够弘扬礼乐政教之用的儒家精英。根据学者

---

76 《晋论》，《逊志斋集》卷五，第 208 页。

77 《与舒君》，《逊志斋集》卷十一，第 462 页。

78 《宗仪九首·务学》，《逊志斋集》卷一，第 94 页。

或"端方纯明、知微近道",或"通明才智",或"精察烛理、笃志不惑而长讲说",或"博闻多识"的气质禀赋不同,分别授以道术、政事、治经、文艺四教,[79] 此乃大学阶段的不强人所难。孝孺指出:

> 古之育才者,不求其多才,而惟养其气。培之以道德,而使之纯;厉之以行义,而使之高;节之以礼,而使之不乱;薰之以乐,而使之成化。[80]

> 古人所谓师云者,非止治经为文而已也,盖有道德之宪,政事之传,其本乎正身以率之,而不在法制规约之浅也。是以师之所教,弟子之所学,皆非后世所及。[81]

可见他之所以要制定这套育才方法,实有强烈的修正现实教育的愿望,也是他意图将自身的为学所得付诸实践之举。

五 小结

通过以上分析可知,方孝孺面对明初社会较为普遍的失道状况,为了实现重建人间秩序的儒家理想,本着天人合一的信念而将自家工夫论注入为学领域,构建起一套彻底基于"为道"的为学思想体系。无论是在为学的内涵问题、方法问题还是动机问题上,孝孺都坚持以合道作为价值准绳,使为学活动从手段到目的皆反映出

---

79 参见《宗仪九首·务学》,《逊志斋集》卷一,第94页。
80 《送李生序》,《逊志斋集》卷十四,第572页。
81 《送卢尚毅序》,《逊志斋集》卷十四,第555—556页。

强烈的道德意识与实现良善生活的意愿。孝孺为学思想的强道德性来源于其对读书与修身的紧密结合，实际上就是把知识与道德、求真与求善统一起来，把真正的知识预设为能够补益和促进天道至善在人间实现的东西，从而直接赋予为学一事以道德人文的意义。也就是说，为学并不把探求知识本身作为当务之急或者唯一的追求，其根本关切始终指向人类个体安放自身存在的应然方式，指向修身之实践，故而对天道之理的追求也随之转化为对人道之善的践行。此外还需看到的是，无论孝孺对于同时代学界基本状况的判断是实情，还是更多地出于一种"人心惟危"的文化忧患意识，其为学思想中表露出的激烈的现实批判精神已经决定了他一定会遭到同时代俗流的排斥，而成为此后时代的道德标杆。也正因为如此，孝孺的为学思想不单具有一定的时代先锋意义，他以德育统领整个教育过程的理念在今天依然不会过时。

第四章 处世之道：道德哲学与人生哲学

　　如何处世乃是儒者将自身存在向外展开，与现实世界发生对话之后所必须面对的问题。儒者是彻底面向世间的知识人群体，儒家思想当然也呈现出彻底的世间性。换言之，儒家学者往往不会像西洋哲学传统那样仅出于纯粹的好奇心去追求存在本质、宇宙规律等知识性的真理，而大都倾向于将个人理想和社会理想寄托在对天道实现的追求上，令儒家思想随之呈现出理论与实践紧密结合的特性，最终在伦理道德思想和人生哲学的建构上尤为着力。如前所述，方孝孺理学思想建构的直接目的是要为其修身学说夯实基础，根本目的是要在世间实现天道至善。因此，如果说他的为学思想是对学者如何探求天道作出形式和方法论上的规定，那么他的伦理道德思想和人生哲学就是直接阐发了他自身所体认到的有合于天的人道之理，两者合起来构成了其内圣之学从人格建设到人格呈现的演进结构。孝孺理所当然地认为自己对于诸道德基本问题和人生哲学的见解具有跨越历史时期的正确性和普遍的指导意义，故而他不断在文章中宣扬自己的伦理观，希望借此改善士人阶层的精神面貌，有助于扭转社会风气和实现儒家理想。总之，方孝孺的人生哲学思想大体就是有关士人应该如何处世的学问，涉及人性论、价值论、人生观和死亡观等多方面内容，形成了一个逻辑自洽且内容较为丰富的理论整体，其主体精神固然赓续了孔孟以来的儒家传统，其问题意识却全然面向同时代具体的伦理难题，突出体现了孝孺作为儒家士大夫的道德使命感与济世责任感。

对于方孝孺的伦理学思想及其自身的卓越人格，学界向来有所关注。然而，现有研究成果的问题意识比较分散，尚且不足以系统呈现方孝孺伦理学的全貌，[1] 本节将就此论题加以探究。

一 关于道德哲学的基本问题

方孝孺的儒学思想格外关注士人如何处世的问题，自然包含丰富的道德哲学与伦理思想，并致力于为士人提供一种具体的人生哲学。一般来说，人生哲学即指导人生实践的哲学学说，主要研究人

---

1 以笔者所见，现有台湾学者姬秀珠所著《明初大儒方孝孺研究》概述了方孝孺的孝道思想、气节思想及其个人层面追求安贫乐道、社会层面追求利民安邦的人生理想；王春楠、赵映林所著《宋濂 方孝孺评传》"方孝孺的理学思想"一章中阐述了方孝孺"舍利取义"的义利观和"孝以继志、忠以尽职"的孝道思想。另外，王诗悦《方孝孺：儒家"圣贤使命感"的践履者》(《理论观察》，2013 年第 2 期，第 103—104 页）将方孝孺的人格特质归结为"圣贤使命感"，并以之为其思想建构和人生实践的源泉；单纯《论儒家的气节观及其现代价值》(《东方论坛》，2002 年第 4 期，第 11—22 页）指出方孝孺主张动机与效果统一的气节观，并赞成利用"变通"将理智的因素引入传统气节观；张德建《明代隐逸思想的变迁》(《中国文化研究》，2007 年秋之卷，第 19—35 页）略述了方孝孺在出处问题上反对追求自我"适意"的隐逸，而相对推重遵从社会道德秩序和理学思想的隐逸方式；赵映林《方孝孺精神与历史转折的拐点》(《文史杂志》，2010 年第 6 卷，第 61—63 页）将方孝孺精神归纳为读书种子精神、高尚人格和社会责任感等三点；田义勇《"达"范畴与"士"的价值定位》(《南昌大学学报（人文社会科学版）》，2012 年第 4 期，第 80—85 页）介绍了方孝孺坚持儒家"穷达"观而注重道德充实的思想，而与世俗重物质丰厚的价值观根本对立。

生的目的、意义和价值等，是道德哲学原理和相关理念在人生问题上的具体应用。因此，在阐述方孝孺的人生哲学理论之前，需要先厘清他在人性假设、道德原则等伦理学基本问题上的观点立场，并就其伦理学说给出基本定性。

（一）"天赋性善"的人性论

伦理道德一般是指用以调节人类社会生活的规则与习惯的总和，以及由于遵循这些规则、习惯而形成的德性或品质。伦理学或道德哲学则是有关社会性的人的学问，旨在探讨人类社会生活中的应然性问题。因此，除元伦理学之外的任何一种伦理学理论的提出都必须基于相应的人性论前设，而人性论在伦理学语境下就特化为讨论人在涉及善恶问题时是怎样一种存在的学问。孝孺对人性论曾有考察，他在人性问题上的观点同样遵循儒家传统，未有标新立异之说。不过，如前所述，孝孺在讨论"性"时并没有一五一十地挪用朱子学的既有说法，而是在充分汲取先秦儒家思想资源的基础上化宋学为己用，形成了自家的人性假说。孝孺毋庸置疑是性善论的支持者，但其理论形态相较完备精微、巨细无遗的朱子学来说显是趋于朴素了。

孝孺的人性论可以归结为一种二元论的性善论。按照思孟学派以下的儒学传统，孝孺的伦理思想也假设了人从本质上说是道德的存在。具言之，孝孺讲人之"性"基本还是从"天命之谓性"的层面来说的。他认为天地生人，人的先天本质就源于天道下贯，每一个人类个体都分有同一个天理，因此可以推出"性与理合"，[2] "人之

---

2 《敬题蜀王殿下来鸥亭诗后》，《逊志斋集》卷十八，第712页。

性本善"，[3] 并表达为仁、义、礼、智、信的五常之性。[4] 他明确指出人之"善"是"天之所赋"，[5] 为人在后天经验世界中遂行符合伦理道德的生活方式的可能性与应然性设置了先天的保证。由此，人不仅从本质上说可以为善，而且理当按照符合天道的方式生活和进行价值选择。不过，人性虽以善为体，付之于用的层面却不尽然显现为善。这是由于"性"本身只是纯粹的理念，只有寓于物质载体方能在现实中发显，作为载体的人乃由气化而成，资质各有不同，并不能保证任何时间或空间条件下每个具体的人类个体都是必然为善的存在者。孝孺虽然没有明确采用宋儒"义理（天地）之性"和"气质之性"的说法，但在他的观念中，确实对"性"的这两种存在形式作了区分。也就是说，他实际上是在用理气二元论的见解看待人之存在。对此他说：

> 盖以五性在人，犹水之在于器。器有污洁，而水之清初非以污洁而加损也。圣贤之于性，譬若以至洁之器受水，而恒以静居之，故其为水也，可以鉴秋毫而察眉睫。众人譬以污器受水，而又动淆之，则水始有浑浊，而不足以自鉴矣。故善学者，积澄滤之功，以变其浑浊而反乎至清，则众人可为圣贤人，亦理然也。[6]

---

3 《贮清轩记》，《逊志斋集》卷十六，第 641 页。
4 参见孝孺《石镜精舍记》，其中确切写道："人有五常之性，天命也。"（《逊志斋集》卷十四，第 612 页）
5 《宋氏为善堂记》，《逊志斋集》卷十五，第 582 页。
6 《贮清轩记》，《逊志斋集》卷十六，第 641 页。

仁、义、礼、智、信等"五性"合之为天授予人的本然善性，这是
在说人的精神本体。然而人在实际作为中能否贯彻其道德本性，则
取决于容纳五性的具体的人能否变化气质，使所作所为发而中节。
由此可见，伦理道德在个体人生中的实现离不开人对本性之善的主
动认识与追寻。

与此同时，孝孺也清醒地认识到了人性易于表现为恶的一面。
他指出：

> 凡人之当为君子，而不可为小人，虽童昏无识，里巷蚩蚩之
> 氓，亦知其宜然。盖有愿为君子，而操守不力，不幸陷于小人者
> 矣。未有愿为小人，而能不为小人之归者也。[7]

孝孺相信，为善的意愿是先天存在于每个人的主体意识当中的，但
能否在人生中贯彻本性之善则不具有必然性。主动向善之人可能由
于方法不当而不能成就理想人格，主动放弃向善之人更是毫无例外
地会走向邪恶。当然，所谓人性向恶并不是说"性"转向了恶，而
是指本然善性的蒙蔽即是向恶的堕落。孝孺犀利地指出了现实的善
恶之间存在着非此即彼的张力，意味着他已经清楚意识到了道德危
机的广泛性与重大性。人总是难于为善，易于堕入不善，这是生活
在现实物质世界的人无法回避的问题，因此历来在儒家伦理学中受
到格外的关注。关于人常常倾向为恶的原因，孝孺以为在于"时俗
惊利者多"而"慕学而好古者难得"，[8] 时人往往不知学，遂不能有

---

7 《与陈用中》，《逊志斋集》卷十一，第458页。
8 同上。

效地变化气质，而使自身无法抑制过分的物欲，迷失了天之所与我之本善，以至于最终走向人性的异化。

通过上述分析可以看到，孝孺的人性论延续了孟子以来儒家主张的性善论，融合了朱子学倡导的理气二元论，着意采用先秦两汉儒学色彩的概念名词来说明问题，体现出一定程度的复古主义特色。不仅如此，孝孺的人性论还建立在对现实社会状况进行过充分观察的前提下，是其笃实学风与强烈济世意识的返照。

（二）"存义轻利"的道德原则论

在人性论问题上，孝孺主张人之为人的先天本质是得之于道的，亦即是善的，故人的现实作为也应该符合天理。也就是说，人类社会生活应当遵循的道德原则与天道之理本来是一致的。纵观孝孺的相关言论可知，其道德原则可以归纳为"存义轻利"四个字，实质上是要求人人都在社会生活中贯彻天道之"公"的核心理念。

孝孺的伦理道德观念总是无条件地要求士人须遵循"义"的准则为人处事，他写道：

> 将行而思，必由乎义。勿人之从，惟天是畏。[9]
> 人处危疑之际，而行不失义，若伊尹、周公，后世之法也。[10]

提出在任何情况下，"义"都是行为正确与否的唯一标准。从纯粹的语词概念上说，"义者宜也"，"义"意味着适宜、恰到好处，

---

9 《慎斋箴》,《逊志斋集》卷一，第83页。
10 《郭子仪》,《逊志斋集》卷五，第232页。

也就是符合中道；放在理学话语体系中简单来说，"义"就是有
关人的具体施为之符合天理的判断。孝孺的心性论以为，天理是
先天及内在地涵摄于人心之中的，人心具有认识天道和以心宰身
的能力，但会随时受到外物的袭扰产生人欲，而使天理受到遮
蔽。换言之，"义"的准则既出于天道亦来自人心，其实是要求人
全然按照内在所存真实无碍的天理指引去生活，应然则然，当为
则为，而不是盲目遵循那些出于外物牵引而生发的欲望。这样一
来，义利之辨便成为孝孺伦理学需要回应的关键性问题。从孔子
讲"君子喻于义，小人喻于利"（《论语·里仁》）、"见利思义"（《论
语·宪问》），孟子讲"舍生而取义"（《孟子·告子上》）以降，儒
家伦理学一向在义利之辨问题上坚持以义为先，孝孺自然不例外。
他讲：

> 君子之于世，视生死贵贱如手之俯仰，不以动其意而一以义
> 裁之。义宜死也，虽假之以百龄之寿，不苟生也。义宜贱也，虽
> 诱之以三公之爵，不苟贵也。其好恶岂悖于人情哉？众人徇于
> 利，故好恶失其中，君子于义也明，故审于轻重也当。[11]

显然，孝孺认为人在面对生死、贵贱问题时，只有那些完全出于
"义"的选择才是值得提倡和具有道德价值的。反之，一切仅仅出
于功利动机的选择都是不道德的。如同孔子谓"唯仁者能好人，能
恶人"（《论语·里仁》），孝孺也认为合理的"好恶"在上合天道的

---

11 《苏威》，《逊志斋集》卷五，第225页。

同时也应该是下及人情的，而合理的好恶实则也就是好善恶恶的道德情感。孝孺并不打算附和世俗推崇的功利价值，而代之以尖锐的批评。在他看来，世俗所好实际上都来自错误的价值观，是行为主体未能尽性知天的结果。

那么，孝孺的义利观是否会导致他彻底否定功利本身呢？应该说，如果将"利"等同于人欲，姑且可以认为孝孺将义利二者置于决然对立的关系中，但他并非不切实际的道德绝对主义者，他在此更多地还是旨在突出"义"作为道德原则的主轴地位，强调对于儒者或士人阶层而言，"义"应该作为普遍的道德判断标准贯穿于社会生活的方方面面。孝孺清楚地注意到了功利、人欲的现实性和普遍性，而道"夫口之便于甘肥，体之便于华美，耳目之耽于所思，心志之趋于所乐，家欲富而身欲尊者，人之同情，圣贤之所不能无也"，正是在此前提下，儒者的"禁制克节"、"蒯衣藿食"、"黜好寡欲，终身而不敢怠"才显示出独特的道德价值。[12] 故而孝孺更愿意主张存义轻利，言"明于义者，于利也轻"，[13] 也要求士人努力"存天理，消人欲"，[14] 轻视功利而非简单化的否定功利，使其伦理道德学说更具有可行性和现实性。

其实，按照宋以下的新儒学理路，义利之辨既是天理人欲之辨，本质上更是公私之辨、善恶之辨，孝孺主张的"存义轻利"原则就是大公无私原则。根据儒家形而上学的看法，最高善乃在于天

12　参见《宗仪九首·谨行》，《逊志斋集》卷一，第 95 页。

13　《学箴九首·明义》，《逊志斋集》卷一，第 66 页。

14　参见《直内斋记》语："夫敬为复善去恶之机，天理之所由存，人欲之所由消也。"（《逊志斋集》卷十七，第 650 页）

道，而天道的特性是无私，无私即公，公即中正，中正即义；亦即是说，"义"的准则就是对彻底公正的要求。因此孝孺使用"公"与否去衡量他人行为的正当性，[15] 也就是根据"义"与否来进行道德裁定。孝孺尝道：

> 适己而忘人者，人之所弃。克己而利人者，众之所戴。[16]

明白地否定了狭隘利己主义的行为方式。不过，我们恐怕也不能轻率地将"存义轻利"归结为利他主义的道德原则。利他主义要求人们抑制利己自私的倾向，在行动中表现出为他人利益、社会利益等牺牲自身利益的倾向。可见，狭义的利他主义原则事先规定了利己是恶、利他是善，在此之外并没有更高的道德准则。"存义轻利"原则则不然，孝孺虽然反对自私，但这是依据天理这一最高道德准则推定出来的，行为最终符合道德与否的评判标准还是在于能否经受住天理、道义的检验。换句话说，孝孺不会不加拣择地肯定一切利他行为，而只会赞同和推崇其中符合中正之道者。

总而言之，孝孺伦理学"存义轻利"的原则是基于"天人合一"的道德本体论推出的。"轻利"是"存义"落实后自然而然的结果，能坚守这一道德原则的就是"身由乎道而不少息"[17]的君子了。

---

15 譬如孝孺在《先太守文集后序》中评论道："君子之言惟其公而已，言而公，虽子述父事，不为过。言而不当，由千载之后论千载之上，人犹且非之，何私之足避乎?"（《逊志斋集》卷十二，第 480 页）
16 《杂铭》，《逊志斋集》卷一，第 52 页。
17 《习庵说》，《逊志斋集》卷七，第 295 页。

（三）关于方孝孺伦理学的定性

伦理道德是人类共同体所共有的，而伦理学作为一门学科却是发源于西方。虽然按照现代伦理学的范畴与方法论切入中国传统伦理思想的研究难免会因历史文化的语境差异而伴随龃龉，但他山之石，可以攻玉，人性本身不见得必然存在古今东西之分，建立在人性基础上的伦理道德研究也必有其共通之处。所以，利用现代伦理学研究法剪裁传统思想的做法即便并不总是可取的，仍然在一定程度上有助于厘清方孝孺伦理道德思想的特征和性质。简而言之，从总体精神上说，可以认为方孝孺伦理学最主要表现为一种美德论的进路，因为它强烈地关注生活在共同体中的个体应该成为怎样一个人的问题，恰恰契合了美德论有别于其他伦理学范式的核心关切。与此同时，孝孺伦理学在操作层面上又体现出规范论和义务论的特点。

所谓美德论是指这样一种伦理学：在做出善恶的评判时，非仅以行为是否符合一定的道德原则或基于绝对的道德义务为准，更主要地是关注于衡量行为者本身是否具备了一种做道德上值得要求去做的事的稳定的气质、习惯或特征。更进一步说，美德论的思维方式相信，德性是人以及由人构成的共同体总是能够以最恰当的手段达到合理且值得欲求的目的的根本保障。对于具有道德自觉和能够成为政治主体的士人阶层，孝孺一贯主张人生实践当始于修身，修身即修养天之所与我者，亦即是修德。在他看来，儒家理想中的圣人作为德性之集大成者，"其德即天德也，其道即天道也。其语默进退，出处久速，举措设张后乎天者，不违乎天，而先乎天者，天不能违也"。[18] 很显然，孝孺就是把个人价值的自我确证与自我实现、共同体的秩序建构和福祉实现等都建立在了实践主体德性完满的基础上，这种考量无疑是符合美德论伦理学的进路的。相应地，孝孺认为：

> 观人之贤否，当先观其所为之事，求其事而不得，当求其用心之邪正。[19]
> 善观人者，不以其材而于其气。[20]

后句言"气"即是指人的气象，乃合外在的气品与内在的德质而言。可知无论是考察行为在效果上的合理性还是在动机上的正当性，最终目的都是为了考察行为者是否有德，意味着道德评价总是要施予行为者本身的。不过，需再次强调的是，孝孺所说的"德"不是空泛的善良气质，而是明确指代人本应具有的那种得自天道并与天道一致的品性。天道进入人道遂为道德，道德具体发出在人的行为上就表现为"义"。所以当孝孺要求"存义轻利"而凡事"一以义裁之"时，其实是在要求士人阶层都应当具备那种总是保持与天理一致的德性，从而使得行为自发地契合于道德的要求。

孝孺的伦理学固然总体上采取了美德论的进路，但天下大同的儒家理想使他不能满足于将施教对象仅限于士人阶层，而必须将有

---

18 《直内斋记》，《逊志斋集》卷十七，第 649 页。
19 《乐毅》，《逊志斋集》卷五，第 187 页。
20 《送李生序》，《逊志斋集》卷十四，第 572 页。

道德的生活方式推广到全体大众。对于没有从事儒家志业的一般民众，孝孺基本上不认为他们能够天然地拥有道德自觉，而主张采取规范论的进路去养成其遵守伦理道德规约的习惯，亦即以礼治民。孝孺向来极力推崇"先王之法"，也就是起于三代、历经千年传承演进的儒家人伦礼法。明初的儒家礼法经过宋以来理学家的梳理充实，已经形成一套相当成熟完整并具有极强操作性的规范体系。这套礼法以"三纲五伦"为统领，对社会生活的各个细节都作了详尽的规定，初衷在于促进个人道德的完满与社会整体的和谐。基于这种儒家礼治方针，孝孺格外重视规范性伦理，他讲：

> 德修于身，施以成化，虽无法或可也。而古之正家者，常不敢后法。盖善有余而法不足，法有余而守之之人不足，家与国通患之，况俱无焉者乎！[21]

指出为了达到共同体的良善生活，仅仰赖一部分德性较为完善的精英是不够的，必须同时借助外在规范的力量。礼出于圣人制作，本质上就是天理在人类社会生活领域中的规范性表达。遵循礼法不分阶层，是对共同体中所有成员的普遍道德要求，是引导及培养人们自觉走向真正的道德的起点，只不过不同群体依礼行事的道德价值是不同的。这是因为，对于所有阶层任何个体的道德行为，孝孺伦理学推崇的都是义务论观点，如其言"妄思邪虑罔或萌蘖其中，而皆发于义也。以之事父，则尽乎孝，而非欲人称己之孝而为之也。

---

21 《宗仪九首·序》，《逊志斋集》卷一，第 83 页。

以之事君，则致其忠，而非愿乎富贵华宠而为之也"，[22] 规定了道德
行为的价值仅在于那是正当和应为的，而非事关任何功利诉求。由
此观之，一般民众按照符合儒家伦理规范的方式生活，充其量只是
"百姓日用而不知"的他律道德；士人阶层则因为从事德性修养，
能够自发地选择符合道德的行为，而使之自觉地摒弃以其他任何外
在的东西为目的，成为无条件地出于善良意志的自律道德。

　　总之，方孝孺伦理学呈现为以美德论包摄规范论的二重分层结
构：当其面向士人阶层时，针对行为者采取了美德论的进路，力图
培养道德圆满的理想人格，而对道德行为提出了自律的要求；当其
面向一般民众时，则采取规范论的进路，以促进社会整体道德水平
的提高，随之也使对应阶层的伦理行为往往被判定为出于他律的。
但无论是对精英还是大众，孝孺对道德行为的判定始终是以义务论
观点为准的。

二　价值论与德福之辨

　　价值论是有关价值的性质、结构、标准和评价等的学说，探讨
的是关于什么是好的、什么是可欲求的等问题。价值论之所以是人
生哲学绕不开的重要课题，是因为人生哲学研究人类及其生活的应
然问题；而人的本性就表现为以意义赋予的方式看待世界，以及总
是追求"好"的事物。在价值问题上，方孝孺伦理学对于幸福论、
价值序列、价值选择等问题都有所触及，特别是对"德福统一"问

---

22 《直内斋记》，《逊志斋集》卷十七，第 650 页。

题进行了较为深入的探究。要言之，孝孺从天人合一的观念出发，相信只有根据天道生活达到德性完满才是真正的幸福，其目的还是为了挺立儒家精神、振奋儒学者以重建礼乐文明。面对同时代相对残酷的生活现实，孝孺仍然坚持道德理想主义的价值论，其榜样意义甚大，现实指导意义则有待商榷了。

（一）论相对价值及其序列

如果给"价值"一个最宽泛的定义，可以说它就意味着某种事物、某种人格或某种情况等能够被认知主体认知到的所有东西之于主体的意义或有用性。现实中的价值可以是正面有益的或者负面有害的，所谓绝对的无价值一般不在讨论范围内。因为从逻辑上说，现实价值总是相对于一定的认知主体而言的，只有无法被认知到的东西才存在彻底无价值的可能性，显然这样的东西也不可能进入人类的思考范围。对于现实价值依赖于主体的认知而具有相对性这一问题，方孝孺早已有所认识，他说：

> 天地之大，日月之明，无所资于人，而其行度徐疾盈虚之数，犹必俟人纪之而后定。彼以圣贤君子为无待于人之言，不亦大过矣乎！[23]

指出无论天地万物还是圣贤君子，其意义或价值都是人赋予的。虽然事物及其价值都具有客观性，但如果缺乏能够认知到价值的主

---

23 《与苏先生二首》，《逊志斋集》卷九，第351页。

体，其价值便不能够从潜在状态转化为现实，所以现实价值皆属于相对价值。

现实中有价值的东西表现为形形色色的样态，很难一概而论。不过，当人受到有价值的东西刺激时，往往会因认知到有益的价值而在感性方面产生正向的情感反应，即快乐。由于快乐与现实价值之间存在经验层面上的因果关系，价值论和有关快乐的研究经常是相辅相成的。乐作为人类最基本的情感之一，一直是中国传统思想关注的焦点，当然在儒学中也曾被反复探讨。儒家讲的"乐"主要表示一种情感或心灵的满足、愉悦的积极状态，不但包含了现代汉语词汇"快乐"的意思，有时还涉及"幸福"之义。孝孺的伦理思想提出了三种类型的"乐"，分别是：第一，物质需求或精神享受得到满足之乐，这是针对只要在物质或精神上有需求的普通人皆有效的，亦即"世俗之所谓乐者，在乎室庐、舆马、服食、宝货、音乐之奉"；[24] 第二，作为社会性存在而获得尊重或自我实现之乐，这是针对从事政治实践的士人阶层而言的，孝孺指出士人不应以所获权力和社会地位为乐，反倒应该"上恐负吾君，中恐负吾民，下恐不免后世之求备"，只有个人职分的充分履行才能够通向乐，故言"吾之职不负愧，则吾之心乐矣"；[25] 第三，成就理想人格之后与道相接的超越之乐，这种乐便不再指持续时间较短的快乐的情感，而可以理解为儒家追求的终极幸福，指的就是圣贤君子等得道者才能体认到的"固有之乐"，[26] 以至于"生死不足为之变，穷达不能改其

---

24 《乐寿堂记》，《逊志斋集》卷十六，第 602 页。
25 《送李参政之官广西序》，《逊志斋集》卷十四，第 573 页。
26 《全乐斋记》，《逊志斋集》卷十七，第 670 页。

常"，²⁷达到了无待且无限的乐之境地。

孝孺认为，乐在不同种类之间并不等同，而有高下之分。他写道：

> 夫乐止夫物之内者，其乐浅；乐超乎物之表者，其乐深。²⁸

可知越少地有赖于外部事物或条件而得到满足之乐越是高级。换言之，内在价值总是高于工具价值。那么，上述三种乐就形成了一个由浅到深、由短暂到持久的递进顺序，其各自对应的价值也相应呈现为一个固定的高低序列。由是，在孝孺伦理学的价值序列中，享乐价值（在于物质或精神方面的满足）低于初级的德性价值（在于一定程度的道德觉醒与践履），初级的德性价值又低于高级的德性价值（在于彻底的道德自觉和确证后达到的"天人合一"境界）。除此之外，孝孺也谈到了生命价值。他曾讲："人虽至愚，奚不畏死？"²⁹承认趋乐避苦、趋利避害乃人之常情。可是按照孝孺的道德原则，只能用义的标准去衡量事物的道德价值，便只能得出"义宜死也，虽假之以百龄之寿，不苟生也"³⁰的结论。据此可以推定，孝孺以为生命价值不及德性价值。综上所述，孝孺论现实价值（即相对价值）形成了一个"享乐价值—生命价值—德性价值"的由低到高的价值序列。

27　《赠瑄蕴中序》，《逊志斋集》卷十四，第576页。

28　《菊趣轩记》，《逊志斋集》卷十六，第643页。

29　《正俗》，《逊志斋集》卷三，第144页。

30　《苏威》，《逊志斋集》卷五，第225页。

（二）论绝对价值与"德福统一"问题

前面阐述了孝孺价值论的现实价值维度。不过，因为一切现实价值总是依赖于特定的认知主体，所以最终都属于相对价值。那么是否存在绝对价值呢？答案也是肯定的。那种可以不依赖于社会历史条件及其本身工具性的有用性而具有普遍的"好"的就是绝对价值，例如真理、最高善、幸福等。因其有益性不受对象性的限制，绝对价值一定是纯形式的，所以在不同认知主体身上会具现出不同的内容，而导致相关实际讨论中时常产生偏差或争议。其中，善本身和幸福这两种绝对价值在伦理学研究中具有特殊的意义，是伦理学最重要的研究对象，由此派生的德福关系问题也成为人生哲学无法回避的究极理论难题之一。传统时代的伦理道德思想大都相信德福二者的统一性，明初比较残酷的社会现实却对这种信念构成了巨大的挑战乃至颠覆。面对这样的现状，孝孺必须完善和宣扬自己继承的儒家传统价值观，以维护儒学的思想权威，并推进实现以儒学救人治世的理念与理想。

在进入孝孺有关德福关系问题的讨论之前，需要先对孝孺如何理解善本身与幸福这两种价值加以梳理。一者，关于善。如前所述，孝孺"存义轻利"的道德原则来自他对天道之真理性和道德本体性的信念，而只有自觉地按照这一原则做出的行为才有真正的道德价值。天道本身当然是一种绝对价值，可以据之推出人道的绝对价值是为善。那么，就人的存在而言，善良意志便是其绝对价值。根据孝孺的理路，善良意志就是指自觉地按照天理进行人生实践的那种意志，亦即是人之"德"；修德、依德处世是作为人的义务。

二者，关于幸福。[31] 生活事实表明，人生追求不同，则主体所认为的幸福也不同。《尚书·洪范》较早归纳出了"五福"的幸福观，可谓典型的中国传统幸福观："一曰寿，二曰富，三曰康宁，四曰攸好德，五曰考终命。"孝孺并非不食人间烟火，有意忽略"世俗所好"，他非常清楚一般民众大抵满足于富贵长寿之欲，甚至大多数士人追求的幸福也不过是"大之欲显功名于天下，著誉闻于后

---

31 "幸福"一词为现代表达，古文中常用的对应概念一般是"福"、"幸"、"乐"等。中国传统思想往往不对概念加以确凿无疑的定义，基于人性的共通性，未尝不可从西洋伦理学中寻求对"幸福"这一概念的解析。亚里士多德认为幸福是"行为所能达到的一切善的顶点"（《尼各马科伦理学》，北京：中国人民大学出版社，2003年版，第4页），"德福统一"在他那里是不证自明的。亚氏的"德福统一"说实则建立在古希腊思想独特的目的论世界观基础上，其所定义的"善"不仅有狭义的伦理价值向度，还泛指事实、性质、关系、行为等的"好"或应然。因此，亚氏完全可以断言"幸福就是合乎德性的现实活动"（同上，第14页）。康德则在其《实践理性批判》中通过快乐的定义到达幸福。他首先说："愉快是对象或者行动与生命的主观条件相一致的表象，亦即与一个表象就其客体的现实性而言的因果性的能力（或者规定主体产生其客体的各种力量去行动的能力）相一致的表象。"（《康德著作全集》(第5卷)，北京：中国人民大学出版社，2007年版，第10页）因为康德事先定义了"生命是一个存在者按照欲求能力的法则去行动的能力"（同上），欲求能力则是"存在者通过其表象而是这些表象的对象之现实性的原因的能力"（同上），即是说正因为存在者有欲求，其欲求的对象或行动才可能变成现实；所以快乐之所以成其为快乐，是因为存在者拥有可以用来满足欲求的条件，并使之和欲求的对象或行动达到了一致。简而言之，当存在者发现自己可以让欲求得到满足时便会感到快乐。而后，康德得以跳过一切具体的对象性，只赋予幸福形式上的内涵，亦即规定"尘世中一个理性存在者的状态，对这个理性存在者来说，就他的实存的整体而言一切都按照愿望和意志进行"（同上，第132页）为幸福的形式定义。基于此，康德进一步发现了人类理性能力无法确证"德福统一"，故而不得不最终求助于对超越者的信仰，通过设定"上帝存在"来保证德福的一致性。此外，功利主义则进一步把问题简单化，直接从快乐主义出发，由道德原则入手把幸福和善等同起来。可这一进路不但没有解决德福矛盾，反而会导致伦理价值的消解。综合看来，康德对于"幸福"的定义基本摒除了直觉主义和独断论的影响，更有助于厘清德福问题的真相。

世。次之犹欲显于一国，下之犹欲显荣于乡邦"[32] 的利达之欲而已。然而孝孺自己却只追求实现"上以不愧乎天，中以不怍于心，下以有益于人而后止"[33] 的君子之志，以大公之心先于私愿之满足，把为善当作士人阶层的最高行为准则。由此可见，孝孺本人的幸福观必与大多数人不相吻合，也使得孝孺伦理学不能停留在独善其身的层面，而必须直面人们普遍感到不幸福的问题。该问题至少包含了两重难点：其一，为何幸福之于所有人不是必然的？其二，如何在这种情况下同时贯彻善的价值？或者说，如何使所谓的不幸者依然无条件地为善？前者更多地涉及人生哲学，容后再论；后者则恰为价值论的重要议题，亦即善良意志及其实践与幸福之间必然等价关系的确证问题。

孝孺身处时局较为动荡、政治环境与生活环境都比较残酷的明代初期，他所观察到的社会现实不断迫使他回身叩问根植在思想中的传统德福观念。例如，他曾叹道：

> 天之相视乃若是，天者果何为，命者果何为，士之处世果何为，而可使为恶，乃合于天乎？性不能为恶，纵欲合之，而不可合也。况天道固无此理耶。使为善为天所福乎，仆前之所陈，非皆不善也，而竟至此！思其说而不得，故妄意造物忘吾辈人。[34]

指出了人生幸福与天道赋予人的为善义务之间并不存在必然对应

32 《黄晏仲晦字说》，《逊志斋集》卷七，第 303 页。
33 《答钱罗二秀才》，《逊志斋集》卷十一，第 440 页。
34 《与郑叔度八首》，《逊志斋集》卷十，第 399 页。

这一既存矛盾。类似的关于"德福不统一"现象的记述在孝孺作品中屡屡可见，[35]说明道德和幸福的一致性在他那里并不尽然能得到事实确证，而只能作为一种信念或可能性。随后，孝孺话锋一转道：

> 然人之所趋，自当为此，不当为彼。（笔者按："此"谓善，"彼"谓福。）语曰："宁为瓦全，无为玉毁。"此无识者之言耳。天下固无千载之玉，而岂有不毁之瓦乎？夫玉我而吾瓦之，瓦亦未必全也，曷若玉吾玉之为美耶？[36]

直接跳过了围绕幸福实现之方式的争论，认定人生追求只应有唯一一个：修德行善，也就是自觉履行天赋予人的道德义务。这种"全其受于天者，而不以人伪参之"[37]的生活方式被孝孺认为可以直接通往有德者的常乐，亦即幸福。而违背道德义务获得的不义之利终会丧失，违背天道的生活方式也绝对无法招致真正的幸福。他又补充道：

> 禄位高乎人者，可以耀一时，而不足以传百世。道德备乎身者，可以传千古，而不足以贵当时。有志之士将安所取则哉？吾

35　例如，方孝孺《答刘养浩二首》、《答林嘉猷》、《华川集后序》、《祭王文节公》、《郑生祐哀辞》、《祭胡仲申先生》、《林君墓表》等多篇文章皆记载了其经历或知道的"德福不统一"的事例，而只有《王处士墓表》等极少几处能看到"德福统一"的实例。

36　《与郑叔度八首》，《逊志斋集》卷十，第399页。

37　《全乐斋记》，《逊志斋集》卷十七，第670页。

之所受于天者，推之可以泽天下，垂之可以法无穷，非特可徼利达也。使富贵而事功昭乎时，福泽加乎民，君子固有取焉。苟徒禄位而已矣，则君子奚取乎？[38]

是以贤哲，多困不逢。百无所能，乃宜公卿。富贵一时，电灭沤起。有以自立，百世不死。较其所获，多寡可量。肯舍八珍，而取糟糠。[39]

进一步否定以功名利禄等外物为标准的俗人幸福观，重新将"福"定义为德性之乐和由于德行所获的个体不朽。由此可见，孝孺解决"德福不统一"问题的方法涵盖了两方面内容：一方面，他加强道德宣讲，要求士人只需把为善作为义务即可，绝不可将其看作求取幸福的手段；另一方面，他试图将各式各样的幸福观统一为同一个儒家幸福观，以此反证为善的必要性和正确性。很明显，孝孺此说犯了循环论证的逻辑错误，颇有独断论之嫌，而未能深入德福矛盾的本质。

"德福统一"是儒家思想的一贯主张，代表了传统时代的基本世界观，孝孺对此的继承亦无可厚非。其实，为了摆脱社会现实引发的道德认知错位，维护德福统一的信念，历代儒者都试图通过修正世人特别是士人阶层对幸福的认识来缓和德福矛盾。如果说孔子还主要就个人心性之关照上讲幸福，那么孟子的"先富后教"论就已经拓展到社会层面，开始把社会整体的幸福纳入考量。孟子拓展

38　《希董堂记》，《逊志斋集》卷十五，第584页。
39　《祭胡仲申先生》，《逊志斋集》卷二十，第755页。

的这一维度被后世儒学继承和发展了下去，只不过到了宋学之后，为高扬天理而对人欲的过度轻视导致孟子时代美好的儒家愿景渐渐扭曲为一种道德压迫，以至于戴震怒斥道"后儒以礼杀人"。[40] 问题在于，社会整体道德败落的成因非常复杂，很难单纯归结为某一方面的因素，尤其不能脱离人的动物性而空谈超越性，脱离道德的经济基础而空谈个体和社会的道德水平。孝孺虽然注意到了一般民众对于规范的遵守须建立在基本生活需要得到满足的基础上，[41] 但对于社会地位较高的士人阶层，他始终主张他们应该具有超越大众的道德自律，因此士人阶层也不应该采取等同于大众的标准要求自己。诚然，要扭转士人阶层的腐败堕落，倡导个人提高道德水平是必要的。但一味的道德说教无法解决根本问题，对人的正常物质需求的满足避而不谈，不仅会造成幸福价值的窄化，更无法真正触及当时士人趋于逐利的社会历史原因。[42] 方孝孺处在君主专制统治达于顶峰、朱子学思想霸权鼎盛的明初时期，虽然现实社会生活的剧

40　戴震：《与某书》，《戴震集》文集九，上海：上海古籍出版社，1980 年版，第 188 页。

41　关于孝孺如何谈论法治实现的经济·社会基础，参见本书第八章相关论述。

42　在《官政》一文中，孝孺谈到如果君主对待官员"驭之以不得自专之法，加之以非其自为之罪，役之以非其所能之工"（《逊志斋集》卷三，第 133 页），后者必不会遵守职业道德。可是这也只考虑了人的安全需要、归属需要或自我实现需要等，没有考虑到最基本的生理需要。事实上，该问题的一大重要原因在于士人经济上的穷困已经达到了很难保证家庭生活正常开销的地步，而导致这种状况持续恶化的原因则是明制俸禄标准之低。关于这一问题，顾炎武就曾指出"今日贪取之风，所以胶固于人心而不可去者，以俸给之薄，而无以赡其家也"（《俸禄》，《日知录校注》卷十二，合肥：安徽大学出版社，2007 年版，第 678 页），认为"禄重则吏多勉而为廉"（同上，第 681页）。今人则对明制俸禄的不合理性做了更为详尽的研究，如张兆凯《朱元璋重典惩贪得失新论》（《求索》，2002 年第 4 期，第 164—168 页）就详细折算和比较了唐、宋、明三朝七品官员的俸禄，并以末者绝对值之低力证明代官俸太薄，已经超出了一个廉吏所能忍受的极限。

变已经开始刺激到意识形态的同一性，[43] 但还不足以令孝孺等保守派理学家真正开始反思理学教诲与生活事实之间日渐加深的断裂，公然去质疑共同体成员较为普遍的幸福感低迷和道德水平下降背后深层次的结构性社会问题，亦无怪乎孝孺始终不能跳出道德说教而真正从根源上解决德福矛盾了。

三　人生哲学的理论展开及其应用

以上阐述了方孝孺人生哲学的基础与前提，接下来将展开论陈方孝孺人生哲学本身的理论建构及其应用。人生哲学中占有最核心地位的当然是人生观，人生观着意于回答人为什么活着和应该如何活着等人生根本问题。方孝孺伦理学大量涉及人生观问题，尤其是对人生规律和人生目的、生死观和不朽论以及人生抉择问题有着重讨论。由于人生观是世界观的组成部分，即世界观在人生问题上的具体体现，孝孺对于人生问题的解读仍然是基于其天道观并符合其天人关系论的。

（一）"知命"、"安命"的人生观

要回答人应该如何活着的问题，首先需要正确看待人生、考

43　关于明代中期以前社会生活同一性的丧失而对伦理同一性提出巨大挑战的问题，可参考葛兆光《中国思想史》（第二卷）（上海：复旦大学出版社，2014 年版，第257—262 页）中的相关阐述。书中指出，洪武以降官方便持续力主程朱理学为主流意识形态，实际上使得理学日趋俗化而衰颓，越来越应对不了汉族与异族、皇权与绅权、都市生活与乡村生活、士绅与市民等之间越来越复杂的冲突，直至明代中期已然在思想世界酿成了深刻的危机。

察人生的运行机理，亦即探索人生规律并确立人生目的。在儒学
中，人生规律论集中在对于"命"的研究上，并由此直接导出儒家
的人生目的论，合之而成儒家独特的人生观。孔子自道"五十而知
天命"（《论语·为政》），以天命为"君子三畏"之一，可见命不易
知，儒者又非常重视知命。知命最终是为了遂命，此乃儒家实践哲
学的宗旨。孝孺谈"命"也体现了这种意识，认为只有在正确认识
人生规律的前提下，才能保证合理而幸福地度过一生，充分实现人
生价值。

关于"命"的具体含义，孝孺未尝直接给出确切释解。不过，
他频繁谈到命的性质。例如，他曾写道：

> 士不可以不知命，人之所志无穷，而所得有涯者，命也。[44]
> 兴亡天命，非予所知。[45]
> 故盛世衰世之民，其命皆不可推，宜然而然，不然而不然，
> 此人所能知，数之所该也。不然而然，宜然而否，此理之所不可
> 征，天地之所不能易，而况于区区之数乎？[46]
> 天命信乎，不可不畏也。[47]
> 命出乎天，天其由人乎哉？[48]

从中可以知道，"命"的根据和来源都是天，它被用以描述人类生

---

44 《杂诫》，《逊志斋集》卷一，第 62 页。

45 《读陈介甫上宋孝宗四书》，《逊志斋集》卷四，第 178 页。

46 《言命》，《逊志斋集》卷六，第 241 页。

47 《上范先生》，《逊志斋集》卷九，第 353 页。

48 《送危泰生序》，《逊志斋集》卷十四，第 562 页。

活的不得不然却不知其所以然的现实状况，多显现为人的主观能动性在与外部条件交互作用下的有限度的发挥。孝孺以为天与命之间是体用一源的对应关系，在他的文字表达中，"命"一般就等同于天命。《说文解字》曰："命，使也。从口从令。"注曰："命者，天之令也。"其实"天命"本义即是天道使然之义，故而孝孺谈"命"能够从显与隐两个层次去理解。其一，孝孺表面上往往是从自然之天的意义上谈天命，意指天地间万事万物的发展变化都无条件地遵循天理这一普遍规律，都笼罩在天道驱使的作用之下，没有超出气化流行的制御范围。需要注意的是，虽然天命在人的观测中表现为客观必然性，但它实际上并非来自某种超人间意志的安排，而是完全出于天道指导下二气五行的自然运动。因此，人类无法通过献祭之类试图与超人间存在交流的手段博取天命的支配权，也不存在其他任何渠道或方法介入天命的运作或对其施加影响。是以孝孺坚持说"命不与人谋也，久矣"、[49]"天道不可以智力动也"，[50]强调天命绝对无法经由人力发生改变。其二，自然之天意义下的天命还隐含有伦理之天层面的意义，即是指天赋予人的存在以及生活的必然性，亦即人的道德本性和在现实人生中展开道德践履的使命。孝孺明确说过"人有五常之性，天命也"，[51]就是特指人在本性上的必然性。而此一义的天命实现全然依赖于人的主观选择和努力，与经验世界的事物状态或环境条件的既成性无关。为了说明此意，孝孺借孔子为例道：

---

49 《杂诫》，《逊志斋集》卷一，第 62 页。
50 《余庆堂记》，《逊志斋集》卷十六，第 619 页。
51 《石镜精舍记》，《逊志斋集》卷十四，第 612 页。

> 命之所定，虽圣贤不能违，圣贤之所树立，虽命亦有所
> 不能制也。故困于陈、蔡，奔走于四方，不遇于齐、梁，毁于
> 武叔、臧仓，此天之所以制圣贤也。明道立德，揭天地之蕴，
> 开生民之惑，而光耀于无穷，此圣贤之所自为，虽天莫之能
> 与也。[52]

提示出了天命自在而圣贤自为的境界。这就使天命的内涵不止局限
于客观世界，而是经由天人合一的观念转化为人在主观上自觉参与
天理流行的应然性，从而赋予人从单纯的造物成为造化参与者的
可能，使人的存在得以跳脱出自然与自在，走向自为与自由，实现
人的内在价值的高扬。从这两个方面概括而言，孝孺所讲的天命基
本可以看作是囊括了一切自然界万物以及人类生活事件的先验必然
性，而且始终体现为无目的的合目的性。

孝孺对士人阶层提出知命的要求，实际上是希望学者安命，为
所当为。从理学世界观出发，孝孺的天命观揭示了如下这一根本人
生规律：人的天赋条件及人类生活事件的发展变化总是以天理为根
据，须总是遵循天道流行的安排。一旦深谙此理，人就应该清楚地
知道只有顺应天道才是人生应该采取的正确生活方式。故而针对应
当树立道德主体性的士人阶层，孝孺主张其人生目的理应始终是致
力于践行其天赋使命，亦即他所说的"先乎千万世，而欲因吾身使
之明，后乎千万世，欲各不违其生，而复其性，斯吾之所当为，而
亦天之任我之意也"。[53] 然而，现实情况是当时士人们的人生追求

---

52 《慈竹轩记》，《逊志斋集》卷十五，第 589—590 页。
53 《上范先生》，《逊志斋集》卷九，第 353 页。

往往不仅限于此。孝孺总结道:

> 士之志,上者在道德,次者在勋业,下者在利禄。勋业非位高不足为,则世之仕者特利禄耳。……儒者之于患,苟非自致之,则安乎命而已。[54]

针对士人追逐的诸多人生目标,孝孺评定的价值序列实际也是基于"存义轻利"的伦理原则。他不能否认既有社会现实,但也无法说服自己赞成士人以利达作为人生目的。追求利达既不符合人生规律,其结果也不具有自然规律的必然保障。正因为很多人没有树立正确的世界观人生观,不了解"天命之所为,非人力之可及"(《孟子·梁惠王下》)的道理,又设定了错误的人生目标,才会导致主观上感到不幸福。所以,孝孺一再劝教士人不应将喜忧建立在先天条件好坏或物质得失上,而应当总是志在道德,知"人之荣辱贵贱有命,惟君子能不以之为喜戚,而修其在我者以胜之",[55] 也就是老老实实按照儒家工夫论修养德性,投身于儒家学术理想和政治理想的实现。不过,特别需要说明的是,孝孺虽然主张天命,但不是要人完全放弃主观努力,屈从于所谓的宿命。知命、安命不仅不与人的主观能动性相矛盾,而且恰恰是主观能动性合理发挥并产生效力的必要条件,个中关键便在于"察机"。孝孺尝云:

> 国之废兴存亡,盖天也,而有人事焉。由其已然之迹而

---

54 《送危泰生序》,《逊志斋集》卷十四,第 562 页。
55 《默山精舍记》,《逊志斋集》卷十七,第 648 页。

观之，人谋之从违，事变之得失，皆如预定而不可易者，人力若奚所用？自其未成之始而论之，成败祸福之机，待人而发，岂皆出于天命哉？故善为天下者，尽人事以回天道；不善者，委天命以怠人事。……人以为天命，而不知人事失其机故也。[56]

所道虽为国家兴衰，未尝不可引申到人生问题上。"机"即是几微，指预示着事物发展变化方向的那些不容易被发现的关键征兆，非知命者不能察觉。察机乃成事之要，不察则往往难以借势，无法避免人事展开和世界本然规律之间发生冲突，而导致事物走向衰败。换句话说，合理诉求得以实现的前提仍在于主体对天命的充分体认与基于客观现实条件的恰当回应，归根结底还是"君子尽其所能为而已"，[57] 没有超出天道运行的客观必然性。

除了通过阐发天命观从正面支持上述儒家人生观，孝孺还引入了报应论，从反面论证士人应当信道而安命。他事先规定了人间行为之善恶有报的根据是天道，言：

道贵乎至公，善恶各当其报者，道之常也。[58]

具体说来，一方面，孝孺断言不道德的人生必定会招致祸报。出于对天道至公的演绎证明和对历史事件和社会情况的经验观察，他明

56 《宗忠简公奏疏序》，《逊志斋集》卷十二，第473—474页。
57 《释思辞》，《逊志斋集》卷八，第323页。
58 《明辨》，《逊志斋集》卷六，第243页。

确说"无道以处之，亦易以取祸"，[59]将个人乃至共同体的不幸诉诸
对自然规律的违背和对伦理法则的偏离，也就是没有遵循天命。是
故孝孺可以将不幸的原因归结为"气之所感召，各以其类应"，[60]而
讲"祸不可避也，利不可求也"。[61]正因为他能够杜绝神秘主义的
立场，将报应判定为一种不同于超人间力量赏罚而与道义挂钩的客
观必然性，所以才能够理直气壮地反证行善安命的合理性与合目的
性。另一方面，孝孺试图说服人们道德的人生与福报之间是相联系
的。前文已经谈到，孝孺为解决德福矛盾的一大尝试在于将人各不
同的幸福观统一为同一种成就儒家理想人格后与道相接之乐。解决
德福矛盾的另一种进路则在于直接证明行善与幸福之间存在现实的
因果关系，这便要求孝孺必须基于大多数人现有的幸福观探讨该问
题。对此，孝孺的开释方法有二：一是在时间向度上，将福报的频
率延长到若干行为的累积之后，将福报的期限扩大到行为者死后，
将福报的内容拓展到人格之永恒；[62]再是在空间向度上，将报应的
承担者扩大到行为者的社会关系网中，主要是血缘关系的家族，也

---

59 《公子对》，《逊志斋集》卷六，第252—253页。

60 《童贤母传》，《逊志斋集》卷二十二，第816页。

61 《杂诫》，《逊志斋集》卷一，第64页。

62 孝孺在多篇文章中表达了这些观念，例如他尝道，"履仁有必寿之征，积善有福禄之
报。以子之先人死于忠国，而子有令德，足以承其遗泽"（《祭王博士》，《逊志斋集》
卷二十，第765页），"天之于人，无久不报之善"，"天道之征于人者，虽有迟速疾久
之异，而随其所积以为报，则如符节之合而罔忒。吾由是知天之可恃，善之可必，人
患不力于为善，而不患为善之无传"（《祭王文节公》，《逊志斋集》卷二十，第756—
757页），"富贵不足恃，惟为善可以获天之祐。少壮不可常，惟修德可以垂令名于
无穷。然则后之子孙，追惟公之遭逢圣明，以昌其家，以永其令名，其可不思所自
也哉"（《故中顺大夫福建布政司左参议郑公墓表》，《逊志斋集》卷二十二，第853—
854页）等。

可能波及地缘关系的乡里，乃至学术共同体、政治共同体等；[63] 合之，报施机制得以结合时空二者全面展开作用，弥补现实中善者不一定能及时获得善报的破绽。虽然孝孺出于权宜，迎合了大众对于富贵和不死的追求，但他到底还是不赞同把修德行善贬低为工具价值。为此他说：

> 君子之为善，固未尝有求报于天之心。然其厚薄久近，各以类而应，此天道之必然，不可诬也。……夫善者，天之所赋，人之所有者。由乎仁义忠信而行乎家，推之以及乎人，大之被于众庶，皆义之宜为尔，岂望其报哉？望乎报而为善，虽所为合于义，犹为利也。[64]

对于一般民众，设定报应论作为约束行为的他律体系固然无妨；对于士人阶层，孝孺依然坚持德福统一本然具有无目的的合目的性，也属于天道使然之"命"。

---

63 这种空间关系网的报施机制大抵也同时表现在时间向度上，如孝孺曾言，"交善人者道德存，存善心者家事宁，为善事者子孙兴"（《杂铭·柱》，《逊志斋集》卷一，第52页），"志虑之士，所以避弃荣利，而不敢居者，恐善不足以及物，而不利于后也"（《存耕轩记》，《逊志斋集》卷十六，第638页），"若处士者，以身代兄死，于仁义其所全者大矣，其于天之所畀可谓无负矣。寿虽不长，名则永存。为善之报，宁不在其子孙哉"（《贞义处士郑君墓表》，《逊志斋集》卷二十二，第855页）等。其实，以家庭为基础的报应观念是中国哲学根深蒂固的传统。《周易·坤卦》有言："积善之家，必有余庆；积不善之家，必有余殃。"关于此，杨联陞先生曾有详细考察，他在《"报"作为中国社会关系基础的思想》一文中总结了本土传统报应论的特征，指出："命运是由同一个家庭、家族的成员或居住在同一地区的人共享的。家庭或邻居的共同责任原则自古就适用于中国政府和法律。"（载于费正清编：《中国的思想与制度》，北京：世界知识出版社，2008年版，第333页）

64 《宋氏为善堂记》，《逊志斋集》卷十五，第582页。

总而言之，孝孺对人生规律和人生目的的阐发没有超出传统儒学以天道论为基础的天命观的一贯看法，当然也和宋元以来"命自天出、顺受天命"[65]的理学一般观点无出入。不过，相比朱熹出于理学建构的需要，着重以"理"的范畴阐发天人合一的天命观，会进一步讲"天命者，天所赋之正理也"，[66]孝孺阐述其天命观并未鲜明地体现出理学家时刻强调"天理"的理论特色，而更趋向于从先秦儒学式的直观性"天人合一"角度解读天命。由于文献的失传，孝孺天命论是否还有其他更丰富的内容今日已不得而知。根据现有材料只能推测，孝孺本着纯粹儒学的立场，始终意图以儒家天命观解读人生规律、引导人们选择符合道德的人生目标，他也真诚地相信这正是通往幸福的必由之路。

（二）"生有益、死无愧"的生死观与"立德为本"的不朽论

生死问题是人生的根本问题，对待生与死的根本看法和态度是人生观的具象表达和重要组成部分。同时，生死观亦因其付诸实践后最能凸显人格崇高与否，而在人生哲学的探讨中尤为受到重视。孝孺本身即是一名典型的杀身成仁者，这使得他的生死观更具有典型意义。

孝孺的生死观完全继承了重生、事死如事生的儒家传统。传统时代在认识世界和改造世界方面能力有限，使得儒、释、道等传

65　参见朱熹注解曰："天命，即天道之流行而赋于物者，乃事物所以当然之故也。"（《四书章句集注》，第 54 页）又曰："命禀于有生之初，非今所能移；天莫之为而为，非我所能必，但当顺受而已。"（同上，第 134 页）

66　《四书章句集注》，第 172 页。

统思想流派大都认为自然状态下人的主观能动性归根结底无法干涉生命的穷达和长短。在儒家人生哲学中，"死生有命，富贵在天"（《论语·颜渊》）、"未知生，焉知死"（《论语·先进》）两句话集中表达了其生死观立场。儒学承认人在面对死生祸福等人生根本矛盾时是极端被动的，但却创造性地将不得不死的被动顺受转化为道德生活的主动选择。孝孺同样采取这一进路面对生死问题，他在文章中写道：

> 事固有可以智成、力得、势取而赀售者矣，惟年之修短出于天。天所不与，虽有陶猗之富，赵孟之贵，不能延其年于须臾。力可以扛九鼎，辨可以动万乘，欲使其身无疾痛而不可致。岂非由乎人者，可以幸得，而本乎天者，非人之所能及乎！……《洪范》之陈五福，不惟以寿考为美，而必曰"攸好德"。盖德薄而寿，则年不足多；有德而夭，则泽不及施，皆不得谓之福。[67]

清楚地指出了人的寿数取决于天命，而有德之寿才最值得推崇。生老病死乃天道之常，"顺之则生，逆之则死"。[68]孝孺要求士人首先须正视死亡，认清"形必有尽兮，孰不有亡"[69]的道理，然后可以摒弃一味追求长生的错误价值观，转而寻求真正的生命内在价值的实现，也就是顺受天命、过有道德的生活。下面这段话更直接地表达了他的这一观点：

---

67 《寿善堂记》，《逊志斋集》卷十六，第 626 页。
68 《明辨》，《逊志斋集》卷六，第 243 页。
69 《吊茂陵文》，《逊志斋集》卷八，第 310 页。

使饮且食焉以养其生，而于世无补，虽有乔、松之寿，犹无生也。不能奉天之道，尽人之性，自致其身于无过，虽谈笑而亡，犹不得其死也。古君子所以汲汲若不及者，未尝以生死入其心，惟修其可以无愧之道焉耳。天之全以赋我者，吾能全之而弗亏。推之俾明，养之俾成，扩而施之，泽于天下后世，于人之道无所愧。虽不幸而乖于天，迕于人，死于疾病患难，何害其为君子哉？[70]

在孝孺那里，或生或死本身不是问题，问题在于是否能够成就有价值的生和有价值的死。有价值的生是有价值的死的前提，尤其是士人阶层，应该力求成为"生而有益于世，死而无愧于心"[71]的君子，也就是说，人生第一要务在于美德的培养与践履。只要能够保证德性价值的实现，孝孺甚至不惮于取消其他现实价值，以至于讲"死生一涂，福祸一门"。[72]前文已经阐明，孝孺看待现实价值遵循了"享乐价值—生命价值—德性价值"的由低到高的价值序列，这自然也适用于他的生死观。通过诉诸更高的价值序列，孝孺把死的问题顺利转化为了生的问题，把生死问题转化为了修身问题。这是用人道自由化解天道自然的儒学智慧，正因为建立在本质的有限性上，人的德性才配得上被赋予独特的崇高价值。

以价值转化的方法解决生死问题对于部分道德觉悟较高的士人是有效的，然而并不适用于各阶层所有人。生死问题的核心矛盾

70　《斥妄》，《逊志斋集》卷六，第237页。

71　同上。

72　《祭宋仲珩》，《逊志斋集》卷二十，第764页。

在于常人总是贪生畏死，为了在更大程度上克服对死亡的恐惧，孝孺亦不得不诉诸不朽。一般而言，对死亡的恐惧可以分为两种：一是生理性的死亡恐惧，亦即对走向死亡过程中的生理苦痛体验的恐惧；二是哲学性的死亡恐惧，亦即对自我存在消亡后归于无限虚无的恐惧。不言而喻，单靠哲学或宗教的思想建构很难克服前者，却足以破除后者。人类因为具有反思能力，能够认识到自身的存在并客观看待之，所以才会对自我存在消灭后的状况有所想象并产生相应的情感反应。这种想象是建立在线性时间观念的基础上的，佛教主张的轮回说、道教提出的长生不死说都是从这一点入手，力图破除人们对死亡的恐惧。而孝孺奉行儒家的人文主义和理性主义，对二教嗤之以鼻。他认为"不能尽人之道，而欲善其死者，此异端之惑也"，[73] 佛道等异端因其选择的生活方式不能遂行生命的本来价值，其信者作为社会性存在已经丧失了意义，更遑论死得其所了。相应地，孝孺全面推崇儒家的解决方案，也就是尽人道，达到他所讲的个体不朽。

儒学围绕不朽的条件历来有诸多讨论，其中最经典的表述乃最早由《左传》提出的"三不朽"。[74]"三不朽"的提出意味着春秋中期以后社会精英阶层的生死观已然脱离了神秘主义想象，完成了人

---

73 《斥妄》，《逊志斋集》卷六，第 237 页。

74 参见《左传·襄公二十四年》载：二十四年，春，穆叔如晋，范宣子逆之，问焉，曰："古人有言曰，死而不朽，何谓也？"穆叔未对。宣子曰："昔匄之祖，自虞以上为陶唐氏，在夏为御龙氏，在商为豕韦氏，在周为唐杜氏，晋主夏盟为范氏，其是之谓乎！"穆叔曰："以豹所闻，此之谓世禄，非不朽也。鲁有先大夫曰臧文仲，既没，其言立，其是之谓乎！豹闻之：'大上有立德，其次有立功，其次有立言。'虽久不废，此之谓不朽。若夫保姓受氏，以守宗祊，世不绝祀，无国无之。禄之大者，不可谓不朽。"

文主义转向。对此，陈来先生释之谓："所谓死而不朽，是指一个人在道德、事功、言论的任何一个方面有所建树，传之久远，他们虽死而其名永立世人心中，这才是不朽。这就把一个祭祀文化—宗教中的'不朽'观念转变成一个完全人本主义的'不朽'观念。这是文化发展中的创造性转化的实例。"[75] 方孝孺自然对"三不朽"之说无异议，他曾言：

> 天下事物之变亦多矣……惟夫圣人贤士知其然，而思在我者胜之。故修而为道德，施而为事功，发而为言语，可以垂千载而不变。[76]

不但如此，孝孺还进一步完善与改造了"三不朽"的古典理论，将包括立德、立功、立言三者在内的所有不朽进路都统一到了道德主体的树立上，贯彻了自己道德理想主义的处世之学。

首先，孝孺指出不朽的本质就是使个体人格融入共同体的记忆，使个体存在进入类总体存在，超越个人有限的生命而获得死而不亡。他写道：

> 使一宗之中，得一人以显其先自奋，他宗之中，亦必有慕效而起者。慕者愈多，而所勉者滋众，则显于世垂于后者，可得也。方氏虽欲无传于人，不可掩矣。[77]

75　陈来：《古代思想文化的世界》，北京：生活·读书·新知三联书店，2009 年版，第159 页。

76　《仙溪霞隐记》，《逊志斋集》卷十六，第 620—621 页。

77　《方氏谱序》，《逊志斋集》卷十三，第 513 页。

> 古之贤士以弟子而愈彰者……扩之而益广，举之而益高，使人考其功业学术，而知其师之所蕴。故师不可以无弟子，弟子不可以不尊师。[78]

> 且古之传者，足下以为皆自致乎？盖有因人而愈章者。……使之独立无知己者，未必若今之赫赫大著也。匪特文辞为然，虽有道之士亦有然者。士之不可无友也如此。[79]

这几段材料比较清楚地显示了孝孺观念中的不朽仅限于人格或精神的永恒，这种永恒存在性的载体是他人的记忆，亦即凭借家族共同体、学术共同体乃至更广泛意义上的价值观共同体的文化传承来实现个体精神存在的死而不亡。因此，孝孺对长寿、利达等俗欲俱持不以为然的态度，谓"天下之生，不可胜计，而古之传世者，未必皆寿考富贵之人也"，[80] 也是要求士人应该始终秉持正确的生死观和价值观，唯务穷理尽性，避免听信异端之教，妄自以为存在其他不朽的形式。

其次，孝孺认为立德是成就不朽的充要条件。他讲：

> 富贵而湮灭者何限，惟为善乃足传于后世。[81]

> 侥幸可以致富贵，而不可以得一善之名。富贵可以予夺人，而不可以得君子之誉。天下公言甚可畏也。……人心之公，不可以势利夺也，尚矣！士之致乎美名者，舍仁义何以哉！……夫人

---

78 《答郑仲辩二首》，《逊志斋集》卷十，第 384 页。
79 《与王修德八首》，《逊志斋集》卷九，第 372—373 页。
80 同上，第 372 页。
81 《徐氏谱序》，《逊志斋集》卷十三，第 505 页。

> 之生莫不自雄于一世，及其死也，至与草木同为澌尽，岂不诚惑
> 乎？故无论富贵贫贱，惟善足以不朽。[82]

点出了只有为善立德者才能流芳百世的道理。从价值论上分析，一
切现实价值都是有待的、相对的，换句话说不可能永远是好的。而
不朽的条件在于预期中的最长时间段里，某一个体总是能够被认为
是有价值的，能够不断被他人的回忆唤起。就像孝孺所说的，"人
之好恶，世之传否系焉"，[83] 唯独体现出绝对价值的人格或精神才可
能保证不朽，故言"唯德全，永长存"。[84] 也正因为如此，立德本
身并不以不朽为目的，不朽只是无条件无目的性的为善所必然会附
带的一个结果，所以说"有意于传世者，多不之传，而有益于世
者，不求其传，而人自传之"。[85]

　　再次，立功和立言实则皆以立德为前提。时人常常盲目地以为
借助功业或文辞可达到被永世传颂的效果，但在孝孺看来，这恰是
没有认清立功、立言使人不朽的原理。单就立功而言，使立功者获
得美名的原因不在于其建功立业得到的社会地位，而在于其所作所
为有益于世，做了符合道德的事，本质上也是立德。因此孝孺说：

> 然为天下所尊仰，而不敢亵玩者，恒在乎德，而不在乎
> 位。……故欲图来世之传者，虽人主之尊，亦观其德而已。[86]

82　《王氏深溪集后》，《逊志斋集》卷十三，第 519—520 页。
83　《与楼希仁》，《逊志斋集》卷十一，第 455 页。
84　《杂铭·砚》，《逊志斋集》卷一，第 48 页。
85　《与王修德八首》，《逊志斋集》卷九，第 373 页。
86　《题宋孝宗题橙花诗后》，《逊志斋集》卷十八，第 692 页。

单就立言而言，出于文以载道的文道论观念，孝孺以为"惟至理之言与天地并存"，[87] 所以外道德以为文辞者不可能写出真正的传世好文。因此他说：

> 古之君子以美其德行为先务，而不务美其文词。穷天地万物之理，察是非善恶之端，以正其心，谨其言动，使凡本诸身者，无毫发之可悔。此君子之所汲汲也。若夫言语之华，文词之工，期后世之所尚，岂君子之所汲汲哉！然君子之德果修矣，人必慕其人。慕其人，则其文亦为世所贵重。故文有以人而传者，以其德之可尊故也。[88]

指出立言之士同样不得以立言本身为目的，文章应该尽可能地只作为明道的手段，这样才能保证为善的纯粹性，保证文章在各个时代的各类人那里总是有价值的。

最后，孝孺承认个体不朽的重要实现形式是依靠血缘和家族。家族是共同体的一种特殊形式，体现为以亲缘为主的成员共性，尤以父母—子女的直系血缘关系最为紧密，互相影响最为强烈。在传统时代，整个家族既是命运共同体，也是价值共同体。只要血缘不断，祖先就能够持续活在后代的追忆里，这无疑是解决生死矛盾最简便直接的途径。子扬父名是孝孺所处时代的常态，孝孺自己也相对肯定这种做法，但对传者与被传者双方都提出了道德的

---

87 《读风俗通义》，《逊志斋集》卷四，第174页。
88 《白鹿子文集序》，《逊志斋集》卷十二，第491页。

要求。[89]一方面，由于共享亲缘关系，亲子之间天然地存在一定程度的人格绑定，传者自身的德行出众能够为其亲族之扬名提供充分机会；[90]另一方面，被传者必须本身是值得传颂的有德之人，反之则如善不足者"虽贵盛，不容于子孙"。[91]说到底，孝孺自始至终都把不朽的主观原因归结为主体的道德挺立，而在此基础上，他还要进一步寻求主体不朽的客观保障：可以是家族，也可以是师友，甚至可以是拥有价值观共识的任何人；只不过其中以家族最为牢靠。故而他诘问道：

89　根据孝孺的记述，拜请名士为已故长辈作文章（主要是墓志铭、祭文之类）以颂扬其名的做法在当时十分风靡，而他对此不尽然赞同，他曾讲："世之风俗漓薄，视今之文，未论其工拙，先舒纸尾，览官位爵秩。故求文章者，必于穷位隆爵之人，幸而得假其名，辄拜受以去，不复问其中作何语。盖习使然也。"（《答俞景文》，《逊志斋集》卷十一，第 444 页）又讲："世俗不之察，托传世之任者，不于其道，而于其位。亲没而图铭墓之文，往往于位号华显者求之，甚者或假辞于文，而寓名于公卿。岂知古之传世者，固不以禄位而重哉，其陋也甚矣！"（《题胡仲申先生撰韩复阳墓铭后》，《逊志斋集》卷十八，第 700 页）不过，孝孺完全同意传颂父名是为人子的职责和义务，便道："铭前不叙其乡里及其父祖名行，复不书其卒葬日月，为失。……否则世久澶漫，不知其为何时之人，何人之子也。"（《答陈元采》，《逊志斋集》卷九，第 368 页）而这既有其历史文化基础，谓"古之贤人哲士，遇不幸有何限，赖良子孙出而昭雪之，其功名卒显于书传，世多有之"（《与叶夷仲先生》，《逊志斋集》卷九，第 361 页），也本是为父者素有的期望，如孝孺言："某重叹先人功名既不显于天下，苟又无人继而扬之于来世，岂先人所望哉！"（《寄徐教授》，《逊志斋集》卷九，第 359 页）

90　孝孺直接将垂父辈之名纳入了孝道的内容，其曰："夫古之君子于亲之存，既竭其志力以为养，迨其殁，思其姓名德烈不昭于天下，于是修身饬行，务自树立，以显扬之，善称于时，功及于人，使人推其所本，而归德于其亲曰'夫人之所立，其父之教也'，而其亲之名以传。"（《复郑好义三首》，《逊志斋集》卷十一，第 414 页）而为了避免因自身道德瑕疵波及所称引之人，有识之士须知"善为亲图者，不在乎得可传之文，而在乎可传之人"（《答俞景文》，《逊志斋集》卷十一，第 444 页），愈加致力于自身的修德行善。

91　《徐氏谱序》，《逊志斋集》卷十三，第 506 页。

> 人殉一世之力，以成其身，显名誉于当世，盖选千万而二三
> 者也。生乎其后者，不能为之发明，以表揭其志义，顾乃使之与
> 庸夫恒人同于泯灭，不亦违天道而负公义乎？[92]

号召弘扬先人的德行是后死者的职责和义务，直接把德者不朽上溯
到了天道公义的层面。

　　综合上述分析可见，孝孺论"不朽"虽然理论上在其人生哲学
内部构建起了比较精巧的论证体系，但要付诸现实，还是不得不返
回到"德福统一"的信念上。因此，孝孺人生哲学也必须承担相应
的风险：如果他所秉持的儒家天道观和天人关系论无法成立，他的
整套生死学说也将崩塌，使这种典型儒家式的终极关怀无以为继。
围绕不朽的条件，孝孺将义务论的伦理精神推到极致，充分展现了
在儒家世界观下可以开示出一个怎样崇高和圆满的人生，但也不可
避免地使其价值论无限收束到德性价值的标举上，而愈发显得不切
实际。无论如何，孝孺的生死观和不朽论属于理性主义的人生哲
学，不仅在生死问题上彻底告别了蒙昧和神秘主义，而且直指人类
内在价值的彰显，高扬了儒学的人文精神。

（三）人生哲学的应用：以出处问题与生死抉择为中心

　　作为整个伦理学说体系的一部分，孝孺的人生哲学也遵循"存
义轻利"的道德原则，尤其是在人生抉择问题上表现得极为突出。
孝孺重点关注的人生哲学难题有二：一者为生命历程内的出处问

---

92 《答金景文》，《逊志斋集》卷十一，第 450 页。

题，再者为生死之际问题。两者皆事关重大的人生变化，无论遇到哪一对矛盾，孝孺皆要求士人秉持"一以义裁之"的决断方式，以确保人道不失而天道彰显。

其一，关于出处问题。首先必须明确的是，在该问题上，孝孺以为士人有选择余地的不是仕或不仕本身，而是在仕或不仕的情况下如何生活。根据孝孺的人生规律论，是否获得一定的政治地位或社会地位表面上系于人的主观意志和行动，实质上却不能超出天命的先验必然性。所以士人应该挂心的不是个人的仕途或退隐，而当忧是否能在任何境遇下尽人之道。孝孺既是如此自我要求的，[93] 也希望士人都能体悟到这个境界，而不是一味纠缠于俗人所谓的得失穷达。他指出：

> 人之穷达，在心志之屈伸，不在贵贱贫富。[94]

反对俗人价值观、张扬天道之德是孝孺一切伦理说教的主旨，在他那里，庸俗享乐主义或者盲目从众都必须遭到抨击。反过来说，出仕不是为了求取利达，归隐也不是为了避祸逍遥，"仕与隐皆非君子之所乐也"，出或者处都不过是"惟其道之修"而已。[95] 若能做到这一点，则"仕而得行其道，可乐也；隐而不失其义，亦可乐

---

93 他在《与郑叔度八首》中嘱咐友人不需要为自己的前途忧心，道"天苟欲治斯世乎，仆将抱遗经，陈之达者，而施之于天下。苟未欲治斯世，著之在书，授之其人，乐之以终身，亦未见其不可也"（《逊志斋集》卷十，第 393—394 页），表现出了恬然适道的精神境界。

94 《书夷山稿序后》，《逊志斋集》卷十八，第 708 页。

95 参见《默山精舍记》，《逊志斋集》卷十七，648 页。

也"。[96] 儒家讲究名实相符，孝孺也主张无道居位的"窃禄"者和自肆于隐的"盗名"者终不能如愿以偿。[97] 可以说在出处问题上，他一如既往地贯彻了自己的道德原则，唯要求人在任何境况下都应当以义为先，做一个有德之人。

然后应该考虑到的是，孝孺所处的时代在出处问题上矛盾比较突出，[98] 决定了他对现实中士人的出处抉择不可能不持任何意见。譬如在对历史人物进行评价时，孝孺十分明确地表示了对伯夷、叔齐这两位著名隐士的不满，称之为"过乎中者"。[99] 他认为夷齐二人欠缺对大势和职分的把握，执着于私人小义，远离了大道至中，不足以成为君子的榜样。换言之，孝孺要求士人应该清楚地认识到

96　《默山精舍记》，《逊志斋集》卷十七，第 648 页。

97　参见同上文。

98　元末明初乃中国历史上隐士文化达到高潮的时期之一，入明以后大量士人仍然不愿为官。赵翼曾就"明初士人多不仕"的原因加以考察，认为是士人心系故国与洪武用重典的双重作用（参见《廿二史札记校证》卷三十二，第 741 页）。学界围绕这一时期士人阶层出处问题的研究虽然还有继续深入的余地，但也可看到不少出色的成果。钱穆《读明初开国诸臣诗文集》率先指出元明鼎革之初大量士人不愿从仕洪武政权是由于怀念故国；萧启庆统计了元明易代时进士群体中"忠元"型远多于"背元"型，遂提出其时决定士人政治抉择的主要因素是"君臣大义"而非"夷夏之辨"（据《元明之际士人的多元政治抉择：以各族进士为中心》，《台大历史学报》第 32 期，2003 年，第 77—138 页）；郑克晟的相关研究也支持了上述观点，认为元代优待江南地区使得江南士人相当程度上怀念故国而与明朝政权格格不入（据《元末的江南士人与社会》，《东南文化》1990 年第 4 期，第 1—6 页）；张佳则进一步指出，洪武政权急于树立其合法性，很大程度上是为了尽快扭转士人阶层和新朝皇权之间的这种紧张关系，而元代统治后传统"夷夏"观念的衰微和忠君意识的高涨是其深层原因（据《新天下之化——明初礼俗改革研究》，第 19—51 页）。可以推测，在孝孺的时代这种出处矛盾并没有完全消退，而他仕于朝廷，一欲报答君恩，从心理上肯定会倾向于鼓励出仕。实际上，后文将会谈到的孝孺重提"夷夏大防"问题也是其力求匡扶明朝正统的表现，恰好也旁证了这一点。

99　《夷齐》，《逊志斋集》卷五，第 180 页。

天命和主观行为决断之间的关系性，凡事唯有出于本然大公之心，据于义的原则，才能导出合乎中道的决断。在出处问题上亦然，当仕则仕，当隐则隐，仕与隐并不是绝对的。其实，孝孺反对的只是动机不义的出仕和退隐，他根本上还是倾向于支持君子尽可能地出仕，因为儒家理想总是寄托在世间，行道毕竟贵在用世；万一不得不隐，君子亦可藏其道，尽力所能及之职，蛰伏以待，故谓"其仕也，隐之道行；其隐也，仕之用存"。[100] 孝孺理想中的得道君子有能力活用任何客观外部条件，致力于个人德性的提升和社会公益的增进，也就是人道向天道的复归，因此"其隐也，有以淑其家；其仕也，有以泽乎民。故其身无往而不安，其子孙无之焉而不食其报"，[101] 合于义的抉择终会自然而然地给君子带来良性回报。

其二，关于生死抉择问题。程颢尝曰："感慨杀身者易，从容就义者为难。"[102] 可知即便是道德修养很高的人，面对生死之际能够自愿选择就义都是极其困难的。孝孺当然深谙"人性非好死也"，[103] 但依照他从天理中体认出的"存义轻利"原则，于生死难题则必将导出舍生取义的结论。可是，这并不意味着孝孺赞同人们在面临抉择时一概选择死亡，他反问道："大臣之义，守死非难也，死而利国家、安社稷为难。……虽守死不二，而岂足为忠乎？"[104] 可见在任何情况下，"义"都是行为的最终价值准绳，否则所谓殉

---

100 《宜隐轩记》,《逊志斋集》卷十七，第 647 页。

101 《遗安堂记》,《逊志斋集》卷十六，第 637 页。

102 程颢、程颐:《师训》,《河南程氏遗书》卷十一,《二程集》, 北京: 中华书局, 1981 年版，第 131 页。

103 《深虑论五》,《逊志斋集》卷二，第 116 页。

104 《萧懿》,《逊志斋集》卷五，第 220 页。

难也不过是慷慨杀生求个痛快罢了。实际上这样一来，或生或死虽
然很大程度上取决于外在强力，但是否自愿就义的自由则全然交付
于个人的主观判断；这一判断应该完全出于内在的道德本性，其根
据理当就是天理。孝孺屡次指出，道德觉悟高超的君子以德性价值
为行动原理，与其善行相应的福报将随之而来，而道德觉悟低下
的俗人撷取寿命与享乐，是对苟且偷生不能带来幸福这件事的无
知。[105] 只要纯粹出于当为则为的善良意志选择殉难，舍生取义就
一定会伴随回报，其中最直接的就是个人精神的不朽。孝孺相信此
报无论久速定会降临，而说"然其心迹卒光明于后世者，赖有明士
端人断以天下之公是非，而不惑于流俗一时之私意。大者辩其诬于
史策，小者表阡铭墓，以示将来。是以士有就死而不恨，挫抑而愈
光，以有人发扬于后也"，[106] 鼓励士人阶层都要敢于坚持义宜行则
行的精神品质，也就是"气节"。[107]

105　例如，孝孺认为苏威是苟全负国招致耻辱的典型，道："惜死而不忍决，屈身于群盗，
　　其辱甚于死，而威不悟。然人不至于死不止也，与其耻辱而生，孰若速死之为善乎！
　　威事功殆亦有可取，使死得其所，固隋之名臣也。一陷于非义，身名俱表，天下至今
　　羞称之。则其生也，适所以累，岂不悲夫！"（《苏威》，《逊志斋集》卷五，第226页）
　　而主张符合道德的人生才有延长的价值，符合道德的求死则有福报，如其言："苟不
　　由义，而负耻食垢，以全其生，纵登上寿，殁牖下，君子视之犹狐鼠之毙腐，曷足谓
　　之正命乎？若处士者，以身代兄，死于义，其所全者大矣，其于天之所畀，可谓无
　　负矣。寿虽不长，名则永存。为善之报，宁不在其子孙哉！"（《贞义处士郑君墓表》，
　　《逊志斋集》卷二十二，第855页）
106　《与苏先生二首》，《逊志斋集》卷九，第351页。
107　孝孺极其看重气节，曾言"水可竭兮石可移，身宁死兮节不可亏"（《吴氏二贤母
　　哀辞》，《逊志斋集》卷二十，第776页），还阐发了气节之士对于国家政治的必要
　　性，道："士之可贵者，在节气，不在才智。……气节者偃蹇可畏，而才智者敏慧可
　　喜。可喜者易以成功，亦易以致乱。欲制祸乱于未萌之先，非得可畏者而任之不可
　　也。……国家可使数十年无才智之士，而不可一日无气节之臣。"（《蠧窝记》，《逊志
　　斋集》卷十六，第629页）

此外，生死之际往往也呼应忠孝之辨问题。孝亲的大前提是父辈、子辈双方俱在，故而必会在是否就死以利国利民而尽忠的问题上使得忠、孝二德发生冲突。孝孺是这样看待忠孝关系的：

> 事亲而祇顺无违，固孝也。推以事君，诚敬而不欺，仁恕而有容，先国家之政而忘乎私，惟生民社稷是利，而不顾乎己，此尤孝之大者也。故知孝亲，乃可以事君，能忠于君，然后谓之大孝，而忠与孝非二致也。[108]

忠、孝二者是中国传统伦理思想中最重要的两个德目。儒学主张父子亲情是生而为人最初和最基本的人际关系，处之以中道即是孝；君臣关系是父子关系的推而广之，因此忠本于孝，孝可以引出忠，忠也就表现为在君臣关系间总是处之以道。《礼记·祭统》曰："忠臣以事其君，孝子以事其亲，其本一也。"孝孺论忠孝无疑继承了这一观念，但他同时点出，相对于国家大义来说，一般意义上的个人尽孝反倒成了己私，所以应该选择大多数人的利益，亦即忠先于孝。至于他主张孝寓于忠、以忠存孝，则是依托于"及乎名立于当时而著乎后世，则其孝也大矣"[109]的"大孝"说。孝孺将孝行划分为四个层次：一者曰养，即物质奉养；二者曰显，即光宗耀祖；三者曰安，即不令操心；末者曰寿，指的不是尽量延长父辈的肉体生命，而是"寿其亲于永存"，[110]即为父辈带来精神不朽。很显然，

---

108 《御赐训辞记》，《逊志斋集》卷十七，第 657 页。

109 《思孝堂记》，《逊志斋集》卷十六，第 622 页。

110 《孝思堂记》，《逊志斋集》卷十七，第 668 页。

孝孺对"寿"的解释已经不同于普遍的传统理解，这是他能够在理论上调和忠孝之辨的关键，也为士人面对生死抉择勇于舍生取义扫除了后顾之忧。

总体看来，上述孝孺的人生哲学思想充分展现了完全建立在自觉自律根基上的主体道德可以多么崇高，但同时却也意味着这种处世之学一定是曲高和寡的。然而越是冲突激烈的道德现场，越是能够体现道德觉悟的高下。众所周知，孝孺已然用他的全部身心实践乃至于付出无比血腥的代价自证了其道德信念的全然真实。这样的君子气节也被后人传承了下来，演变成为明清易代时另一场规模更庞大、牵连更广泛、经年更长久的道德拷问。方孝孺也因此不断被重新提起，最终化为一个矛盾统一的时代符号，既象征着道德顶峰，也同时埋藏下了道德压迫的种子。无论如何，不能否认的是，孝孺对人生哲学的阐发强调客观现实下主体的选择自由，充分标举了士人的人格独立性和主体的内在价值，展现了儒家人文主义情怀面对人生困境时的从容智慧。

第五章　辟佛论

　　正统儒家一般认为，异端流行的程度与社会整体风气的好坏直接挂钩，要移风易俗则必须驱斥异端。唐宋以后，排佛、辟佛成了儒家驱斥异端的核心任务，当然也是儒者社会政治实践中不可不瞩目的一环。虽然明代前中期佛教义学日渐衰颓，义理创新长期沉寂，[1]但佛教并未因此衰落，反倒在内外因素的作用下愈发盛行，信众遍布社会上下各阶层，可见唐宋以来儒家长期排佛远远未能获胜。不但如此，明初佛教迅速走向世俗化，也给儒家辟佛提出了新的挑战。方孝孺之学的儒家正统地位向来深获认同与广受推崇，《明儒学案》讲，"先生以叛道者莫过于二氏，而释氏尤甚，不惮放言驱斥，一时僧徒俱恨之"，[2]可知孝孺辟佛的态度与言论于当时都有举足轻重的意义。概言之，方孝孺的辟佛论针对佛教盛行的原因，从有破有立的角度出发，既驳斥了以轮回学说为代表的佛教思想，又提出了弘扬圣贤之道化解佛教的对策。而孝孺辟佛的动因则

1　诸多佛教史相关著作都指出了这一点，例如梁启超《佛学研究十八篇》、汤用彤《隋唐佛教史稿》、郭朋《明清佛教》、周叔迦《周叔迦佛学论著集》及杜继文《佛教史》等。详见附录一。

2　《诸儒学案上一》，《明儒学案》卷四十三，第1041页。

在于防止佛教动摇儒家的存续，以及保护儒家在社会秩序建立方面
的胜利果实，故而他对于辟异端在士人阶层和一般民众中的展开都
十分关注。不过，孝孺并没有客观看待儒佛关系，儒本位的立场决
定了他不能从根本上真正解决儒佛之争。

应该说，孝孺针对佛教发表的观点很大程度上反映了当时朱子
学正统是如何看待佛教的，具有其相应的研究价值，而学界在这方
面相对涉及不深，[3] 以下将对此加以详论。

一　驳轮回妄说以破佛

明初佛教虽经朝廷严厉整顿，然其总体发展势头蔚为可观，至
孝孺所见，已是"既扑而愈焰，既灭而复兴。恶者之五六，不胜喜
者之千百，延于今，塔庙多于儒官（宫），僧徒半于黎庶，西域
之书与经籍并用"。[4] 外来的佛教进入中国，缘何能与根深蒂固的儒

3　目前已见专著如侯外庐主编《宋明理学史》主张方孝孺反佛只是"以一种形式的唯心论
　反对另一种形式的唯心论"，并未超越朱熹而从根本上否定佛教哲学；张学智著《中国
　儒学史·明代卷》略论孝孺如何从儒家伦理出发贬斥佛教，并指出了他与老师宋濂的不
　同；管敏义《浙东学术史》浅析了孝孺的辟佛论，认为他是从气化宇宙论的无神论立场
　出发批判佛教有神论。论文如唐宇元《论方孝孺的用世和无神论思想》以"无神论"为
　孝孺辟佛思想定论，详细论述了孝孺如何批判佛教的轮回报应思想和基于有神论的佛事
　祭祀活动；吕诗尧《明初儒者方孝孺的辟异端思想》考察了孝孺批判佛教修身立行与轮
　回学说的具体内容；盛夏《程朱理学与方孝孺的文学思想及其创作》提及了孝孺排斥佛
　教的立场；汪红亮《论明代士大夫对异端态度之嬗变》（《黄河科技大学学报》，2013年
　第3期，第84页）也仅提及孝孺主张佛教不可取。另外，徐光大点校《逊志斋集》前
　言（宁波：宁波大学出版社，2000年版，第16—19页）中则结合文本，概述了孝孺以
　辟佛为主的驱斥异端思想的若干重要方面。
4　《送浮图景晔序》，《逊志斋集》卷十四，第575页。

140

家文化分庭抗礼，达到儒释并称的地步？孝孺将之归因于佛教本身的极具蛊惑性：

> 释氏更千载而不废，独何哉？盖杨、墨、名、法浅而易知，不足以动人。释氏之术，其深若足以通死生之变，其幽若可以运祸福之权。惟其深也，故过于智者悦焉；惟其幽也，故昏愚之氓咸畏而谨事之。而其徒又多能苦身勤行，固执而不为外物所移，饰儒言以自文，援名士以自助，故其根本滋固，柯修蔓延，缠乎海内，无怪其与孔子同称也。[5]

目睹佛教身为异端却欣欣向荣的事实，孝孺不得不承认其精深完善的义学体系和灵活多样的实践门路足可匹敌儒家，甚至表现出更高的普适效力。佛教能够成功在异国扎根壮大，得益于本土信徒的主观努力甚多，更在于佛教学说客观上迎合了大多数人的现实精神需求。人皆有世事无常的观感[6]与趋福避祸的本能，佛教抓住人性的弱点，提供了强有力的阐释体系和解决方案，具体在传教过程中，便突出表现为两方面的吸引力：既能化解生死之谜以满足上智，亦

5　《送浮图景晔序》，《逊志斋集》卷十四，第 575 页。

6　虽然没有明确将相关探讨在辟佛论中提出，孝孺确实注意到了这一事实。例如他曾讲过"天下事物之变亦多矣"（《仙溪霞隐记》，《逊志斋集》卷十六，第 620 页）、"人之有生，何足恃邪？始少壮之美好，忽衰病之侵加。曾未几时，而俯仰瞬息之间，形骸已随乎物化，棺椁倏掩乎泥沙。又俄而过焉，但见寒烟夕照，宰木喧噪乎残鸦。盖生世之不足控持，类如此"（《祭王博士》，《逊志斋集》卷二十，第 765 页）等。但孝孺主张道是永恒的，即"天地有坏，而立之者未尝变也；人之生有尽，而俾之生者未尝尽也"（《叙航轩记》，《逊志斋集》卷十五，第 593 页），儒家学者当从事"修而为道德，施而为事功，发而为言语"（《仙溪霞隐记》，《逊志斋集》卷十六，第 621 页）之业，从而"可以垂千载而不变"（同上），亦即力求成就儒家"三不朽"的境界。

能打通祸福之机以迷惑下愚。

孝孺的现存作品中，除却极个别篇章外，并没有留下太多针对佛教细密义理的直接批判，[7] 取而代之的是大量儒家本有之死生祸福论的重述。在儒学世界观中，"死生有命，富贵在天"（《论语·颜渊》），人对于自身境遇的掌控能力极其有限，主观能动性惟有发挥在修己安人一事上。对于死生祸福问题的搁置[8] 在孝孺眼中是理所当然的，所以，当他写信规劝醉心释教的同门郑济时，仅仅简单举例说明了"近世从佛氏者甚众，未有得福者"，提醒他正确的态度应当是"祸福之报，儒者所不论"。[9] 孝孺并非无力反驳，而是进一步觉察到了佛教有底气宣称死生祸福可以操纵的理论前提乃在于佛教轮回之说的成立，这也成了孝孺辟佛的关键切入点。

业力轮回思想是佛学本体论的基础内容，随着佛教传入中国，

7　关于方孝孺"放言驱斥"佛教的具体情况，虽然无法找到太多文字记述，但孝孺书信中曾经自述道，"每见流于异端者，辄与之辩。非好辩也，闵夫人之陷溺，而欲拯救之于安平之涂。诚不自知其过迂也，以故为佛氏者，多不相悦"（《答郑仲辩二首》，《逊志斋集》卷十，第386页），"仆私窃愤之，以为儒者未能如孟、韩，放言驱斥，使不敢横，亦当如古之善守国者，严于疆域斥候，使敌不能攻劫可也。稍有所论述，愚僧见之辄大恨，若詈其父母，毁讪万端，要之不足恤也。昔见皇甫湜言，韩子论佛骨者，群僧切齿骂之矣。韩子名隆位显，犹且如此，况仆何能免哉"（《答刘子传》，《逊志斋集》卷十一，第430页）。这些材料表明，孝孺在日常交际中应当曾经发表过大量口头言论，用以驳斥以佛教为首的所谓异端学说，为此也遭到了诸多佛教信仰者的反感乃至攻击。《明儒学案》对方孝孺辟佛以致"僧徒俱恨之"的记述很有可能就基于这些材料，可相与参照。

8　孝孺基本认为人的生死祸福取决于天命，如他曾讲"天道至神，为万化原。凡得丧与祸福，孰能揣较乎其间"（《祭赵希颜》，卷二十，第767页）。但他也多次明确提出过违背天道的行为会导致灾祸，如其言"无道以处之，亦易以取祸"（《公子对》，《逊志斋集》卷六，第252—253页），"不勉己而循物，祸之所随"（《考祥文》，《逊志斋集》卷八，第308页），只有这是能依靠个人努力避免的。

9　参见《答郑仲辩二首》，《逊志斋集》卷十，第385—386页。

迅速成为普遍为人熟知的一种生命本质的解读方式。所谓业力即行为完成后留存下来的无形信息，分为善、恶、无记三种性质，会跟随轮回主体不断轮回积累，进而在恰当的时候显现效用，形成果报。换言之，个体当前的一切状况皆是过去行为的结果，现在的一切行为又会成为未来状况的原因。依据这一原理，从事佛教实践以趋福避祸就成为可能。与此同时，承认轮回的真实性，就相当于许诺了轮回主体的死而不亡，也就等于许诺了无限的来生，可以极大缓解常人对于死亡的恐惧。孝孺曾撰文指出，当时佛教徒总是喜欢用轮回之说解释那些离奇的世间现象，譬如有人样貌古怪，就称其源于"宿世尝得某罪"、"宿世有过"或者直接就是前世的投影，[10]可见他对业力轮回思想具有一定程度的了解，完全有条件进一步探究佛教干预死生祸福之法与其业力轮回思想之间的深层次联系并加以批判。他还发现，佛教徒在好讲这类怪诞不经的轮回故事之余，更编造了配套的宣传读物与神秘主义世界观，借此传教，但佛教徒的诸般说法始终只是他们的一面之词，无法在现世加以经验论证，究其实质，只是为了夸显自家在人生问题上超常的洞察力，标榜真理掌握在佛教手中，奈何众人不察，纷纷受其愚弄。[11]由此，孝孺

10　参见《启惑》，《逊志斋集》卷六，第 239 页。

11　参见方孝孺语："今佛氏之言以为轮回之事……不特言之，又为之书，不特书之，又谓地下设为官府以主之。诡证曲陈若有可信，而终不可诘，此怪妄之甚者也。……佛氏务为无稽之论，正类乎此（注：指前文所说的未尝游万里之外而妄言其见识者），而人皆溺而信之，岂皆不若鄙夫小子之知乎？"（同上，第 239—240 页）以及："后世释氏之徒出，意欲使天下信己，而愚举世之人，于是弃事之常者不言，而惟取其怪变之说。附饰其故以警动众庶，其意以为此理之秘传者，人不及知，而我始发之。……凡民之愚者皆信而尊之，奉其术过于儒者之道而不悟，此真可悲也！"（同上，第 238—239 页）

破佛的重点自然有理由也有必要落在驳斥轮回之说上。

　　首先，孝孺立足于儒家世界观，运用气化宇宙论原理揭示了轮回之说的虚伪性。根据气化流行的规律，孝孺主张"运行乎天地之间而生万物者"是"二气五行"；[12] "二气五行"的特点在于"其运也无穷，其续也无端"，是在天地之间不断更新变化的绝对运动之质料，故其应当总是"先者过而后者来，未尝相资以为用"，这才能够"久而常新，变而不同"，由此造就了自然界生生不息、千姿百态的现实状态。[13] 反观基于轮回学说构建的宇宙运行规律，任何新生事物都必然可以追溯至其前世因缘，也就是必有一旧事物灭亡，才有一新事物诞生，"发生于明年者"必资于"既陨之余荣"，这在儒家宇宙论看来是完全站不住脚的。在儒家宇宙论中，宇宙是一个大化流行的整体，有赖于"天地至神之气"的周行不殆，自然界不断行使其造化作用，保证了万事万物的生生不息，也就保证了物质世界的时空无限性与内在多样性。质言之，儒家宇宙论主张推动宇宙发展的本原动力在于"动极而静、静极复动"的阴阳矛盾，而佛教轮回之说则主张事物发展变化的根本动因在于业力。孝孺作为正统儒家学者，绝无可能弃阴阳哲学而支持业力思想。针对佛教徒鼓吹的轮回奇谈，他坚持认为，世间事物的多样性完全取决于事物生化之初所受"二气五行之精粗粹杂不同"，[14] 而非宿世所造之业，况且人类和自然界其他所有事物一样，"得气而生，气既尽而死，死则不复有知矣"，"形尽气尽，而魂升魄降，无所

12　《启惑》，《逊志斋集》卷六，第 239 页。

13　参见《宗仪九首·奉终》，《逊志斋集》卷一，第 91—92 页。

14　《启惑》，《逊志斋集》卷六，第 239 页。

不尽",[15] 人的精神只能依附于当前生活的唯一肉身,肉体死亡则精神也随之消散,并非另有一个能够超越肉体而永远存在的轮回主体,故也就不可能再次投胎转世。在此基础上,孝孺进一步指出,假使依循轮回之说,"必资已死之人为将生之本",事物消亡后不是回归于无,而是转化为另一种存在形式,天地间就不必再源源不断地产生新的"气",只需重复利用宇宙诞生之初已有的有限质料即可,这也就意味着天地间的造化活动可以相对静止,显然与天地生生不息之大道相矛盾,也与人类观察自然界的经验认识相违背,恰好反证了轮回之说的虚伪性。[16]

其次,通过否定轮回之说的合理性,孝孺最终想论证的是佛教的全部说教皆不可信。《启惑》中写道:

> 生物者天地也,其动静之机,惟天地能知之,虽二气五行,设于天地者,不知之也。使佛氏者即天地则可,今其身亦与人无异,何以独知而独言之乎? 多见其好怪而谬妄也。[17]

二气五行生化万物所遵循的规律就是天道,亦即宋儒所说的天理或理。虽言"理在事上",万物都先天分有一个理,但理气"不离不杂",纵然是"气之精爽"的人心,也难以不假力气地与道合一,探知到有关宇宙运行、万物生化的根本真理。天道神妙莫测,非常人能够轻易把握,上达天道的唯一路径只有坚持做儒家的下学工

---

15 《宗仪九首·奉终》,《逊志斋集》卷一,第 91 页。
16 参见同上,第 92 页。
17 《启惑》,《逊志斋集》卷六,第 239 页。

夫，同样身为人类的佛教徒也不例外。这是孝孺一贯的观点，也非常符合宋儒以来的理学传统观念。于是，在否定轮回之说合理性的基础上，孝孺大胆主张"浮屠亦人耳，何自而独知之"，[18] 力证释氏之教不可信的根本原因在于佛祖及其信徒的理智能力并未超出一般人类范围，在同等条件下并不一定能比儒者发现更多真理。根据孝孺的主张，佛祖本非造物主，佛教徒更与常人无异，既然先天不具备更高级的认识能力，后天又不从事格物致知的务学工夫，[19] 佛教宣扬的所谓彻悟根源之理便是无稽之谈，佛教教义之现实有效性亦将随之冰释消解。孝孺此论，颇为类似于近代西方认识论有关形而上学何以可能的怀疑，但相比之下，近代西方哲学家围绕人类的认识能力、认识形式、认识限度、认识过程和认识根源等问题进行了极其严密的考察，孝孺针对佛教神秘主义的批判则武断得多，因为在儒家看来，天人合一既是一个价值判断，也是一个事实判断，物自体并非无法上达，下学上达的切实保证就是每个人先天都具备的本心之理，而追寻真理的捷径就蕴藏在圣人之言——六经之中，身为人的使命唯有穷理知天、修己治人，根本无需向佛教寻求人生的出路。面对佛教利用人类理智能力的有限性故弄玄虚、欺世盗名的行为，孝孺希望借揭破轮回之说的做法来点醒世人，改变世俗崇佛弃孔的风气。为此，他必须直面佛教"以其（笔者按：指天道）茫昧不可揣索，故妄言以诬世"[20] 的挑战，坚持"儒者举其常以示

---

18 《宗仪九首·奉终》，《逊志斋集》卷一，第 92 页。

19 朱熹曾提到程子说"释氏唯务上达而无下学，然则其上达处岂有是邪"（《释氏》，《朱子语类》卷一二六，第 3027 页），可见在儒家看来佛教修行路径对于探求真理是无效的，佛教由此掌握的超经验知识也同样是荒谬的。

20 《宗仪九首·奉终》，《逊志斋集》卷一，第 92 页。

人，而不语其变"²¹的正道立场，表明不是佛教更高明，只是儒家出于教化目的，为防止人们过分追求怪力乱神之物，故意悬而不论罢了。可以说，这种破佛对策虽然一定程度上击中了世俗佛教的理论弱点，但明显带有浓厚的儒家本位主义色彩，是否能够得到佛教支持者的普遍信服是比较令人存疑的。

二　扬圣贤之道以化佛

佛教勃兴一方面是由于佛教学说颇为迎合不同社会角色、不同知识水平人们的精神诉求，另一方面则正如孝孺在证明佛教学说虚伪性的同时所看到的那样——实在于传承圣道者之不力。反过来讲，孝孺相信只要圣人之教复兴，便能令佛教不攻自破，儒佛冲突就可以得到根本性的解决。

自孔子断定"礼崩乐坏"，华夏文明虽盛极如汉、唐、宋三朝，儒家学者依然普遍认为圣贤之教未能获得彻底复兴，三代之治未能获得真正实现，孔子重整人间秩序的理想尚且任重而道远，方孝孺也是如此。孝孺反思了儒佛相争的历史，主张要从儒家自身寻找辟佛失败的原因，道："自朱子殁，斯道大坏。彼（笔者按：指以佛教为代表的异端）见吾无人，是以滋肆。"²² 后代儒者不知护教，"自耗其元气"，²³ 才是异端横行的内在缘由。由此看来，要从源头上化解佛教问题，只有高扬古先圣贤之道；吾道之复兴，唯

21　《启惑》，《逊志斋集》卷六，第 238 页。
22　《答刘子传》，《逊志斋集》卷十一，第 430 页。
23　同上。

先在乎吾儒之自觉。然而，事实并不尽如人意，"道之不明，莫其于今"。[24] 当时士人们面对佛教论敌的诽谤中伤，多不能摒弃私心、据理力争，"徇一时毁誉者众，此道之所由衰也"，[25] 临阵退缩而放任佛教盛行。更有甚者，不仅不敢斥佛，自身更倾心于佛说，似乎一旦遭遇人生变故或死亡逼近，纵然如苏轼这般贤豪之士也会轻易听信佛家的祸福生死之论。孝孺以为，需要外求释氏之教来化解内心不安，归根结底是"凡人有待于外者，己有所不足也"。[26] 正是由于自家工夫未熟，不能通达"知者不惑，仁者不忧"（《论语·子罕》）的境界，还将一己之私的欲求放在心上，才会轻易被异端邪说迷惑。不然，"使有得于圣人之奥，其乐有不可既者，穷通得丧死生之变临其前，视之如旦夜之常，而何动心之有"，[27] 绝不至于听信释氏背道之说。

既然病根在儒家内部，当务之急便是对症下药。要激发士人阶层对儒学的忠诚，增强士人卫道的决心，首先需要充分阐明佛教相对于儒学的不足之处。为此，孝孺毫不客气地指出：

> 苟以佛氏人伦之懿为可慕，则彼于君臣父子夫妇长幼之节，举无焉，未见其为足慕也。苟以其书之所载为可喜，则彼之说，必不过于吾尧舜禹汤文武周公孔子之格言大训，未见其为可喜也。苟欲以之治心缮性，则必不若吾圣人之道之全。苟欲以之治

24　《上范先生》，《逊志斋集》卷九，第 354 页。

25　《答刘子传》，《逊志斋集》卷十一，第 430 页。

26　《答郑仲辩二首》，《逊志斋集》卷十，第 383 页。

27　同上，第 386 页。

家与国，则彼本自弃于人伦世故之表，未见其为可用也。故世之
好佛者，吾举不知其心之所存。[28]

在孝孺看来，佛教一来不具备内在价值，二来也不具备工具价值。
若论内在价值，佛教号召人们抛弃家庭与事业，独务个人清静，可
谓社会道德风尚的破坏者，而佛教典籍宣扬种种谬论，自然更比不
上六经载道之言；若论工具价值，佛教价值体系中本就不包含对世
俗生活的美好向往与秩序性要求，从佛教学说中寻找修齐治平之法
肯定是行不通的，即便其个人修行之法有可借鉴之处，对于精研修
身之道的儒家学者来说亦非必要。经孝孺一番梳理，佛教基本无法
提供任何儒家价值观念里值得欲求的东西，这意味着，长远来说佛
教对于改善现实世界无甚益处，儒释二家何者更应该成为人们的精
神支柱，高下立判。此外，孝孺更高扬儒学之殊胜，道：

> 夫儒者之道，内有父子君臣亲亲长长之懿，外有诗书礼乐
> 制度文章之美，大而以之治天下，小而以之治一家，秩然而有其
> 法，沛然其无待于外，近之于复性正心，广之于格物穷理，以至
> 于推道之原而至于命，循物之则而达诸天。其事要而不烦，其说
> 实而不诬，君子由之，则至于圣贤，众人学之，则至于君子。未
> 有舍此他求，而可以有得者也。[29]

将儒学形容成了内有礼乐文明之美质、外可解决所有现实社会问题

28　《答郑仲辩二首》，《逊志斋集》卷十，第 385 页。
29　同上，第 384—385 页。

的广大精微之学——士人循此，内可成就完美人格，外可重建世间秩序，以至于成圣成贤、参赞天地化育；反之，如果背离儒家圣贤开辟的正道，转而依赖佛教，无论个人还是国家都将一事无成。

由此可见，孝孺虽然不得不承认在数百年来儒佛二家之间的竞争中，儒家并没有取得应有的优势，但他始终将之归因于传道之人，在任何情况下都没有动摇对于儒家学说本身的信念。如上一节所述，孝孺秉持批判复古主义的文化哲学，以文明程度的高低区分"夷夏"，将三代"正统"当作华夏文明的至上标杆，而将传承道统、襄助社稷、移风易俗、重塑文明当作儒家知识分子毋庸置疑的集体使命。所以，孝孺尤其无法容忍士人群体中出现"不明于道"的现象，这其中既包括效法异民族的风俗习惯，自然也包括引入佛教等所谓异端的价值观念和行为规范。质言之，在儒家价值观中，"合乎道"是最高程度的价值追求。除了对天道本身的崇敬，人世间最值得希求的东西不外乎符合天道的生活方式与社会形态，具体来讲就是儒家成己成物之实践指向的目标，如身修、家齐、国治、天下平。只要佛教不改解脱成佛的终极目的，就始终会受到儒家"无父无君"的批判，难以与重视世俗生活的儒家价值体系兼容，无怪乎被正统儒家学者斥为"夷狄之教"，打上落后乃至低劣的文化烙印。但是，也正因为如此，孝孺反倒基于儒家学者强烈的文化尊严感，顺理成章地产生了引导佛教向更为进步的文明形态转化的责任意识。

孝孺之所以要充分阐明儒学相对佛说的优越性，一方面是为了劝戒听信异端之士人，另一方面更是为了给他的化佛策略提供充分的可行性论证。他没有单纯满足于破斥佛说的不实，而是转守为攻，进一步提出了正向消解佛教异端危机的具体方法。在给一位僧人的赠言中，孝孺写道：

> 然孔子之道犹天然，岂以其同称而损哉？有一善可取，孔子且犹进之，圣人之容物固如是也。况释氏设教，一本乎善，能充其说，虽不足用于世，而可使其身不为邪僻，不犹愈于愚而妄行者乎？故儒之于释，纵不能使归之于正，姑容之恕之，诱之以道，传之以文，然后可使慕入焉。[30]

考虑到佛教姑且立足于祛恶扬善的基本价值观念，具有一定程度上戒人为恶的积极作用，孝孺表示，可以有限度地肯定佛教的社会功能，承认佛教信仰的实用价值。不过，必须明确的是，虽然佛教徒相比其他离经叛道者尚有可取之处，但听信佛说终究是"人之陷溺"，纵容佛教传布绝非长久之计，儒者有义务扶助这些误入歧途的有心向善者，"拯之于安平之涂"。[31]故孝孺主张，假使不能做到短时间内一劳永逸地驱除佛教，儒者也可以暂且容忍、体谅其存在合理性，经由不懈地对佛教徒施与华夏文明的教化，持续展现出煌煌正道之光明，最终必定能令佛教徒也亲身认识到儒家文明相对于佛教的优越性，然后可以使之自愿感化，转变观念，归服儒家思想，从而将佛教赖以存续的有生力量各个击破，循序渐进地达到瓦

30　《送浮图景晔序》，《逊志斋集》卷十四，第575页。

31　参见《答郑仲辩二首》，《逊志斋集》卷十，第386页。需要说明的是，孝孺没有武断地将信佛者彻底归为异类，可能是由于他认为天之赋予我者皆同，故人皆有成圣贤的可能性。孝孺曾写道："智与愚，一性也。能穷理而尽性，虽即吾身为孔孟可也。"（《尚友斋记》，《逊志斋集》卷十七，第653页）这同样符合儒学传统观念。

解释氏、重塑儒家文化权威的目的。孝孺"以儒化佛"的设想看似一定程度上具备同情佛教的温和主义倾向，但本质上仍与其夷夏论、正统论一脉相承，都是在是否符合礼乐文明风范的意义上对不同文化形态进行高低优劣的价值衡量，并且认定他所谓的较低层次文化形态应当自发地从属于较高层次文化形态。所以，孝孺不仅从未动摇过驱除佛教的坚定信念，也从未怀疑过自己一厢情愿的化佛之策是否真正可行、有效。

三　方孝孺辟佛的动因分析

从前引"以儒化佛"论可知，孝孺至少承认佛教的基点是善的，说明他绝非出于门户之见而妄断释氏为伪。可是，他毕竟没有像老师宋濂那样走上调和儒佛、融通三教的道路，而是始终贯彻了严厉的辟佛态度，"每见流于异端者，辄与之辩"，[32] 以下将继续考察其深层动因。

黄宗羲指出，孝孺没有效法宋濂出入佛老的原因在于"先生之学，虽出自景濂氏，然得之家庭者居多"。[33] 孝孺祖上几代都专意儒学，确有可能因此养成排斥异端的气性，但还不足以完整解释他积极反佛的全部情况。在明确内因的基础上，还需引入外因的考察和厘清内外互动的关系。综观现存文献，孝孺涉及辟佛

32　《答郑仲辩二首》，《逊志斋集》卷十，第386页。从后人述说中也可以看到孝孺不同于宋濂，排佛意向十分决绝，如叶盛曾记："尝闻宋景濂先生过佛寺，方孝孺实从，先生见佛参拜，孝孺不为礼。"（叶盛：《方希直不拜佛》，《水东日记》，北京：中华书局，1980年版，第70页）

33　《诸儒学案上一》，《明儒学案》卷四十三，第1042页。

的作品虽只占到极小的比例，但皆有的放矢，针对时弊而发，从中大体可归纳出孝孺辟佛主要涉及两方面理由：一则佛教有害于士人成己成物的实践，二则它破坏了良好的民风民俗。现分述如下：

一方面，就士人群体而言，佛教的不断侵蚀会动摇儒家存续的核心。《种学斋记》中讲：

> 斯道也，近之化一家，远之济天下，不可一日忘也。或者病其难，而事乎老佛名法之教。其始非不足观也，而不可以用。用之修身，则德隳；用之治家，则伦乱；用之于国于天下，则毒乎生民。是犹夷稗之农也，学之蠹者也。用力虽劳，而不可入乎道也，此农之有似乎学。[34]

在孝孺看来，士人修习佛学毫无可取之处。从根本上说，弃儒从佛即意味着对天赋于我之物的弃绝，而那正是儒家哲学思索人生与社会的起点。事佛者倘使能修成正果，也不免背负迷于邪妄、背叛圣教的罪责；更何况其废弃立心立身之本，终其一生都是"逐逐焉以生，昏昏焉以死"，[35] 无法获得上达天道的机会。然而，在此却不应该简单地理解为习佛危害学者成就儒家理想人格，故无以齐家、治国、平天下而重整人间秩序。上引段落表明孝孺反对将佛学用于现实世界的社会政治实践，这就引出一个问题：佛教原本的出世理想与儒家路数背道而驰，如果它仅能助人解脱，为何会对士人阶层有

---

34 《种学斋记》，《逊志斋集》卷十七，第 673 页。
35 《答郑仲辩二首》，《逊志斋集》卷十，第 385 页。

如此强大的吸引力？这就需要进一步考察孝孺辟佛背后的思想史渊源。

余英时先生指出，理学家往往一口咬定佛教最终目的是登彼岸，故而不可能真正肯定此岸，这恐怕只是信仰斗争的一种策略，而非反映了当时中国佛教的实情。早在中唐，佛教已发生入世转向，佛教思想家开始对此世持积极肯定的态度。至宋代，佛教已公开承认社会秩序的建立是儒家的责任，也是佛教自身存续的现实基础。但是，即便如此，佛教徒仍旧坚持他们的"道"更完备，更有助于治天下。所以，儒释之争的关键其实在于谁的根本真理更应该成为现实社会运行的最终依据。[36] 如余先生所言，正是在佛教儒学化全面推进、佛学价值论不断攀附儒家观念的背景下，儒释之争才愈加白热化。由于只有士人阶层能成为社会治理的主体，儒家辟佛的真意随之也落在维护儒学所讲之"道"在士人心目中的唯一真理性上。一旦天道的绝对性因儒释之争而产生动摇，儒学乃至儒家的存续必将遭遇重大危机。儒释互动是一个长期的过程，佛教融合儒学的思想趋势至少持续到了明末。要言之，孝孺正是为了维护儒学的文化权威，必须要反对士人修习佛学和将之用于社会治理。他曾说"不习佛氏之说，于道固无所不足"，[37]也恰好佐证了这一点。

另一方面，就大众层面而言，佛教的泛滥是儒家实现社会理

36　参见余英时：《朱熹的历史世界》，北京：生活·读书·新知三联书店，2011 年版，第75—76 页。关于佛教的入世转向，余先生《中国近世宗教伦理与商人精神》（收于《士与中国文化》，上海：上海人民出版社，2013 年版，第 393—513 页）中有更详细的阐述。

37　《答郑仲辩二首》，《逊志斋集》卷十，第 385 页。

想的巨大妨碍。明初佛教迅速走向世俗化，[38] 时人参与佛教仪式和利用佛教营生者不在少数，因崇信佛说而破坏传统礼法的行为也司空见惯。佛教不仅在意识形态上威胁到儒学的权威地位，甚至已经在现实结果上破坏了一千多年来儒者苦心经营的秩序礼法。仅以孝孺的观察，当时可谓"流俗之坏也久矣，亲没不图所以传之，而惟祈福于异教。所费不可胜计，而卒无丝毫之益"。[39] 父母去世，"丧而用浮屠之术"固然背离了"先王教民之通法"，未遵循奉终之礼本身即意味着孝道之失，属于不折不扣的人伦之丧；[40] 更荒谬的是，

38　这一转变来自两方面因素的影响。首先是佛教内部自发的演化。为了适应传教需要，宋代开始，随着佛教信仰需求不断向普通大众倾斜，净土法门渐寓于各宗共行之道，直接起到了融汇诸宗、沟通各阶层信众的效果。宋元以降逐步显现的禅净双修趋势在入明后进化为台净融合、禅净合一的总体态势，使佛教演变成更为世俗化的形态。其次是来自外部社会政治环境的催化。元代近百年宽松优待的政策环境使得佛教的信众人数、寺院数量、寺僧经济实力等俱得到了前所未有的提升。后由明太祖建立、后代基本全面沿用的全套佛教管理制度对佛教的发展变化亦产生了深远的影响，直接导致明代佛教世俗化的全面推进。明太祖的佛教政策涉及多方面内容，目的在于将佛教全面纳入中央集权统治以便利用之。其中，"禅、讲、教"三分天下佛寺意味着对专事法事的瑜伽教的官方倡导与赴应僧的专业化、商业化，大大促进了信仰性佛教、仪式性佛教自身的壮大与其在民间的传播；严禁僧俗的任意往来则使教僧成为三类僧人中唯一能够较为自由合法地接触普罗大众的群体，间接造成了禅、讲二路僧众的萎缩和教僧队伍的不断壮大，世俗化形态的佛教取代了义理佛教成为一般人接触佛教的主要形式。加之教僧群体频繁接触俗世种种诱惑，日常又较少钻研佛理而缺乏思想约束，双重因素影响下，其腐败堕落势在必然，进一步致使明代佛教日益丧失其宗教神圣性。周齐《明代佛教与政治文化》、陈玉女《明代的佛教与社会》和赵轶峰《明代国家宗教管理制度与政策研究》等书对这一问题皆有详细研究，亦可参见本书附录一"明代前期佛教的基本状况"。

39　《题济宁张氏墓铭后》，《逊志斋集》卷十八，第 700 页。

40　参见《宗仪九首·奉终》，《逊志斋集》卷一，第 91 页。而作为一个反例，孝孺在《杨夫人墓志铭》(见《逊志斋集》卷二十二，第 874—875 页) 中盛赞了杨氏及其族人生则不近浮屠、死则葬之以儒家之礼是一种值得肯定的德行。

"葬亲以礼者，世反非之为愚"。[41] 在异端的长期浸淫下，举世反倒以佛教的教训、做法为真，对儒家礼法投以蔑视，无异于社会整体的道德堕落。

大众舍弃儒家礼法的教化，长此以往，只会令风俗不断败坏下去。孝孺叹道：

> 先王之礼一失而流于野，再坏而化于夷，暨其大坏而不可为，忽乎入于禽兽而不之觉，宁不哀哉！天下之人，其小者化为夷，由夷而往，吾不能知其所至矣。[42]

表达了对佛教导致的文化退步的深深忧虑。结合上文分析可知，即使认为佛教"一本乎善"，孝孺终究无法客观平等地看待儒释二者，而是认定佛教对于整个人类社会的现实状况与文化命运毫无益处。加之他主张"欲知天下之治乱，视其俗；欲知其俗，视其民知学与否而已矣"，[43] 如今众人皆不知从事儒学实践，已然使孝孺预测到了国将不治、天下大乱和人间秩序的崩塌，对他造成的精神冲击可想而知，很容易激起他想要力挽狂澜、为重归三代圣王之治而奋斗的济世愿望。如果说孝孺辟佛无法回避这方面的动机，加拿大汉学家卜正民的论断恐怕颇为切中要害。他说："在非儒学的世界之中，大众宗教实践脱离了士绅们的视野，使他们焦虑不安，总梦想着回到注重礼仪、持敬的儒家统治方式中。……士绅们对那种儒家统治

---

41 《宗仪九首·奉终》，《逊志斋集》卷一，第 91 页。

42 同上，第 92—93 页。

43 《读书斋记》，《逊志斋集》卷十七，第 679 页。

方式的诉求，是他们将自身安放于民众与国家之间的一种方式。那样，他们会给自己营造出一种安全舒适地安排万物的错觉。"[44]

总而言之，孝孺奉儒学为圭臬的文化本位主义决定了他不可能超越一介儒者的立场，以价值多元化的精神去对待佛教问题。纯儒学统的家学渊源是其辟佛的最初动因，但在此后生命中不改初心，则有赖于其内在建立的弘扬吾儒的坚定信念，[45] 和外部环境中佛教的现实情况无法说服孝孺对其改观这一历史偶然性了。

四 小结

首先，孝孺基于理性主义对佛说不可信的论证并不完善。虽然他用气化宇宙论有力驳斥了轮回之说，但也只在哲学的论域内有效。当然，儒家不同于以信仰为根基的宗教，乃以理智能力作为看待世界和改造世界的基点。可如果佛教徒做出信仰神学式的反驳，坚持业力轮回论来自超理性的宗教体验，因而具有理性不可置疑的有效性，孝孺的批判就显得不够充分了。不过，这同时也会让佛教陷入自我否定的境地。佛教不是天启宗教，佛祖立教的起点和儒家先贤一样，都是对世界、人生的观察与思索。正因为这种相似性，朱熹才比较二家是"儒者见道，品节灿然。佛氏亦见天机，有不器于物者，然只是绰过去"，[46] 终是不承认对方更能掌握真理。孝孺也

---

44 《明代的社会与国家》，第 219 页。
45 孝孺书信中曾号召同道辟异端，道："士之行事，当上监千载之得失，下视来世之是非。苟可以利天下、神教化，坚持而不挠，必达而后止，安可顾一时之毁誉耶！"（《答刘子传书》，《逊志斋集》卷十一，第 430 页）深可见其坚毅。
46 《释氏》，《朱子语类》卷一二六，第 3016 页。

一样，为了捍卫自身的立场，他绝不可能赞同通过宗教实践去窥探天道。

其次，孝孺主张以儒化佛在一定程度上流于理想主义。虽然从思想史的角度看，批判佛教的出世取向已不再是儒家的重点，可是从实际着眼，儒家学者并不能彻底杜绝人们为求取解脱而信仰佛教的情形。只要这种动机存在，孝孺的策略便不能完全奏效，因为儒学无法为彼岸幸福提供保证。作为纯正的儒家学者，孝孺实则事先断定了儒学的完美，即人生除却修己成道之外的进路都是愚昧、错误乃至无意义的。基于这种儒本位价值观得出的对策一定程度上缺乏现实可行性，不可能真正解决儒释之争。另外，关于这一问题，还应注意的是孝孺解读儒释之间此消彼长关系时暗含的方法论前提。一般而言，不同的文化形态之间应当只有差异，而不应有优劣，但孝孺却将儒佛放置在同一套儒家价值体系下加以优劣比较。以孝孺的立场和目的，要突出圣贤之道的优越性，援引儒家价值论去衡量佛教的有效性当然更为有利。正是在总把"心之所存"安放于人世间的儒学语境下，作为解脱法门的佛教的有用性才会相形见绌。

再次，孝孺的辟佛论虽然总体上没有跳脱出前代儒者已讲过的范围，但也反映出了较为鲜明的时代特征。孝孺破佛弘儒的一系列论说都能在宋儒当中找到映照，[47] 其"以儒化佛"之策也可以呼应韩

---

47 例如明道早已指出过"佛学只以生死恐动人。可怪二千年来，无一人觉此，是被他恐动也"（《端伯传师说》，《河南程氏遗书》卷一，《二程集》，第3页），朱子亦曾点出"吾儒广大精微，本末备具，不必它求"（《释氏》，《朱子语类》卷一二六，第3018页），"今之学者往往多归异教，何故？盖为自家这里工夫有欠缺处"（同上，第3036页）等。

愈的"明先王之道以道之",[48] 以及吕祖谦的"不当言邪说难胜,当思正道未明"。[49] 然而,这并不能遮蔽以下事实:孝孺的辟佛论正是传统儒学在面对明初佛教与社会的新情况时率先作出的一次响亮回应。明初,朝廷对民众出家的严格限制中止了元代佛教恣意扩张的局面,当时儒家面对的异文化挑战事实上更多来自佛教的迅速世俗化,这就使得孝孺辟佛的重点不会完全同于宋儒。宋儒辟佛旨在防止士人阶层倒向佛教,焦点在于争夺本体论、心性论等形上问题的解释权归属。[50] 孝孺虽未在本体论、心性论的儒佛之辨上过多着墨,但他无疑延续了宋儒的思路,格外看重士人阶层的精神忠诚度。正因为如此,他对大众热衷于佛教仪式的强烈关怀就显得格外需要引起注意,这在宋儒的辟佛论中是比较鲜见的,可以看作是佛教世俗化趋势在明代前期的直观反映。加之孝孺将"昏愚之氓"也纳入了"诱之以道、传之以文"的教化范畴,我们完全有理由推测,士人阶层以外一般民众社会地位的上升已经日益成为儒家学者考察治世之道时不可忽视的事实,追问"性与天道"不再是少数精英的文化特权,故而孝孺也必须正视一般民众这个庞大群体的精神需求,努力诱导他们去追求在他看来比佛教更具有吸引力的精神文化产品——儒家礼乐文明。

总体上看,明初佛教迅速走向大众化、世俗化,相比之下,明初理学继续承接宋学,在学术形态和思想建构上暂时都未有突破性的发展,客观上还不能够充分适应明初佛教的新变化,这种局面要

---

48 董诰等:《全唐文》,北京:中华书局,1983 年版,第 5650 页。
49 吕祖谦:《答潘叔度》,《东莱吕太史别集》卷十,《吕祖谦全集》第一册,第 497 页。
50 参见《朱熹的历史世界》,第 67—68 页。

到明代中期阳明心学崛起后才开始发生扭转。这是文化形态本身的性质所决定的，不是孝孺等理学家凭一己之力呼号奔走可以扭转的历史趋势。方孝孺虽然较为深入地探讨了佛教勃兴的原因，并提出了相应的对策，但他没有看到儒学提供的终极关怀在满足当时民众精神文化需求的过程中所暴露出的局限性。固守在儒本位的立场上，他只能坚定不移地相信圣人之学方才是真理，唯有儒者修己成道的不断努力才有可能最终将人世间导向正途，因此他也不可能真正地解决儒释之争。

下　篇

文化哲学与政治思想研究

第六章　稽古心态主导下的文化哲学

实现儒家理想中的礼乐文明是方孝孺的毕生追求，因此他的思想建构由理学的形而上学起，既发为个人修身的自处与处世之学，必得延伸到齐家治国平天下的社会政治实践问题上。一旦从内圣领域进入外王之学，率先触动孝孺的就是整个社会的文明程度问题。如果说个体的人无条件追求的价值是善和幸福，那么对于社会来说无条件追求的价值就是文明。[1]孝孺深感于当时社会风俗所反映出的文明衰败情况之严重性，因而不能不从个体与群体、本民族与异民族、历史与当代等不同角度对文化危机发生的原因、文明进程的发展机理等进行考察，从而将夷夏观、正统论、古今观、文明论等内容都浓缩到了他的文化哲学之中，最终为他的社会政治思想建构夯定了批判复古主义的基调。根据一般的学术史定位，孝孺是一名正统朱子学者，拥护宋代文化本无可厚非。不但如此，他更为崇奉以三代周孔为首的先秦文化高峰，学尊五经而政从《周礼》。只要参考他的文章与行事，很容易就能看到他积极倡导士人要好古、求

1　"文明"虽然是一个近现代概念，但并不意味着古人没有这种观念。后文将会论及孝孺不仅具有文明的意识，还将文明问题与历史、政治结合起来，展开了诸多颇有意义的探讨。

古，具有很强烈的怀古意识。然而，孝孺的文化哲学并不是盲目地要求全盘复古或极端复古，其内核是蕴含了儒家为善济世之价值追求、批判与继承相统一的"稽古"。按其所言，"为政有三：曰知体、稽古、审时。缺一焉非政也"。[2] 所处时代有异，面对的问题定然不尽相同，故而儒学崇尚古今如一、以古制今的同时必强调与时携行，三者互相牵制、互相促进，以令现实政治始终保持中道。实际上，孝孺的文化哲学本就是反照现实的产物，特别是他提出的新型夷夏论和正统论含有强烈的服务现实的意识，这也是他的文化哲学富有开创意义之处。萧公权尝指出："此则《春秋》之古义，夷夏论后千年中几归息绝，至明初复燃，而方氏始光大之者也。"[3] 即从一个侧面揭示出了孝孺文化哲学的时代价值。

一　华夷之辨与正统之说

中国大地自古以来多民族混居，"蛮夷戎狄"本是泛指地处中央之华夏民族以外东西南北四个方向的少数民族。从中国历史极早期开始，中原民族和周围少数民族之间的种族与文化交流便已络绎不绝，彼此持续地发生交融混合。在这样的大背景下，中华民族殆不独以人种论夷夏，而是发展出以文化认同为宗旨的民族超越思想。孔子以前，古籍记载中便鲜见由种族殊别着眼民族问题的论调；孔子以后，以文明程度高低分别夷夏的观念更是一直被历代思想家承续了下去。概观而言，以孔子为代表的儒学夷夏论在世界思

2　《杂诫》，《逊志斋集》卷一，第 58 页。
3　《中国政治思想史》，第 525 页。

想史上都具有先驱意义。如萧公权所说："孔子之论夷夏，则已废弃种类之标准而就文化以为区别。……其意在用夏变夷。"[4]此乃自发地超越狭隘种族主义，指向了非达到一定高度的文化形态而不能产生的人类大同思想，对中国传统文化在与外来文化的冲撞中长期保持高度活力和稳定性起到了巨大的作用。然而时过境迁，元末明初士人所背负的民族矛盾比先秦时代更为尖锐和沉重，亦非南北朝等前朝可及，千五百年来未尝引起大争论的华夷之辨问题随之被推到了风口浪尖。

首先应该明确的是，孝孺忠实地继承了儒家历来以文化优劣评判华夏或夷狄的基本主张。华夏亦即中国，其云：

> 夫中国之为贵者，以有君臣之等，礼义之教，异乎夷狄也。无君臣，则入于夷狄，入夷狄则与禽兽几矣。……彼夷狄者，佮母烝杂，父子相攘，无人伦上下之等也，无衣冠礼文之美也。故先王以禽兽畜之，不与中国之人齿。[5]

孝孺在此非常尖锐地明指由于中国在文明程度上处于更高等级，所以华夏比夷狄更为高贵。民族文化是一个民族全部精神活动及其产品的总和。中国传统文化集大成于礼乐制度，是因为礼乐制度的形成体现了华夏民族对世界真理和人间至善的最高把

---

4 《中国政治思想史》，第84—86页。具言之，《论语·子路》载："樊迟问仁。子曰：'居处恭，执事敬，与人忠。虽之夷狄，不可弃也。'"孔子讲到中原文明可行于夷狄之地，亦即是说种族不同并不意味着文化无法沟通。《论语·子罕》载："子欲居九夷。或曰：'陋，如之何！'子曰：'君子居之，何陋之有？'"则进一步暗示了夷狄之地可以由君子化之。

5 《后正统论》，《逊志斋集》卷二，第107、109页。

握，其施行与存续被认为是认识与发挥人类天赋能力和达成良善生活的最有效途径，并且被相信能够通往人性的升华与人道的超越。礼乐制度的合法性在于它根本上是人间制度对天道秩序的模拟，其优越性则在于突显了人类超越于其他动物的内在价值和独特性。少数民族未尝没有各自的道德规范和社会政治制度，但对于孝孺等儒家学者来说，只有华夏礼乐文明才意味着人性的觉醒和对人类生活可能实现的最完善样态的主动追求。因此，一旦发现少数民族的习俗、规范和价值观等全然异于中国，孝孺不仅不可能接受夷狄文化，而且一定会全力贬斥之。在他看来，夷狄人伦沦丧，大多数时候只是遵循了人的动物性本能，在行为习惯上就没有体现出人类应有的价值，当然比华夏民族劣等，理应接受华夏文明的引导和同化。身为华夏民族一员的文化自尊使得孝孺对待真正的异民族不惮以文明程度取其优劣，此外，他也用"夷狄"比喻自甘堕落的本民族人士。譬如，在驳斥当世国人迷信异端邪说时，孝孺以是否遵循古先圣王之教为判定人之内在价值高低的标准，谓"入乎此则为人，出乎此则为夷狄鸟兽，不可毫发去也"、[6] "事不由礼者，夷也。夷者夷之，死不祔乎祖"，[7] 说明他确实在文化意义上使用"夷狄"一词，而不仅仅单纯地将之指向异民族。

其次，孝孺不同于前人之处在于他通过发扬正统之论重新申明了夷夏大防问题，尤其在国家主权和政治问题上强调了华夏文化不

---

6 《斥妄》，《逊志斋集》卷六，第 238 页。

7 《杂诫》，《逊志斋集》卷一，第 61 页。

可动摇的至高地位。[8] 譬如，孝孺写于求学早期的《释统》三篇和
《后正统论》集中阐发了他的正统论思想，其中最值得瞩目的是他
对夷狄政权统治天下的合法性与合理性断然不予承认，以为夷狄执
政必然"乱华"、"乱常"，危害华夏之人民生活与文明存续，而道
"华夷之分不可废"。[9] 在论述过程中，孝孺率先定义了"正统"应
该是一种绝对符合政治伦理标准的政权，政权的来历及其治理天下
的方式方法都应该完全顺应天理民心。换言之，为君者不过是"建
道德之中，立仁义之极，操政教之原"，[10] 自然获得天命而掌握天下，
亦以道治天下而已。正统与否的判断必须体现在官修史书的立场与

8　孝孺的夷夏论和正统论都是不同以往的。萧公权指出，明代以前的儒者长期处在夷夏意
　　识淡薄的思想环境中，尤其宋代理学家唯专精于身心性命之学、三纲五常之教，以至于
　　蒙古入侵后许衡竟为之划谋定制。参见《中国政治思想史》，第525—526页。考察宋
　　学确实可以看到，即便深受金人侵略之苦，宋儒对于夷夏大防并不甚在意。例如《朱
　　子语类》有如下记载："或者说：'葛王在位，专行仁政，中原之人呼他为"小尧舜"。'
　　曰：'他能尊行尧舜之道，要做大尧舜也由他。'又曰：'他岂变夷狄之风？恐只是天资
　　高，偶合仁政耳。'"（《本朝七·夷狄》，《朱子语类》卷一三三，第3196页）证明朱熹
　　并不认为异民族文化绝对无法达到与华夏民族同等的高度。复有如下记载："倜云：'但
　　不能杀虏主耳。若而今捉得虏人来杀之，少报父祖之怨，岂不快意？'曰：'固是好，只
　　是已不干他事，自是他祖父事。你若捉得他父祖来杀，岂不快人意！而今是他子孙，干
　　他甚事？'"（同上，第3199页）从中可见朱熹也没有明确的民族仇恨感情，说明他更
　　愿意用非民族主义的态度看待夷狄。然而，孝孺正统论的提出并不意味着当时整个社会
　　上下夷夏意识的觉醒，事实上他的正统论观点在短时间内也只得到了以宋濂、胡翰为首
　　的少数士人的称许。而他自己也有自知之明，道："斯民长子育孙于其土地，习熟已久，
　　以为当尔。昔既为其民矣，而斥之以为夷狄，岂不骇俗而惊世哉？"（《后正统论》，《逊
　　志斋集》卷二，第107—108页）刘浦江指出，孝孺的夷夏论和正统论在很长一段时期
　　内都没有获得思想界主流的认同，要到成化后才开始受到重视，频频被当作一项重要精
　　神遗产用于佐证当代问题；而官方延用元朝正统之旧说的时间更长，直至嘉靖以后才彻
　　底颠覆。参见刘浦江《元明革命的民族主义想象》，《中国史研究》，2014年第3期，第
　　79—100页。
9　《后正统论》，《逊志斋集》卷二，第106页。
10　《释统中》，《逊志斋集》卷二，第104页。

表述中，对于真正的正统王朝须在修史的全过程中严格执行"天子之礼"，令其符合《春秋》大义。[11] 在孝孺眼中，惟有三代是当之无愧的正统，汉、唐、宋三朝虽侥幸得天下，但恤民行义，姑且可附之于正统，其余朝代则断然离道已远，充其量仅可谓变统；遑论夷狄皆以智力攫夺天下，而后更不行天子之礼，无疑是"率天下为禽兽"。[12] 至此，孝孺拒绝夷狄当政的原因仍可归结为对异民族文明程度的不齿，但这并不能解释他在承认夷狄可化的基础上还是顽固地坚持夷狄不可承接正统。孝孺告诫士大夫，对待异民族的君主应该权变地采取相应的尊重程度较低的礼数，特别是在历史叙述方法上不得混淆于正统，从而逐步达到"使夷狄知大义之严，正统之不可以非类得，以消弭其侥觊之心"[13] 的目的。由此可见，孝孺在夷夏大防问题上的态度是十分激进的。就算异民族入主中原，积极谋求价值观和伦理规范等方面的文化共识，以期融合华夏民族共同体，孝孺始终认为"夷"几乎没有可能随着文明程度的提高转化为"夏"。即是说，相对于异民族而言，汉民族总是处在文化上游的。

此外，还应该看到的是，孝孺在夷夏论上的观点转向与其所处的社会历史环境密切相关。具言之，一方面是由于元朝统治的暴虐无道使孝孺对转夷成夏的可行性失去了信心，另一方面则是由于元代以后本民族被异民族同化而发生文化倒退的现状促使他必须奋起主张华夏民族的文化尊严。本书第一章已交代过，孝孺及其同时代的一些学者

11　参见孝孺《释统下》，文中围绕"天子之礼"进行了详细阐述，其实也就是把赋予历史叙述方法以价值判断的"春秋笔法"发明到了正统论上。

12　《后正统论》，《逊志斋集》卷二，第 109 页。

13　同上，第 108 页。

都注意到了当时社会礼俗胡化、夷夏意识淡薄的现象，不只是一般民众，士人阶层也多受异民族文化侵染而不自知。相较之下，孝孺特别无法容忍的还是士人投于异民族政权为官效力，他写道：

> 宋德祐景炎之后，缙绅先生往往窜匿山谷，或衰麻终其身，或恸哭荒江断垄间，如失考妣，而不复有荣达之愿者，多有之。及其世久俗变，然后竟出而愿立其朝。盖宋之遗泽既尽而然也。[14]

所痛正是在于本来应该承担民族命运的士人阶层于道不明，因而不循古礼、弃君背父、陷于夷狄，纵容社会风气的堕落，长此以往则必将断送儒家礼乐文明的理想。

总之，孝孺在继承儒家传统以文化指标区别夷夏的基础上，特别发扬了国家主权和政治问题方面的夷夏大防思想，此自有其释放自身参政热情、响应和支持明朝政权的现实需要。[15] 然而，这种夷

---

14 《题桐庐二孙先生墓文后》，《逊志斋集》卷十八，第 695 页。

15 孝孺高扬夷夏大防意识恰恰契合了洪武政权的方针。明太祖即位之初便持续推行整肃风俗、恢复民族文化的一系列政策，即"明初礼俗改革"。在此之前，明太祖便表达过明确的夷夏大防思想，他发布的《谕中原檄》中有言，"自古帝王临御天下，皆中国居内以制夷狄，夷狄居外以奉中国，未闻以夷狄居中国而制天下也"，"盖我中国之民，天必命我中国之人以安之，夷狄何得而治哉！"（参见胡广等纂修："吴元年十月丙寅"条，《明太祖实录》卷二十六，《明实录》第 1 册，台北："中央"研究院历史语言研究所，1962 年版，第 401、404 页）张佳指出，明太祖急于改革礼俗，很大原因在于尽快树立起王朝合法性和正统性，并且改善新政权与旧朝遗留士人之间的紧张关系，以促使政权顺利过渡、士人为我所用（参见《新天下之化——明初礼俗改革研究》，第 43—51 页）。葛兆光更指出，明朝政府巧妙地利用民族主义的道理凸显儒学的正当性，从而使本朝统治的合法性与合理性拥有"民族"和"文明"的双重支持（参见《中国思想史》（第二卷），第 257 页）。笔者以为，即使搁置元明革命是民族矛盾还是阶级矛盾的问题，明朝政府想要借此鼓舞民族情绪、拔高自身正统性的主观意图是一目了然的。

夏论虽全然出于孝孺自己的儒学世界观和价值论，毕竟客观上表现出了浓厚的民族情绪，在肯定文化可以沟通交流的同时却否定了不同民族人民的人格平等性，在突出民族自尊的同时也不可避免地丧失了先秦夷夏论的那种宽容精神，既有得亦有失，归根结底依然是当时的社会基本矛盾反映在意识形态领域的结果，而无法超出孝孺所处阶级立场的要求。应该说，在孝孺那里，夷夏论和正统论都是其文化哲学不可分割的一部分，因为他实际上就是把三代"正统"当作唯一性的文化标杆来进行历史批判和社会政治批判的。

二　古今之辨与文化复兴

元代是一个市民生活多姿多彩的时代，在外来文化大量涌入、各民族文化交流空前频繁的大背景下，元文化在民俗、宗教、文学、艺术等方面都相当繁盛。然而由元入明后，孝孺等关怀政治的明初士人却认定他们所处的时代正在遭遇一场深刻的文化危机。如孝孺云：

> 自宋亡以来，八九十年风俗变坏，延至于今，日以滋加。天下同然，一律面异于心，心异于口。诇谀以相容，诡诈以相愚，不知古人之道何用于今世也。又不知古人倘在，视今世为何如也。[16]

根据这段材料可知，孝孺以为，经过有元一代的异民族统治后，中

16　《答俞子严二首》，《逊志斋集》卷十一，第445页。

国社会的运行秩序不断恶化，人伦失范和价值链断裂的现象不断产生。他同时主张，社会风气的好坏其实是该国或该民族文明盛衰的表征。他拒绝使用资源、经济、军事等一般用以衡量国家或地区发达程度的因素作为判断"可以配周而无愧者"的指标，谓"所贵乎盛隆之世者，非特以土宇之广也；非特以武备之强，财货之富也"，只看是否充分做到了"道德成于上，教化行于下"，也就是把社会风气当作了判断文明程度的首要标准。[17] 是故也不难理解，元代对宋代遗风的颠覆对于孝孺这样一心尊崇礼义道德生活方式的醇儒来说，冲击是巨大的。他激烈地批判"元之俗贪鄙暴戾"、当时"俗之不美，至此甚矣"，[18] 立志要恢复"三代之俗"、"成康之治"，由此促成了他的文化哲学的形成。

孝孺文化哲学的展开是从批判当时复古至上的学术风气开始的。对于不乏盲目崇古者的士人群体，他叹道：

> 学者之患，在乎慕古而不知道，闻其出于古，则以为善，虽有未至，不察也。闻其出于今，则以为不善，虽有至者，不察也。此道之所以不明，实学者之过也。[19]

时弊在于用前后古今的历史尺度来衡量善与不善，因此，当务之急就是纠正这种错误的古今观。孝孺在多篇文章中反复阐述了自己的古今观，主张所谓古、今只不过是相对于某一个参照系的时

---

17 《仕学规范序》，《逊志斋集》卷十二，第 472 页。
18 《正俗》，《逊志斋集》卷三，第 144 页。
19 《非非子医术序》，《逊志斋集》卷十二，第 493 页。

间轴前后罢了，并不能因此确定其价值高低。他指出，"古与今云者，人之所云也，非天之所设也"，[20] 古与今是相对的，只有天理是绝对的。是故他坚决反对把历史概念与价值概念不加辨析地等同起来，而曰"善诚足称矣，忘今之为非古。诚未足取也，忘古之为非今"，[21] 要求君子应当"取其善不究其人，师其道不计其时"。[22] 只要合乎天理，就不必计较是不是出乎古、见于经；[23] 反之，纵然古先圣贤之言也断不可盲信盲从。[24] 孝孺之所以能用比较辩证的眼光看待古今之辨，是由于他注意到了价值的高低不能用历史维度来附会，只能用真正的价值尺度来衡量，也就是只能有一个尺度：善，或者说天理，或者说道，放在群体和社会生活的具体层面上讲也就是"文明"。而他竭力澄清"古"作为一个历史概念应该相对于价值概念独立存在，其实是为了引出价值维度的"古"。在其行文中，历史维度和价值维度这两种意味的"古"被非常显著地区分使用。孝孺真正尊崇的是后者：当他以古人自勉或勉人时，其实是提醒学者思有以合乎道；而当他评价人或事物"如古之人"、"有合乎古"时，其实是认同其体现了文明的高度。

20　《观乐生诗集序》，《逊志斋集》卷十二，第 484 页。

21　同上。

22　《求古斋记》，《逊志斋集》卷十六，第 624 页。

23　参见孝孺《自警编序》曰："德苟可以为法，不必出乎古也；言苟不违乎道，不必见于经也。"（《逊志斋集》卷十二，第 471 页）

24　孝孺有明确的疑古意识，尝道："窃以为古人之言，有是有非。是其是，而非其非，乃为得之。若以古人为皆然，则不可也。"（《与舒君》，《逊志斋集》卷十一，第 462 页）表现在具体行动上则可见他对于《周礼》也不是全盘接受，必也辨其是非，道"好其出于古，爱其为先王之制，而惜其或失先王之意也"（《周礼辨疑》，《逊志斋集》卷四，第 154 页）。

孝孺既将文明论与古今观挂钩，也随之引出了一个问题，即如果把价值判断引入史学领域，就必须对文明进程中的价值标杆和文化的发展演变规律做出令人信服的回答。具体来说，"古"之所以可以被转换为一种指向文明的价值，是因为在孝孺认定的历史事实中，处在中古时代的三代政治和周孔学术才是文明的顶峰。文明意味着物质和精神生活的进步与丰富、社会运行的高度有序以及社会整体呈现出良善积极的状态，其程度高低在儒学语境下可以被直接换算为国家政治和思想学术合乎天道的多寡，换言之就是反映了道统的承继情况。所以，孝孺会以三代为华夏文明的标杆是非常自然的，因为三代正是儒家公认的道统与治统合一的时代，其风俗美矣；三代以降，道统与知识结合而归于孔子，从此通过儒家学术传承下去，故而士人肩负着居道统以监督治统的责任，随之使得学统亦须为文化的衰落负责。关于这一点，孝孺曾经斥道：

> 圣贤学术不传久矣，学者卑陋，不复知周公、孔子之大方，因陈袭腐，自珍自诳。……故显而在位，则不足以淑世；约而在野，则不足以淑人。风俗日偷，而治功难成；礼乐沦坏，而刑罚不措。非以斯道不明故也？[25]

以为文化危机固然与政治的疲软失范直接呼应，背后的深层原因实际上是儒家学术传承出现了危机。学术与政治相表里，两者合起来又能对风俗起到决定性的引导作用。因此，如果儒家士人于道不

---

25 《答林嘉猷》，《逊志斋集》卷十一，第451页。

明，不能充分履行在朝则襄助社稷、在野则移风易俗的社会职责，必将导致全社会范围的秩序丧失与道德败坏，反过来又会对学统传承产生负面影响，[26] 持续刺激华夏民族不断走向文化衰落。[27]

然而，在儒家思想观念中，道毕竟是超越而永存的，"充天地，亘古今，一而已矣。……是道也，不以富贵而加，不以贫贱而损，不以古而兴，不以今而陨"。[28] 文明的倒退危机仅仅意味着人间生活方式与世俗政治相对于道的远离，绝非道本身的失落，这同时也就意味着在任何时代都有复归于道的可能性。既然文化衰落的根本原因在于道统的无以为继，那么对于孝孺来说，要解决文化危机、重建华夏文明只有一条路可走：明道。道之晦明在于学术和政治两方面，在于士人和君主两种实践主体的作为。在儒家的社会构想中，若士人惟思道德政教，君主惟行仁义礼乐，则天下大治可期。于是，在提出具体方案之前，孝孺先考察了历史进程中的文化状况。根据前述"学术—政治—风俗"的互动原理，孝孺罗列出了他

---

26 有关这种社会风气之于学术的反作用，孝孺是这样解释的："古之世道德同于上，风俗同于下，士有不学也，学则必法文武周公之道，出而施之于位，用之于邦国，虽不至于圣贤，亦不失其为君子，其所任者固已重也。世衰俗降，人自为学，家自为教，诸子百氏杂然并出，学者伥伥无所于归，诡言异行遍海内，而人材始万殊矣。故才止乎一邑，行或可乎一乡，或事文墨而不闲筹略，或长于治民而不知大体，于是贤人君子始不可多见，由其自任者轻故也。"(《任重斋记》,《逊志斋集》卷十六，第 630 页)

27 孝孺观察到这种文明向下的趋势和人心向恶的趋势一样总是病来如山倒的，可谓"天下之势，舍厚而趋薄，舍谨而为慢，舍难成而为易习。如水之下流，滔滔汩汩，不至于极不止"(《篆书考正辩伪序》,《逊志斋集》卷十二，第 466 页)，唯有待大贤异才力挽狂澜。所以，他在《祭太史公八首》《祭胡仲申先生》《祭郑仲舒太常》《祭叶夷仲主事》等多篇文章中都表达了格外惜才之意。人才可惜之处恰恰在于其有得于道而有益于生民社稷，有助于文明的推进。

28 《好古斋记》,《逊志斋集》卷十七，第 672 页。

的文明大序，谓：

> 今人多谓宋不及唐，唐不若汉，此自其文而言耳，非所以考
> 道德之会通，而揆其实也。仆尝谓求学术于三代之后，宋为上，
> 汉次之，唐为下，近代有愧焉。[29]

将中国历代的文化盛衰按照顺序归纳为三代最高，其次分别是宋
代、汉代和唐代，元代等其他朝代则已不足挂齿。随后他指出，东
汉虽也"风俗美而贤才多"，可是论言行皆美而近古者还数宋代，
故而"欲复三代，必于宋乎始"。[30] 既然本民族的文化重建首先要
以革元俗、归宋风为目标，则须首先在士人当中恢复宋学。孝孺对
此充满了信心，认为宋代毕竟离今不远，"今之天下，犹宋之天下，
今之人亦宋之人也"，士人群体完全能够通过师事宋之君子，践行
"以诚意正心为学，以忠厚敦笃为行，以敬恭事君，以平恕临民"，
做到学术和政治两方面的近道，从而恢复宋之旧俗、彻底改善社会
风气。[31] 如此一来，在孝孺那里，尊法宋代是手段，崇奉三代才是
本意，这种思想无疑属于一种批判继承的文化复古主义，或者说稽
古主义。事实上，稽古的思想倾向在儒者群体中极其普遍。自孔子
道"郁郁乎文哉，吾从周"（《论语·八佾》）以降，历代儒者尤其

---

29 《与赵伯钦三首》，《逊志斋集》卷十一，第 420 页。

30 《自警编序》，《逊志斋集》卷十二，第 471 页。

31 参见《仕学规范序》，《逊志斋集》卷十二，第 473 页。孝孺对宋学推崇备至，而他所
说的宋学主要指的就是朱子学，如其言："人不知学则已，为学不以宋之君子为师，而
欲达诸古，犹面山而趋，而欲适乎海也。乾淳之学，莫盛于朱子。……朱子之学，圣
贤之学也。"（《赠庐信道序》，《逊志斋集》卷十四，第 566 页）

是宋以后理学家论及政治、风俗，无不言必称三代、语必道尧舜禹汤文武周公，结果是"三代"等概念在历代儒家学者不断的价值赋予下，其实已经成为一种象征着政治理想和社会理想的文化标杆，而超越了单向度的文化考古意义。从这个意义上说，孝孺充分继承了前辈理学家敢于批判现实的精神，代表了儒家学者社会批判与文化批判意识的高度觉醒。

三　小结

总而言之，孝孺文化哲学主要着眼于反思华夏民族的文化命运和文化危机，探讨儒学对于文化负有的责任、使命和理想等内容。其思想倾向是怀古的，但也不能因此就下结论说他是一名绝对复古主义的儒家学者，而须看到孝孺稽古背后真实的价值诉求。其实，孝孺是用依据永恒不变之"道"而得出的"文明"尺度对古今做了价值衡量，并按照这套价值标准对各个朝代的思想与政治进行了文化批判，意在为当今的文化状况进行价值重估，切实树立儒家社会政治实践的价值目标，激发全体士人的社会责任感，使之一往投身到实现儒家理想的使命中去。可以说，孝孺提倡稽古，其实是他作为第一批成长在华夏统治下、全力拥护明朝政权的明代士人的一员，在本民族脱离了中国历史上第一次全面的异民族统治后，对这场尚未结束的汉民族文化危机的反思与清算。但是，孝孺所论的不足之处也不能一带而过。文化本身是一个宽泛的概念，包含了人类的物质生活、精神生活和社会生活的全部产品与创造。要言之，孝孺文化哲学基本没有涉及物质文化方面，其有关"文明"与否的判断标准也比较片面，只考虑了伦理和政治因素，而忽略了诸如文学艺术、器物文化等人类文明的客观重要组成部分。从另一种意义上说，恰恰因为孝孺唯独看到了道统传承的涨落变迁，才会对华夏民族的文化命运抱有儒家学者特有的剧烈危机感，遂得以迸发出巨大的热情，投身到匡扶世道的儒家志业上去，贯通历史哲学与政治哲学而创发出一套观点独树一帜的政治思想体系。为了更深入地解读孝孺的文化哲学与政治思想，让我们重新将目光聚焦于他的正统论。

第七章　正统论：义理与考据之间

　　方孝孺是元末明初江南儒家学者群体中较晚出生的一位，由于完全成长于入明之后，相比于金华学派诸多曾长久生活在蒙元治下的前辈学者，他天然地就无需背负身属两朝的历史包袱，故其论正统问题也显得大开大阖，无所不言。孝孺完整阐述自身正统思想的论文主要有《释统》三篇与《后正统论》，都写于其青年时代，而参照其往后所作文章中间或表达的有关正统问题的看法可知，他青年时代形成的正统思想终身并无太大观点变化，故可将上述论文基本视为方孝孺正统论的代表作。方孝孺受学于宋濂，当之无愧为朱学嫡传。而据全祖望的说法，他对元末明初江南朱子学的发展居功至伟，可谓力挽金华朱学于"三变"之衰，使之复归洙泗正统。又有黄宗羲对方孝孺"程、朱复出"、"与紫阳真相伯仲"的形象塑造在前，[1] 后人极易简单认为他在学术上仅仅是复述朱熹罢了。[2] 然而，

1　参见《明儒学案》，第 1、1042 页。

2　这样的见解不仅针对方孝孺，甚至波及王阳明之前的整个明初儒学。黄宗羲尝有一著名概括，称："有明学术，从前习熟先儒之成说，未尝反身理会，推见至隐，所谓'此亦一述朱，彼亦一述朱'耳。"（《姚江学案》，《明儒学案》卷十，第 178 页）如果说黄宗羲身为王门后学，尚且有抬升王学地位的思想史建构需要，那么本就学本程朱的薛瑄亦曾自道"自考亭以还，斯道已大明，无烦著作，直须躬行耳"（《儒林一·薛瑄传》，《明史》卷二八二，第 7229 页），似乎更可信地印证了祖述朱子是明初儒家学者的主动选择。于是，学界长期以来普遍接受《明儒学案》对明初儒学的基本定性，而较少关注到该时期儒家学术在循蹈朱学教训之外的独特发展。实际上，元末明初的儒家知识界仍然相当活跃，尤其是接续朱学嫡传北山四先生而下的金华学派持续呈现出多样化的学术路径，方孝孺对朱学正统论的改造即可作为一例证。

仅就正统论而言，我们已经可以清楚看到方孝孺有意识地改良了朱子学，以便适应于时代剧变对儒学提出的新问题，他基于胡翰"三纪"说对朱熹正统论所做的积极修正恰恰体现出金华朱学在这一时期避虚就实、经世致用的显著特征。

关于元末明初江南儒家学者中涌现的正统思想，特别是方孝孺的正统论，学界历来有所关注。饶宗颐《中国史学上之正统论》指出元末明初学人乃朱熹之后热衷探讨正统问题的重要群体，其中又以金华学派诸家拔其萃；钱穆《读明初开国诸臣诗文集》及其续篇着力推崇胡翰与方孝孺所陈正统大义，兼说杨维桢之正统论，以佐述元明鼎革之际群士大夫之心态史；萧公权《中国政治思想史》提出方孝孺是明初新正统论的集大成者，上承《谕中原檄》，下启王夫之，重申并光大了与《春秋》古义一脉相承的民族主义夷夏观；侯外庐《宋明理学史》指斥刘基《春秋明经》夷夏思想相比前代在民族大防问题上的愈趋狭隘；刘浦江《元明革命的民族主义想象》则阐述了明人蒙元史观的嬗变，点出了该过程中方孝孺正统论的承前启后意义。近些年来，国内学者对宋濂、王祎、方孝孺等元末明初理学家的正统论皆有更为细致的梳理，但相关整体统合性研究仍未臻完全。[3] 正统论是方孝孺文化哲学的重要延伸，向上呼应其道德哲学，向下则接续其政治思想，以下将由朱子学正统论在元末明

3　个案研究如尹静《王祎的正统论与〈大事记续编〉》（载于《淮北煤炭师范学院学报（哲社版）》，2002 年第 5 期，第 78—81 页），孙宝山《以"民族性"重构正统论——黄宗羲对方孝孺的正统论的继承与发展》（载于《中国哲学史》，2005 年第 3 期，第 101—108 页）等，另有邱江宁《浙东文人群与明前期文坛走向》（载于《苏州大学学报（哲学社会科学版）》，2017 年第 3 期，第 143—152 页）从文学史角度探讨了"元正统论"对明初江南儒家学者的影响等。

初遇到的现实困难切入，呈现方孝孺正统思想的建构。

一　朱学正统论的旨趣及其在元末明初的困境

近世正统论脱胎于《春秋》学，自欧阳修提取《公羊传》中"君子大居正""王者大一统"二语为"正统"正名始，正统论就被赋予了超越史学的意涵，最终由朱熹确立和完善了其政治伦理学的基本属性。关于何谓正统，朱熹首先做了以下论断：

> 问："'正统'之说，自三代以下，如汉、唐亦未纯乎正统，乃变中之正者；如秦、西晋、隋，则统而不正者；如蜀、东晋，则正而不统者。"曰："何必恁地论！只天下为一，诸侯朝觐狱讼皆归，便是得正统。其有正不正，又是随他做，如何恁地论！有始不得正统，而后方得者，是正统之始；有始得正统，而后不得者，是正统之余。如秦初犹未得正统，及始皇并天下，方始得正统。晋初亦未得正统，自泰康以后，方始得正统。隋初亦未得正统，自灭陈后，方得正统。如本朝至太宗并了太原，方是得正统。又有无统时：如三国、南北、五代，皆天下分裂，不能相君臣，皆不得正统。"[4]

这段与学生陈淳的问答不但阐明了朱学正统论的基本观点，即以"天下为一，诸侯朝觐狱讼皆归"的实现作为正统与否的根本依据，且能反映出朱熹有别于其他史家、《春秋》学者的学术旨趣。很显

---

4 《朱子二·论自注书·通鉴纲目》，《朱子语类》卷一〇五，第 2636—2637 页。

然，朱熹无意于过分细致地评定历史上各路政权的合法性，而只强调正统政权混一天下之功，因为一旦天下分裂，政治秩序、伦理道德也就失去了现实基础，遂成"无统"之世。换言之，朱熹关注的是超越于具体事象之上的"正统"之理，并主张要在理的统领下构建史学体系。与此相应，朱熹尝道："《春秋》大旨，其可见者：诛乱臣，讨贼子，内中国，外夷狄，贵王贱伯而已。未必如先儒所言，字字有义也。"[5] 可知朱熹论正统虽然同样以《春秋》为根据，但他对咬文嚼字的《春秋》学也不甚热衷，而更看重从经典中领会圣人之意，以便更好地行使《春秋》笔法在操作层面的道德褒贬作用。编纂《通鉴纲目》就是朱熹在体悟《春秋》大义基础上的一次重要史学实践，《语类》有言：

> 问《纲目》主意。曰："主在正统。"[6]

可知《通鉴纲目》"不仅仅是一部史学著作，更是一部政治伦理教科书"，[7] 其目的即在于经由促成正统之理在历史叙事中的浮现，建构一套无可辩驳的政治伦理。因此，即便朱熹理解的《春秋》大义比之欧阳修等先儒并无明显出入，他对尊王（君臣之义）的强调却是远超攘夷（华夷之分）的。纵观《通鉴纲目凡例》，对破坏君臣之义者的贬斥力度显著大于其他：一者，朱熹将不符合正统标准的

---

5 《春秋・纲领》，《朱子语类》卷八十三，第 2144 页。
6 《朱子二・论自注书・通鉴纲目》，《朱子语类》卷一○五，第 2637 页。
7 刘浦江：《"五德终始"说之终结——兼论宋代以降传统政治文化的嬗变》，《中国社会科学》2006 年第 2 期，第 179 页。

政权分为篡贼、建国、僭国、无统、不成君等类型，在书史时只对确实颠覆君臣上下之分的篡贼、僭国二种加以明显贬斥，未尝专门提及夷狄之君的问题；再者，他要求在记述非正统政权清算犯上作乱行为时也应对标正统来使用《春秋》笔法，曰"惟治其臣子之叛乱者，书讨。讨而杀之，曰诛"，[8] 强调君臣之义的履行不应受政权性质的限制。以上这两点足以提示出君臣之义在朱熹政治伦理体系中的突出地位，或者可以说，朱学正统论就是以混一天下之功作为入统的基准，以君臣上下之分的有意颠覆作为黜统的依据。

朱熹在史学领域的努力是成功的，《通鉴纲目》极为深刻地影响了晚宋以降的儒家历史观。[9] 然而，任何理论都有其时代局限性，作为明初蒙元史观集中表达的《元史》尤能体现当时深受朱学正统论形塑的儒家学者在论证元明统绪问题时面临的困境。为了在舆论上彰显元运已革而正统归于朱明，《元史》在明太祖授意下，由宋濂、王祎等江南儒家学者为主组成的纂修集体仓促编成于洪武初年，其基本立场无疑是支持元朝正统性的。不过，宋濂等人显然意识到元朝统治者的异族身份会有损其正统性，因此着力构建了一套上溯至成吉思汗的历史叙事，将元世祖消灭南宋之前的蒙元发展历

8　参见《凡例》，《资治通鉴纲目》附录一，《朱子全书》第 11 册，第 3494 页。

9　自《通鉴纲目凡例》问世以来，就不断有学者志在续写紫阳未全之功，据考元、明、清三代重新编纂的《通鉴纲目》体史书有数百种之多。参见《"五德终始"说之终结——兼论宋代以降传统政治文化的嬗变》，第 179 页。饶宗颐《中国史学上之正统论》（北京：中华书局，2015 年版）列有代表性的围绕《通鉴纲目》体例或其中正统观念所作的史书便有十数家。而在去宋不久的元代乃至明初，对《通鉴纲目》的崇拜情绪在儒家知识界更是高涨。曾任宋、辽、金三史总裁官的元儒揭傒斯便道"世之言《纲目》亦无虑数十家"（揭傒斯：《通鉴纲目书法序》，《文集》卷三，《揭傒斯全集》，上海：上海古籍出版社，2012 年版，第 311 页），可见风气之盛。

程描述为既是不断兼并征服包括华夏地区在内的广大国土的统一过程，更是草原游牧民族逐步改变生活方式、吸纳儒家文化与巩固中原礼仪制度的汉化过程，借此确立元朝统治者"华夏"而非"夷狄"的文化身份。[10] 如此一来，事实上实现了混一天下之功的蒙元政权便完全满足朱学正统论下承接中华正统的条件。然而，正是由于《元史》书起成吉思汗，其时南宋未灭，客观上就在正史记录中构造出了两个正统政权并存于中国的局面，故倍受后人诟病。嘉靖年间周复俊便严厉批评《元史》"宋宁宗开禧二年，史臣大书元太祖，与宋宁宗并称"乃是"贱夏尊夷，乱名没实"，[11] 等于直接指斥其违背尊王攘夷的《春秋》大义，更不用说两统并书、混用纪年的做法实际上也违背了朱熹《资治通鉴纲目》立定的史书撰写体例。

《元史》何以要冒此大不韪而力证元朝正统？表面上看当然是为了执行明太祖的意志，但深究其原因，恰恰又可以回溯到朱学正统论。相比充满政治算计的明太祖，《元史》编纂团队基本都是纯粹的文儒，他们曾居于元廷治下，又受朱学正统论倡导的君臣道德熏陶，颇为可能是发自内心地认同元朝正统。如王祎早在元末就撰

10　参宋濂《进元史表》曰："惟元氏之有国，本朝漠以造家，用兵戈以争强，并部落者十世；逐水草而为食，擅雄长于一隅。逮至成吉思之时，聚会斡难河之上，方尊位号，始定教条，既近取于乃蛮，复远攻于回纥，渡黄河以蹙西夏，逾居庸以瞰中原。太宗继之，而金源为墟。世祖承之，而宋箓遂讫。立经陈纪，用夏变夷，肆宏远之规模，成混一之基业。"（宋濂等：《元史》，北京：中华书局，1976 年版，第 4673 页）《元史》从太祖到世祖的本纪实则就是按照上述思路编成的，其最终为元世祖盖棺定论曰"世祖度量弘广，知人善任使，信用儒术，用能以夏变夷，立经陈纪，所以为一代之制者，规模宏远矣"（《世祖十四》，《元史》卷十七，第 377 页），扶正蒙元政权文化地位的意思非常明显。

11　周复俊：《元史弼违》卷上，《丛书集成续编》第 277 册，台北：新文丰出版公司，1989 年版，第 97 页。

文主张南宋绝统，称"元之绍正统，当自至元十三年始也"；[12] 又如洪武四年（1371），宋濂曾向苏平仲表示对完成不久的《元史》颇为得意，语称"五代之后而宋承之，宋之后而元承之"。[13] 这些论调至少说明，由元入明的主流儒家知识分子并不认为元朝统治者的异族血统与其执政合法性之间存在不可调和的矛盾，且未尝因最高政治权力回归汉族统治者而改变原先的正统观念。[14] 与此同时，《元史》本身就贯彻了明君臣上下之分这一朱学正统论赋予史书最核心的价值诉求。清人赵翼发现，《元史》乐于为殉元进士立传（其中包括不少汉人），而且补记了众多夏、金、宋诸朝的殉节之臣，明显意在弘扬君臣之义。[15] 在以朱子学为宗的元末明初，我们没有理由不认为这是《元史》编纂者自身价值观念的表达，由此亦可推定，当时的主流儒家正统论比起严华夷之分，更重视明君臣之义。方孝孺曾道：

> 至于元百年之间，四海之内，起居饮食，声音器用皆化而同之。斯民长子育孙于其土地，习熟已久，以为当尔。昔既为其民

12　参见王祎：《正统论》，《王忠文公文集》卷四，《王祎集》，杭州：浙江古籍出版社，2016 年版，第 104—106 页。

13　《送国子正苏君还金华山中序》，《銮坡前集》卷七，《宋濂全集》，第 628 页。

14　虽然不属于《元史》编纂团队，刘基也在洪武四年写下"元承宋统，子孙相传，仅逾百年，而有刘、许、姚、吴、虞、黄、范、揭之俦，有诗有文，皆可垂后者，由其土宇之最广也"，推崇故元之情溢于言表。见刘基：《苏平仲文集序》，《刘伯温集》卷二，杭州：浙江古籍出版社，2011 年版，第 118 页。

15　参见赵翼：《廿二史劄记校证》卷三十，北京：中华书局，1984 年版，第 663—666、705—706 页。虽然《元史》声称"不作论赞，但据事直书，其文见意，使其善恶自见，准《春秋》及钦奉圣旨示意"（《纂修元史凡例》，《元史》，第 4676 页），但载入史册本身即包含褒扬意味。

矣，而斥之以为夷狄，岂不骇俗而惊世哉？[16]

虽是论习俗，所述时人心态却是一致的。

实际上，近代以来已有学者注意到，将元明鼎革视作充满"变夷为夏"色彩的民族革命的惯有论调颇有其牵强之处。如曾经力褒明祖"扫除胡尘，光复故土"（《国史大纲》）的钱穆晚年研读明初开国诸臣所遗文集，始终对这批文化精英不加掩饰的依恋胡元之情耿耿于怀。[17] 又如日本学者宫崎市定曾指出，明祖在元末军事斗争过程中更趋向于将其他新兴势力而非元军当作对手，知识阶层不受重用是造成元明革命中攘夷思想淡薄的原因之一。[18] 总之，元明之际以儒家学者为主的知识阶层，其血源民族意义上的华夷之分观念恐怕远无后人想象的那样清晰而强势。[19] 受限于篇幅，本书无法逐一考证入明的元儒继续坚持元正统论与他们在前朝接受的儒学教育之间的关系，但该时期正统思想整体深受朱熹《通鉴纲目》影响是无争议的事实，《元史》的例子应足以说明沿用旧有的朱学正统论范式已很难面面俱到地解决元明异代带来的政治合法性认定问题，尤其是难以处理华夷之辨在正统论中的位置问题，接下来便探讨方孝孺是如何对之加以改造的。

---

16 《后正统论》，《逊志斋集》卷二，第 107—108 页。

17 参见《读明初开国诸臣诗文集》，《中国学术思想史论丛（六）》，第 138—139 页。

18 参见［日］宫崎市定：《从洪武到永乐——明朝初期政权的性质》，《宫崎市定亚洲史论考》下册，上海：上海古籍出版社，2017 年版，第 1061—1064 页。

19 相比之下，平民出身的各路反元势力反倒大张旗鼓地提出了各种借华夷之分来否定元朝的口号、理念。参见《新天下之化——明初礼俗改革研究》，第 308—313 页。无论其背后有何目的，这都是对蒙元作为异族统治者的政治合法性的更彻底的质疑。

二　重塑"正统"的价值内涵

方孝孺正统论的问题意识首先起于对朱熹《资治通鉴纲目》所述正统谱系的质疑。他评析道：

> 仁义而王，道德而治者，三代也；智力而取，法术而守者，汉、唐、宋也；强致而暴失之者，秦、隋也；篡弑以得之，无术以守之，而子孙受其祸者，晋也；其取之也同，而身为天下戮者，王莽也。苟以全有天下，号令行乎海内者为正统耶，则此皆其人矣。然则汤武之与秦、隋可得而班乎？汉唐之与王莽可得而并乎？莽之不齿乎正统久矣，以其篡也；而晋亦篡也。后之得天下而异乎晋者寡矣，而犹黜莽，何也？谓其无成而受诛也。使光武不兴，而莽之子孙袭其位……论正统者亦将与之矣。[20]
>
> 朱子之意曰，周、秦、汉、晋、隋、唐皆全有天下矣，固不得不与之以正统。苟如是，则仁者徒仁，暴者徒暴，以正为正，又以非正为正也，而可乎？[21]

《通鉴纲目凡例》开篇即认定，周、秦、汉、晋、隋、唐为正统，其次又讲，"篡位干统，而不及传世"的王莽为篡贼，褒贬之意无需赘言。[22] 而根据孝孺的考察，当时学者往往延续朱子学立定的正统评判标准，对周、秦、汉、晋、隋、唐、宋这几个朝代的正统性

20　《释统上》，《逊志斋集》卷二，第 101 页。
21　《释统中》，《逊志斋集》卷二，第 103 页。
22　参见《凡例》，《资治通鉴纲目》附录一，《朱子全书》第 11 册，第 3476—3477 页。

无甚异议，即便是创立之初有篡夺之嫌的西晋，由于在往后统治过程中毕竟实现并维持住了长达百余年的全国相对统一的政治局面，故也未被排除出中华正统谱系。但方孝孺却对这套主流史观不以为然，他提出，若以王莽为篡，非但两晋入统经不起推敲，将正统谱系中的各个朝代等量齐观更是荒谬，因为这些朝代除了都曾实现过"全有天下，号令行乎海内"，即传统中国核心地区的相对领土完整与政治统一之外，实则在立国之迹、治国之道、亡国之故等方面并没有太多共同点，甚至还存在相当巨大的道义落差。换言之，只要将各个朝代的正统性考诸史实，就能发现朱熹在划分正统与非正统时存在明显的自相矛盾，而这种矛盾根本上来自朱熹对正统价值内涵的独断性诠释。故方孝孺说：

> 正统之说，何为而立耶？……苟欲假此以寓褒贬，正大分，申君臣之义，明仁暴之别，内夏外夷，扶天理而诛人伪，则不宜无辨，而猥加之以是名，使圣智夷乎暴桀，顺人者等乎逆弑也。[23]

他所担忧的是，朱熹构建的正统谱系犹使"孔子、墨翟、庄周、李斯、孟轲、扬雄俱为圣人而传道统"，[24]"正统"的名实不符必然导致这个在最高程度上表征传统时代政权合法性的词汇走向语义的失效，乃至价值的消解，遑论通过明正统来伸张《春秋》大旨，发扬史书旌善抑恶的道德教化作用。

值得一提的是，时人看重《通鉴纲目》，不仅因为它出自朱熹

23　《释统上》，《逊志斋集》卷二，第102页。
24　同上。

之手，更是出于对《通鉴纲目》所提倡的儒家伦理精神的认同，以致每每将其与五经之《春秋》并称。如成化年间，曾校勘《通鉴纲目》的明儒谢铎就评之曰"是书师法《春秋》，实经世之大典，帝王之龟鉴"，[25] 不只是在讲《通鉴纲目》在书写体例上极尽仿效《春秋》，更是强调二者在道德教化功用上的一致性。然而，孝孺深为质疑的恰恰是《通鉴纲目》及其所依据的朱熹正统论不足以发挥史学的价值导向意义，也就更谈不上以此继孔子之志，格君心之非，重整人间秩序，扶正历史方向，因为朱熹正统论实际上并没有将理想政治秩序理应包含的全部内容有效赋值于"正统"这一核心概念。

方孝孺的分析不可谓没有击中朱熹正统论的痛点。在前述引文中，朱熹的学生就曾对他提出过相似的质问，但朱熹态度强硬，拒绝将帝王之理、始终之迹等基于史实的具体因素纳入正统性的考察范围。朱熹虽然说服了自己的学生，却无法说服方孝孺。不满于《通鉴纲目》固守抽象义理划定的正统谱系，方孝孺大胆提出了自己的修正方案，道：

> 天下有正统一，变统三。三代，正统也，如汉、如唐、如宋，虽不敢几乎三代，然其主皆有恤民之心，则亦圣人之徒也，附之以正统，亦孔子与齐桓、仁管仲之意欤？奚谓变统？取之不以正，如晋、宋、齐、梁之君，使全有天下，亦不可为正矣。守之不以仁义，戕虐乎生民，如秦与隋，使传数百年，亦不可为正

---

25 "成化九年八月壬戌"条，《明宪宗实录》卷一一九，《明实录》第24册，第2286页。

矣。夷狄而僭中国，女后而据天位，治如符坚，才如武氏，亦不可继统矣。[26]

可见，新方案的关键就在于设立"变统"，用来称呼那些在身份或行动上未尝"居正"的全有天下者——包括得位不正的篡臣、治国不仁的暴君、逾越文化或伦理界限染指尊位的夷狄和女皇等——以区别于真正的"正统"。于是，惯来的朱子学正统谱系中，除了无争议的三代、秦、晋、隋降为变统，[27] 原属篡贼的女性最高统治者也归为变统，[28] 原属无统之世的晋隋之间诸政权仍黜其统，只有汉、唐、宋因君主恤民得以保留正统地位。那么，在方孝孺的规范体系里，何谓真正的正统也就呼之欲出了。他定义道：

26　《释统上》，《逊志斋集》卷二，第 102—103 页。

27　对于两晋的正统性，方孝孺《释统》一文的看法较为激进。而在稍晚完成的《后正统论》中，他适当修改了自己的前期观点，主张晋与仍属正统，但应将时间节点严格限定在太康元年（265）至元兴三年（404）。参见《后正统论》，《逊志斋集》卷二，第106—107 页。同理，《后正统论》出于对《春秋》尊王攘夷之旨的谨守，也重新将秦、隋二朝列入正统。这时方孝孺的正统标准较之前期更为宽泛，表面上也更趋同于朱熹，仅称："主中国而朝四夷矣，正统必归焉。"见同上，第 106 页。

28　对于女皇的正统性，方孝孺远不如朱熹反得坚决，将其降为变统是因为"恶其乱伦"，而并不否认其治国执政的客观功绩。参见《后正统论》，《逊志斋集》卷二，第108 页。联系方孝孺追究王莽的政治合法性时不以其得位不正就一票否决的做法，或可合理推测他在相当程度上也吸收了欧阳修、司马光的正统论观点。司马光曾论曰："王莽虽篡窃天下，尝尽为之臣者十八年，与秦颇相类，非四夷群盗之比也。则天乃唐之母后，临朝称制，与吕后无殊，但不当革命称周耳。其后子孙相继有天下，不得谓之不终其身。今与王莽同谓之伪，亦似未安也。"（司马光：《答郭纯长官书》，《司马光集》卷六十一，成都：四川大学出版社，2010 年版，第 1279 页）可见，方孝孺与司马光一样，都相当注重从历史实情出发，依据统一的标准，全面具体地评析历朝历代君主的正统性，即欧阳修所说的"推其迹而论之"。参见欧阳修：《梁论》，《居士集》卷十六，《欧阳修全集》，北京：中华书局，2001 年版，第 286 页。

> 所贵乎为君者，岂谓其有天下哉？以其建道德之中，立仁义之极，操政教之原，有以过乎天下也。有以过乎天下，斯可以为正统。[29]

方孝孺提出，全有天下只是成为正统之君的必要条件，此外还必须同时满足"有以过乎天下"的充分条件。所谓"有以过乎天下"，颇类似于欧阳修所说的"正者所以正天下之不正"，[30] 就是要能够成就天下人所不能成就之事，即在全有天下的基础上制礼作乐，构建符合儒家设想的文明标准的政治秩序与普遍社会秩序。相比朱熹正统论所说的"诸侯朝觐狱讼皆归"，方孝孺要求正统之君构建社会政治秩序的目的其实已不再局限于维护一套形式化的政治伦理体系，更旨在令政权合法性与为天养民的政治目的性相统一，通过确立众望所归而得天命、励精图治而行仁政、非为夷狄、非为女性的最高统治者，来确保将礼崩乐坏、民生倒悬的世道重新导向正轨，实现社会生活的高度秩序化。因此，虽然方孝孺很清楚，一旦考诸史实，汉、唐、宋三朝比之"仁义而王，道德而治"的三代，充其量也就是"智力而取，法术而守者"，存在道义上的瑕疵，但他仍主张此三朝的正统性，正是为了充分标举出他在评判正统时最为看重的条件，即君主能否如齐桓公和管仲一般，在实际执政中造福于民。

29　《释统中》，《逊志斋集》卷二，第103—104页。

30　参欧阳修《原正统论》《正统论》等文曰："《传》曰：'君子大居正。'又曰：'王者大一统。'正者，所以正天下之不正也；统者，所以合天下之不一也。"见《居士集》卷十六，《欧阳修全集》，第267、275页。

方孝孺对正统价值内涵的重塑同时也解决了朱熹划定正统谱系名实不符的问题。由于为天养民的政治目的性内在于正统的定义，方孝孺可以断言，正统之名绝不是由一家之言赋予的，而是因君主应天顺人的德行，从万民拥护中自然获致的。在此意义上，正统之名与实本就不可分割，故言："正统之君非吾贵之也，变统之君非吾贱之也。贤者得民心，得民心，民斯尊之矣。民尊之，则天与之矣，安得不贵之乎？非其类，无其德，民必恶之。"[31] 所谓"非其类，无其德"者涵盖了前述的变统，也应指代所有异民族政权、女性最高统治者和未尽到养民教民天职的君主或朝代，他们被排除出正统之列的根本原因乃在于不符合政治的本然要求。这就等于说，得民心者得天命，得天命者得正统，君主之"德"而非"力"才是正统性的根本保障。至此，方孝孺大幅修正了朱熹正统论，尤其是《通鉴纲目》树立的正统衡量标准。他在不改变"天下为一"总要求的基础上，巧妙地通过将"诸侯朝觐狱讼皆归"的政治形式要求悬垂于养民教民的天赋君主职责之下，而将尊王攘夷的政治伦理信条转化为能否造福于民的实体逻辑考量，以期重新界定正统的价值内涵，使之成为足以绳墨国家最高统治者的有力尺度。

三 重构"尊王攘夷"的价值体系

崇奉朱熹的方孝孺何以在正统问题上如此积极地挑战朱学？

---

31 《释统中》,《逊志斋集》卷二，第104页。

另一重要原因也在于他对金华统纪之学的吸收。一方面，在正统的定义问题上，方孝孺主张评判正统性须基于严格全面的史实考定，并对变统"不废其迹而异其辞"，[32] 其历史批判与历史叙述并重的立场显然是对崇尚义理的朱学正统论与吕祖谦、王祎一系重视考据的金华经史之学传统的折衷。另一方面，在基于正统价值内涵构建的政治伦理体系中，方孝孺更是大量吸纳了金华学派的观点，尤其是胡翰的政治哲学。胡翰虽未确切定义何谓正统，但他的《正纪篇》核心思想就是论证君权天授、内中国外夷狄和礼义成俗这天、地、人三纪俱正是"大一统"中国获得长治久安的充要条件，这三个维度的政治法则都被方孝孺沿用到正统论中，用于重构业已面临现实困境的朱子学"尊王攘夷"价值体系。[33]

首先，方孝孺正统论有别于同时代主流正统观念最突出的特征是强调夷夏大防。方孝孺和胡翰一样，坚持以血缘地域差异作为区

---

32 《后正统论》，《逊志斋集》卷二，第 111 页。

33 见胡翰：《正纪》，《胡仲子集》卷一，北京：中华书局，1985 年版，第 2—4 页。其实，用天、地、人三才的理论框架来阐述正统思想的儒家学者不止胡翰，北宋陈师道撰《正统论》即讲："正之说有三，而其用一。三者：天、地、人也。天者，命也。天与贤则贤，天与子则子，非人所能为也，故君子敬焉。地者中国也，天地之所合也，先王之所治也，礼乐刑政之所出也，故君子慕焉。人者，德功也。德者化也，功者事也，故君子尚焉。一者，义也。可进则进，可黜则黜，而统有归矣，吾于《诗》与《春秋》见之也。"（《中国史学上之正统论》，第 127 页）即使未尝明言天、地、人，儒家政治哲学相关议题本就离不开对这三个维度的关涉，正统论亦然。但考虑到金华学派密切的交游关系，以及方孝孺曾请教于胡翰，方孝孺正统论对胡翰之学存在借鉴应当是实情。参《后正统论》跋曰："自予为此文，未尝出以示人。人之闻此言者，咸訾笑予，以为狂，或阴诋诃之。其谓然者，独予师太史公与金华胡公翰而已。"见《逊志斋集》卷二，第 111 页。

分夷夏的首要基准，他写道：

> 彼夷狄者，侄母烝杂，父子相攘，无人伦上下之等也，无衣冠礼文之美也。故先王以禽兽畜之，不与中国之人齿。苟举而加诸中国之民之上，是率天下为禽兽也。[34]

> 苟以夷狄之主而进之于中国，则无厌之虏何以惩畏，安知其不复为中国害乎？如是则生民之祸大矣，斯固仁者之所不忍也。然则当何为？……使夷狄知大义之严，正统之不可以非类得，以消弭其觊觎之心，则亦庶乎圣人之意耳。[35]

儒家自先秦以来就提倡以文化优劣而非种族差异区别夷夏，方孝孺却认为因血缘地域不同而长期形成的文化落差是难以弥合的，不赞同把夏或夷看作脱离代际传承、地理分布、历史影响等物质性条件的抽象概念。[36] 而从现实逻辑上讲，异民族在伦理道德观念和礼俗制度方面相比汉族文明程度较低，若坐视异族统治者颠覆内夏外夷格局，取代汉族主宰中国，无异于主动破坏人伦，自绝于华夏文明。虽然《元史》编纂者极力论证蒙元统治者已变夷为夏，方孝孺始终不相信异族统治者能轻易融入乃至同化于汉文化，进而服务于儒家社会理想，履行正统之君为造福万民而建中立极的道德义务。正是过去百年间元朝统治中国造成道德普遍失范与社会生活混乱的

---

34 《后正统论》，《逊志斋集》卷二，第 109 页。

35 同上，第 108 页。

36 严格地说，方孝孺没有彻底否认用夏变夷的可能性，只是坚称此事极难，如春秋时称"荆舒以南"——即今浙闽、两广一带为蛮夷，要历经两千年之久的礼义熏陶，方才"人伦明而风俗美"，得以被视为华夏。见同上，第 110 页。

事实，³⁷ 使方孝孺相对于未曾亲历过这段汉族文明史上至危时刻的
朱熹更为惨痛地认识到不辨夷夏的危害，也更为坚决地要求恢复华
夷之分在正统论价值体系中的尊崇地位。

其次，方孝孺正统论既然以破坏人伦作为反对异族统治者承接
正统的理由，必也反对其他凭借颠覆人伦的手段得位的统治者，而
将礼义之道的重建当作政权合法性的根本落脚点。他讲：

> 夫中国之为贵者，以有君臣之等，礼义之教，异乎夷狄也。

37　方孝孺极其推崇两宋世风，对元朝以来汉人多效法夷俗、世风日益沦丧的局面有诸多
批判。如《后正统论》曰："在宋之时，见胡服，闻胡语者，犹以为怪。主其帝而虏之，
或羞称其事。至于元百年之间，四海之内，起居饮食，声音器用皆化而同之。"（《逊志斋
集》卷二，第107页）又如《正俗》曰："宋亡，元主中国者八十余年，中国之民，言
语、服食、器用、礼文不化而为夷者鲜矣。其初尚有一二贤者教之，参用宋法而亦颇以
宽大为政，故民亦安之。然而暴戾贪鄙，用其族类以要职，黩货紊法，终以此乱，其
俗大坏，以至于今。……俗之既坏，则日甚而岁滋耳。无以匡持之，岂遂止哉？今北方
之民，父子兄妇同室而寝，污秽亵狎殆无人理。盂饭设匕，咄尔而呼其翁，对坐于地而
食之。为学之者，其顽不知教，其于大伦悖弃若此，此非国家之便也。上下有则，乃所
以导民，故古者士民不非其大夫。今小民得以执郡县之短长，挝鼓而诉之阙下。弟子或
讼其师，子侄或证诸父。礼义不立，曷所不至哉！法令非不明也，有司按四方之罪，非
少怠也，而犯者不为衰止。黠胥巨吏开口肆然，征取于人而不顾。问之则曰：'行且输
作，不取何以为资。'或曰：'身死而妻子何所仰食，姑取之以自给耳。'其设心自以为
明达，见执贫守法者，众且群指而笑之。而其人亦不幸，卒无赦以死，于是益坚贪者之
心。小民转之穷苦，割剥次骨，鬻产赁室以奉其无厌之欲。非特为此也，国之大柄可以
贫富者，惟宝钞为然，无赖之民聚徒勒板而伪之。御史中使国之廉察天下者，安（妄）
诈男子假其衣冠符印，乘传而横行。……顷者富民受挫辱于官府，或褫其衣而踣，或庭
拽而诟骂，其心大耻，掩面而不敢见人。里中吊者填其户，杀羊为酒而祓除之，其人亦
终身以为病，况犯有名之律至于死地哉！今人则俱不顾矣，鞭一百扶而出于外，揭其疮
以示人，笑谈而道之，人亦不以为怪。"（《逊志斋集》卷三，第143—144页）又如《答
俞子严二首》中写道："自宋亡以来，八九十年风俗变坏，延至于今，日以滋加。天下
同然，一律面异于心，心异于口。谄谀以相容，诡诈以相愚，不知古人之道何用于今世
也。又不知古人倘在，视今世为何如也。"（《逊志斋集》卷十一，第445页）

> 无君臣，则入于夷狄，入夷狄则与禽兽几矣。[38]

与朱熹一样，方孝孺也十分重视君臣之义。但他没有把君臣之义绝对化，而是在承认君臣之义对于维系政治稳定的关键作用的基础上，将之看作检验生活世界秩序化程度的核心指标。[39] 因此，方孝孺标举君臣之义，着眼的也不只是君臣或君民之间在狭义"尊王"意味上的伦理关系，而是要进一步扩充为对恢复社会生活普遍秩序的整体性要求。故他又讲：

> 有天下而不可比于正统者三：篡臣也，贼后也，夷狄也。何也？夷狄恶其乱华，篡臣、贼后恶其乱伦也。……人伦亡矣，而可以主天下乎？[40]

方孝孺固然延续了朱学正统论的基本观点，也将维护君臣之义的价值诉求内嵌于正统评判体系，然而他之所以赞同篡臣、女皇、夷狄三者黜统，强调的是三者本身就是人间秩序的破坏者。按方孝孺所说，"阳者，君之道也，夫道也；阴者，臣之道也，妻道也"，[41] 无

---

38 《后正统论》，《逊志斋集》卷二，第 107 页。

39 如孝孺提出，"治民之法"的核心在于教化民众懂得君臣之义，否则民众一旦受生计所迫，就容易跟随不义之徒造反，推翻朝廷，客观上导致统绪的迁移，曰："此治民无法，教民无道，而不知君臣之义使然也。"见《民政》，《逊志斋集》卷三，第 135 页。他还提出，衡量风俗好坏要看天下人是否知礼义，尤其要看是否懂得君臣之义，并以南宋灭亡之际"卒之无一人有背叛之心，至于溺死于海而后已"为例证明宋代风俗较之秦汉殊胜。见《正俗》，《逊志斋集》卷三，第 142 页。

40 《后正统论》，《逊志斋集》卷二，第 108—109 页。

41 同上，第 109 页。

论是男女之别还是君臣之义，礼义之道的全部内容本质上都指向与天道本然状态相符合的人间秩序，严守夷夏大防更是为了捍卫孕育人伦礼义的文明基础。无论君主履职的能力和意愿高低，如果以破坏人伦为代价而取得的皇权也可以受到史家推崇，危及的将是秩序本身的价值。由此也很容易理解为何方孝孺正统论坚持将礼义问题与政权合法性挂钩，自称"于圣人之意，《春秋》之分，至得也"[42] 了。

结合以上两点可知，在"尊王攘夷"的政治伦理体系中，华夷之分是君臣之义的逻辑前提，二者的现实接点就是正统之君，所以方孝孺正统论最终将实现儒家社会理想的应然根据寄托在君权天授上，主张只有践行政治本然要求的汉族最高统治者才配享正统。他总结道：

> 有累世之积，而又有圣人之德者必王，王必久而后亡，成周是也。虽无积于其先，而有圣人之心者，亦必王，其亡也必与积久者异，汉、唐是也。二者俱不足以王，而得位者，侥幸乎天命者也，暂假之而已矣，秦、隋、五代是也。故天之立君也，非以私一人而富贵之，将使其涵育斯民，俾各得其所也。[43]

在方孝孺观察到的历史规律中，正统资格的取得非是由于祖上积德

---

42 《后正统论》，《逊志斋集》卷二，第110页。其实，在更早写作的《释统》三篇中，变统包括所有"非其类、无其德"的全有天下者，也就是不具正统之实而徒欲其名的暴君、篡臣、女后和夷狄四者。而在《后正统论》中，方孝孺修正了早年划定的正统谱系，重新承认秦、晋、隋三朝的正统地位，也不再坚决反对将秦始皇、隋炀帝等传统儒家认为的"暴君"纳入正统，但仍旧坚持"夷狄之不可长也"、"贼后之不可主也"、"篡臣之不可训也"，而称这种正统性评判是"圣人之意，《春秋》之分"的极致体现。

43 《深虑论七》，《逊志斋集》卷二，第119—120页。

或纯粹侥幸，天命的下授与转移始终都是偶然性与必然性的统一，其中必然性就体现在君主能否履行为天养民之责直接决定了天命择属及其久促。[44] 暂得天命者如果对待民众不能"明君臣、父子、夫妇、长幼之伦以教之，为衣服、等杀、交际、吉凶之礼以文之，拨洪水、猛兽、蛇虫、夷狄之害以安之"，[45] 便会失民心而失天下；反之，只要勠力修德以回应天下人对政治的共同要求，即便是偶然得位，也可以转化为承接正统的必然身份。由此，方孝孺提出，儒家知识分子即使无力正面反抗"女主而乘君位、夷狄而践中国、篡弑而不亡、暴虐而继世"[46] 的统治者，也有责任"言抑变统"，即将夷夏有别、天道有常的正统观念落实在史书撰写的《春秋》笔法上，借以形成对君主的文化威慑与道德约束，尽可能纠正由统绪不正导

---

44 关于这一点，孝孺还补充分析道："欲知天命之永与促，视乎创业之主，可见矣。创业之主仁不仁，天命民心之所去就也。创业者不患法制之不修，刑罚之不严，而患乎教化不行，风俗不美。诚能施教化，美风俗，其后世虽有冥愚暴悍之主，天犹容而不遽绝之。周自文武以降，更足以亡国者数君而不亡，岂天私之而然哉？思创业者之德，而不忍也。夫既无先人之积可恃以不亡，又不及己之身修德以庇其后，而曰天命在我，何往而不为秦、隋、五代之归哉！"（《深虑论七》，《逊志斋集》卷二，第 120 页）此处所讲的天思创业者之德而不忍葬送周朝天命，应当属于拟人修辞手法，非是把"天"视作某种人格神。因为在《深虑论四》中，方孝孺已经详细分析过周朝自成、康、昭、穆以下鲜有明君可继文武之志，却享国祚七百余年的原因在于，武王创业时所奠定的治国之法足够好，能使天下人各得其所，社会长期保持较高水准的道德风尚，近乎无为而治，所以后代守业者即使再德无能，也不至于迅速耗尽之天命。相对的，秦、隋、汉、唐自始便无善法，此四朝的开国之君没有尽到创业者立善法以养民的职责，其后若不得贤主，便愈加"自速其危亡"，可想而知必不如之天命久长。参见《逊志斋集》卷二，第 115—116 页。两说互相呼应，则可推知，天授君权的获得与保持归根结底靠的都是最高统治者的仁德，亦即最高统治者在多大程度上回应了在人间普遍实现天道秩序性的公共政治要求。

45 《后正统论》，《逊志斋集》卷二，第 108 页。

46 《释统下》，《逊志斋集》卷二，第 106 页。

致的世道沦丧。[47] 应该说，方孝孺以史学戒弊政的对策不可不谓迂阔，但他重新阐释了君权天授原理的时代价值，通过确证正统之君的天赋职责，承托起《春秋》大义的现实批判意义，既为他格君心之非以利天下之民的史学实践路径提供了理论支撑，客观上也构成了对入元以来延续朱学正统论旧框架而容忍"非其类、无其德"者入统的一般观点的有力反驳。

四　小结

近世正统论由欧阳修发其端、朱熹集其成，朱熹的正统思想及其《资治通鉴纲目》影响深远，全方位形塑了南宋以降儒家正统论的政治伦理学框架。然而，由于朱学正统论过分偏重于构筑抽象义理，由元入明后的儒家知识分子在处理元明统绪问题时大都无法跳脱曾为元儒的身份认同，以致难以兼顾《春秋》大义中"尊王"与"攘夷"两种重要价值在史学实践中的妥善安顿。方孝孺作为金华学派入明后的晚辈，天然无需背负食两朝之禄的思想包袱，又受到注重考辨源流、经世致用的婺学传统熏陶，其正统论得以突破《通鉴纲目》问世以来儒家学者关于正统谱系的固化认知，而敢于揭破华夷之辨及其背后更深刻的社会政治失序问题并形成了有力的观点。

方孝孺对朱学正统论的改造是比较彻底的。他先是在正统评判

47　参《释统下》曰："侥幸而得天下者，虽其势力之强，无所为而不成，然其心私计而深念，未尝不畏后世之公议。今将立天下之大法，以为万世劝戒。"又曰："立变统所以扶人极，能言抑变统者，君子之所取也。"（《逊志斋集》卷二，第102、106页）

标准中引入被朱熹搁置的实体逻辑维度，重新界定了"正统"概念的价值内涵，使得君主养民教民的天赋职责转变为混一天下之功和取得政权合法性之间的张力，支撑起他对"尊王攘夷"政治伦理体系的再构筑。而后，方孝孺将华夷之分和君臣之义勾连在君权天授原理的两端，促成了民本主义政治目的论与正统价值体系的统一，由此不但为史学惩善抑恶作用的切实发挥创造了空间，而且为约束至高皇权提供了现实尺度。其实，方孝孺正统论与朱熹的根本差异在于他们如何理解正统论应该肩负的理论任务，故而二者虽然都声称贯彻了"辨君臣之等，严华夷之分"[48]的《春秋》大旨，却构建出两套指向性截然不同的政治伦理规范体系。简而言之，朱熹正统论显然将君臣之义放在首位，突出强调的也是臣子对于君主负有的道德义务，因此确切地说，《通鉴纲目》实际上应当被看作是写给士人阶层的伦理教科书，其历史叙事全然围绕正统展开，正统以外的一切都是正统的注解。[49]方孝孺正统论则正好相反，其政治伦理的首要规范对象不是士人阶层，而是直指掌握最高政治权力的君主，故

---

48 《后正统论》，《逊志斋集》卷二，第 106 页。朱熹也讲："《春秋》则是尊王贱伯，内中国而外夷狄，明君臣上下之分。"(《易三·纲领下·读易之法》，《朱子语类》卷六十七，第 1659 页）

49 朱熹正统论将倡导君臣之义作为优先事项可以在朱熹著述中找到多处印证。《通鉴纲目凡例》自不待言，除了前文所举条目，《凡例》所规定的其他史书标准体例也屡屡凸显对违背君臣之义的臣子的道德惩罚，而对正统皇权的拥有者则几乎没有施加任何道义上的要求。此外，比如他曾向学生吐露自己对《资治通鉴》正统观念的不满，道："又有无统时：如三国、南北、五代，皆天下分裂，不能相君臣，皆不得正统。……温公只要编年号相续，此等处，须把一个书'帝'、书'崩'，而余书'主'、书'殂'。既不是他臣子，又不是他史官，只如旁人立看一般，何故作此尊奉之态？"(《朱子二·论自注书·通鉴纲目》，《朱子语类》卷一○五，第 2636 页）可见朱熹不仅反对司马光对曹魏等政权正统性的认定本身，更不满他书史时不识君臣之分的态度。

处在其历史叙事核心位置的是君主是否根据天道秩序性的要求在人间从事政治实践，摆在其规范与评价体系首要位置的也是君主对天下负有的道德义务。或者说，方孝孺其实是把天下生民与君主的关系看作另一种意义上的君臣关系，遂能要求人间君主必须尽到身为上天之臣的职责，即养民教民。[50] 于是，在他设想的正统价值体系中，狭义的明君臣之义相比严华夷之分就成了相对次要的问题，因为君臣之义本就包含在正统之君应当促成的社会政治秩序之内，而严守夷夏大防才是保证能有正统之君履行其天赋职责的先决条件。

总的来说，由于明初礼俗胡化与绝对君权相互叠加的特殊时代背景，方孝孺必须对南宋以来占据主流的朱学正统论加以改造，使之能够回应最迫切需要解决的时代问题，结果就是其正统论将社会生活高度秩序化的普遍实现全然寄托到了最高统治者的德行之上。儒家政治哲学与历史哲学的主要任务本在于探寻国家兴衰的根本规律与理想社会的构筑规律，作为儒家史学一部分的正统论也不例外。就如同胡翰相信正纪必然带来大治，方孝孺也相信政治伦理要求的高度实现与国家长治久安的对应关系就是已经过历史经验印证的亘古不变之"理"，既然朝代更迭、国祚长短自有其遵循的客观规律，那么即使是国家最高统治者也应当顺应天道，自觉把握自身在天道秩序中所处的位置与使命，无私地服务于华夏民族自古追求的共同理想。方孝孺正统论之所以敢将君主也纳入政治伦理的

50　方孝孺《君职》一文明确写道："能均天下之谓君，臣覆兆民之谓君，立政教，作礼乐，使善恶各得其所之谓君。……受命于天者，君也。受命于君者，臣也。臣不供其职，则君以为不臣。君不修其职，天则谓之何？……天之于君，虽不若君臣相接之明且著，然未尝不明且著也。"（《逊志斋集》卷三，第129页）

管辖范畴，其至作为首要规范对象，依据概在于此。他对明初朱子学发展做出的最大贡献恐怕也不只在于提出了一种折衷史实与义理、调和史学家与理学家立场的正统论新方案，更在于通过严格定义正统之君的价值内涵，将政治伦理的重心从要求臣子转向要求君主，推动了政治实践中责权对等原则的确立。传统时代先有君主才有国家，在过去的正统论中，君主俨然是秩序的缔造者，凌驾于政治法则之上，但在方孝孺这里，君主本人也是秩序的一部分，不能免于政治规律的客观制约与历史天平的价值称量。而儒家的社会理想本就建立在人人各得其所、各司其职的普遍秩序之上，对于秩序性的追求是儒家学术不可动摇的底层逻辑。这种秩序不是空洞的，其现实性就体现在一定的人伦位置必然与一定的道德义务相绑定，每一个社会成员对各自道德义务的忠实履行可以决定国家民族的命运。[51]同时，这种秩序也不是纯粹天然的，其后天性就体现在社会成员对伦理道德的自觉遵循、对礼义节文的日用不知必然是人为教化的结果，而教化的第一责任人便是天命的承接者，在传统社会的现实情况下也就是统领华夏的最高统治者。当我们清楚这两点后，就不难理解为何方孝孺的正统论不但不可能放弃重建礼义之道的核心政治诉求，甚至为了贯彻自身的政治理念与道德信念，宁愿以包括自身在内的数百条生命为代价，也要站到现实当权者的对立

---

51 这一点在君主身上显而易见，君主若不履行君职，不重视治民，政权就会被无恒产的暴戾之民推翻，历朝历代多有例证。而这恰恰说明了确保每一个国民都能履行各自社会角色所持伦理责任对于实现国家长治久安的重要性，换言之，一介小民同样可以影响国运。因此，孝孺认为，君主必须未雨绸缪，使民生活富足而知君臣之义，宏观上就表现为维护一套稳定而无所不包的等级秩序。参见《正俗》《深虑论四》《深虑论七》等文。

面；[52] 也不难明白他之所以在夷夏观上采取反常的保守态度，是其在认识到异民族未尝达到也不可能达到汉族文明高度之后的理性选择，因为任何试图突破既定华夷秩序的举动都可能会给传统中国社会延续千年的等级秩序与礼制传承带来毁灭性打击，打乱汉族与周边异民族长期相对稳定的空间政治格局就意味着汉文化向更低层级文明形态的妥协，乃至失坠，意味着对于政治原初目的性的背离。

　　最后需要指出的是，正统论脱胎于《春秋》学，原本是一种历史观，由欧阳修、朱熹将其转化为政治伦理学后，直到方孝孺这里才发生了决定性的变化。应当说，在此之前的近世正统论，或者倾向于将正统问题限定为一种描述性史学，或者致力于为正统性构建一套贯通古今的绝对标准，而几乎未尝有理学家明确提出，正统之名得以成立并经受住历史考验的现实基础本质上在于民意。[53] 谁来评判正统？不是帝王将相，而是天下苍生。方孝孺认为史家应该为民代言，而非作君主的附丽。《春秋》学者一贯追求的"至公大义"绝不该沦为虚无缥缈的理念，而应当就是天下生民的共同价值追求。要实现天下人的共同价值追求，归根结底仍要靠现实政治实践。因此，方孝孺文化哲学通过细密的正统论确立其价值目标后，必然转进政治思想理论的构建。

---

52 《明史》载明成祖欲降方孝孺事曰："成祖降榻，劳曰：'先生毋自苦，予欲法周公辅成王耳。'孝孺曰：'成王安在？'成祖曰：'彼自焚死。'孝孺曰：'何不立成王之子？'成祖曰：'国赖长君。'孝孺曰：'何不立成王之弟？'成祖曰：'此朕家事。'顾左右授笔札，曰：'诏天下，非先生草不可。'孝孺投笔于地，且哭且骂曰：'死即死耳，诏不可草。'成祖怒，命磔诸市。孝孺慨然就死，时年四十有六。"（《方孝孺传》，《明史》卷一四一，第 4020 页）孝孺拒绝妥协的内在原因显然与他的正统观念有关，明成祖的做法在他看来无疑属于篡夺，故可称"他的就死，体现了理学原则与忠节的统一"（《宋明理学史》(下册)，第 49 页）。

53 近世正统论的发展梗概以及元末明初代表性的正统思想，可参看本书附录二。

第八章　民本仁政的政治思想

　　政治是儒家外王之学的核心关切。孔子有言"政者，正也"（《论语·颜渊》），儒家讲的政治就是对治理国家和人民的诸种方式手段的统称，自始即蕴含着引导国家和人民行于正道的价值旨归。正道即天理，儒家探讨政治自然也是建立在天人关系论的基础上，其终极目标是以人类群体为对象、在更普遍的现实社会生活领域实现天道明示于人道的应然性要求。因此，随着儒学实践领域由内圣向外王拓展，儒家学者及其对应的士人阶层在身为道德主体的同时，也成为了政治主体。伦理道德与政治本是相互联系、相互统一的：如果说伦理学研究人类福利的必要条件，那么政治学研究的就是如何引领社会中的人们取得福利，二者分别指向合理的目的与达成这些目的的途径与手段。因此，方孝孺的政治思想也打上了其伦理道德思想的深刻烙印，很大程度上也不能免于由道德理想主义的人生信念向政治乌托邦式的治世想象的转化。然而，孝孺的政治思想依然值得深入研究与探讨。虽然他在民本主义、礼治主义等基本理念方面看似都只是继承了儒家政治哲学的一贯主张，但其考察君职、法治、宗仪等问题却显示出足以彪炳时代的见识和胆魄，提示出其政治思想的复杂性与更深层次的理论目的。长久以来，学界对于方孝孺的政治思想业已有相当丰富的研究成果，本书绪论已作整理，此处便不赘述。

需要特别注意的是，孝孺本人生涯的大部分时间并未在朝，直到洪武朝谢幕、建文帝上台后才短暂为官四年，时为建文新政制定与推行的主要负责人之一。也就是说，孝孺几乎全部的政治思想都是以在野士人的身份付诸文章的，"不在其位而谋其政"，恰好反映出他强烈的政治主体意识和社会责任感。如其云"匹夫而忧天下，无位而论世事，时俗以为狂，而君子之所取也"，儒者若知天命，就应该时刻明确"大而天地，小而人物，而与我同类者，或弗遂其性，皆吾之任"的道理，不论是否拥有足以实际参与国家治理工作的官位，俱当思如何兼济天下，而不仅仅止步于独善其身。[1] 虽然孝孺实现其政治理想的努力最终被摧毁殆尽，但他无疑是历史上为数不多能与君主心意相通、真正获得了得君行道机会的士人之一。孝孺所受到的优待暂时颠覆了洪武朝无比紧张的君臣关系，使得他在建文朝政治破冰刚刚起步的大背景下必然会被士人群体刮目相看，也使得他的政治失败成为明代士人整体命运的转折点，很大程度上导引了儒家政治学重心由得君行道向化民成俗的转移。以下将按照君主论、治道论和民间自治论三部分来展开阐述方孝孺的政治思想。

一 论君主：民本仁政的实施主体

传统时代自秦朝以下皆施行中央集权的君主制，整个政治体

---

[1] 参见《后乐斋记》，《逊志斋集》卷十七，第 667 页。

制的核心角色无疑是君主。君主拥有一个国家无上的权力，是管理国家、社会和人民的最高负责人。到了明代，太祖朱元璋布衣得天下，也把中国古代君主的独裁统治推至巅峰。从孝孺个人的政治思想演变过程中也可以见得明太祖治下政治环境的急剧变动给思想界带来的冲击：他在洪武朝前期写作的《深虑论》和《释统》等政治论文关心的仍然是一般意义上的政治合理性问题和政权合法性问题；但经过胡惟庸案后，明代君臣政治矛盾迅速激化，反映到孝孺的思想变化上，便是他闲居家乡的若干年间写作的《君职》《君学》《君量》等一批文章，陡然脱离了泛泛而谈的做法，转而将前期相对空疏的政治要求落实为对君主这一特殊政治角色的格外关切与具体要求，由此形成了他独具特色的君主论。要言之，方孝孺的君主论始于对政治起源和君主制成因的考察，经于对传统民本主义的再论证和再巩固，成于对君主职分的重新明确，以及对君臣共治的传统儒家政治理念的重新认定。

（一）"为民立君"的政体起源论

在考察君主制政体的成因之前，孝孺率先考察了政治的起源。他设想道：

> 天之生人，岂不欲使之各得其所哉！然而势有所不能，故托诸人以任之，俾有余补不足。智愚之相悬，贫富之相殊，此出于气运之相激而成者。天非欲其如此不齐也，而卒不能免焉。是气行乎天地之间，而万物资之以生，犹江河之流浑涵潏沦，其所冲激不同，而所著之状亦异。……天非不欲人人皆智且富也，而不

> 能者，势不可也。势之所在，天不能为，而人可以为之。故立君
> 师以治，使得于天厚者，不自专其用，薄者亦有所仰以容其身。
> 然后天地之意得，圣人之用行，而政教之说起。[2]

认为政治的诞生乃缘于天人关系在自然和伦理两种向度之间表达出的张力。具言之，从自然之天的向度上说，天地生人不过是精粗纯杂不同的气基于一定的客观规律和现实条件互相糅合而成人形，不受任何超越性存在的意识的干涉，则必然会具显为千奇百怪的实存样态，使人与人之间在天赋、出身等先天条件上总是存在或大或小的差异，也就意味着人的自然状态永远是不平等的。可是，如果从伦理之天的向度上说，任何人都毫无差别地分有了人之为人的那个本质之"理"，在作为道德主体的意义上彼此又是绝对平等的。那么，社会中的每个成员就应该无一例外地获得本性的伸张与积极发展。只有在个体以及由个体聚成的共同体层面都实现"善"，才符合天道的价值诉求，否则便不足以企及"天地位焉，万物育焉"（《礼记·中庸》）的天人大和谐之境。如此一来，孝孺清楚地揭示出人的自然状态和应然状态之间存在的巨大裂痕，并指出唯有古先圣王出而参赞天地化育才能填补之，而这种发扬人道补益天道的努力置于国家和社会的情境下便成了政治。可以说，孝孺的这番政治起源说发明了前人未尽之意，颇为形象地呈现了"人能弘道，非道弘人"（《论语·卫灵公》）的儒家实践哲学。

既有政治，则不可不谈执行政治之人。孝孺继而阐发了自己的

---

2 《宗仪九首·体仁》，《逊志斋集》卷一，第98—99页。

君主制起源论，道：

> 生民之初，固未尝有君也。众聚而欲滋，情炽而争起，不能自决，于是乎有才智者出而君长之。世变愈下，而事愈繁，以为天下之广，非一人所能独治也。于是置为爵秩，使之执贵贱之柄；制为赏罚，使之操荣辱修短之权。[3]

孝孺以为，人类社会在产生政治之前群龙无首，社会成员的行为方式天然地倾向于恣纵、暴力和不道德，因此人类社会的自然状态也是混乱无秩序的。为了改变这种状况，才德较优越者被赋予了共同体内较大的权力和较高的地位，从而得以维护共同体的秩序，领导共同体成员谋求安全和福利，脱离自然状态，进入一种文明状态的社会。这样的政治共同体起先规模不大，仰赖君主这一最高权力者个人就能够治理。随着国家和社会的发展，共同体规模扩大，内部事务趋于庞杂，超出了君主独自执政的能力，便需要君主建立更强大的政治体制：一方面分散权力，定尊卑而实现社会成员的多级管理；另一方面制定规范，行法治而促进社会成员的自制自律。起初相对简单的政治分工体系逐步发展，最终形成了后代部门繁多、分工精细、多级配置、君主至上的国家行政体系。根据这样的君主制起源论，孝孺眼中君主的本质就不再是无条件拥有国家最高权力的至上之人，而是"能均天下之谓君，臣覆兆民之谓君，立政教，作礼乐，使善恶各得其所之谓君"，[4] 在于具备为君之德。明确君主的

---

3 《君职》，《逊志斋集》卷三，第128—129页。

4 同上，第128页。

本质与职责，正是孝孺提出上述政体起源假说的动机。

　　其实，"为民立君"的思想在儒家政治学说中并不新鲜。[5] 因为这种君主制的制度安排在千百年来以农业生产方式为基础的中国有其必然性，儒家惯有的"为民立君"理念很大程度上正是对既有制度框架的肯定性回应。而孝孺的政体起源假说之所以比较新颖，是因为他特别指出了政治的意义恰恰在于补偿性正义，即达到后天分配的相对公平。由于这一创造性见解，不乏学者将孝孺的政治假说与西方契约论加以比较研究，沈刚伯甚至提出孝孺所主张的就相当于西方近代的君主立宪制。[6] 诚然，西方契约论构想的政治起源也可大致表达为人类为了脱离原本无序的自然状态，共同约定将各自一定的权利让渡或委托给一个最高统治权力，从而换取安全和福利之保障的过程；据此，政府应成为国民的仆从，有义务在预定的限度内为国民服务。不过必须辨明的是，即便看似形式相似，西方政治学与儒家政治学形成的历史经纬不同，依据的客观条件不同，二者之间在世界观、实践路径和推崇的精神理念上仍然存在根本区别。西方契约论的核心关切是"权利"，暗示着政治是一种通过法律体系有意识地在自由与平等二者间进行权衡的调配机制；而孝孺政体起源假说的核心关切是"职分"，强调由天理来保证政治和执

5　譬如，《尚书》即讲"天佑下民，作之君，作之师，惟其克相上帝，宠绥四方"（《尚书·泰誓》），荀子有语"天之生民，非为君也；天之立君，以为民也"（《荀子·大略》），董仲舒也复述道"天之生民，非为王也；而天立王，以为民也"（《春秋繁露·尧舜不擅移汤武不专杀》）；近世则有程颐传《春秋》曰"为民立君，所以养之也"（《春秋传》，《河南程氏经说》卷四，《二程集》，第 1095 页），宋濂亦明确表示过赞同"有民斯有国，有国斯有君，民者君之天也。君之则君，舍之则独夫耳"（《燕书》，《潜溪后集》卷二，《宋濂全集》，第 298 页）的君权民授思想，称"君为民立，立亦重矣"（同上）。
6　参见沈刚伯《方孝孺的政治学说》一文。

政者都达到目的与手段的高度统一，亦即物各付物、天下大同，仅仅将其看作某种东方式的君主立宪制显然是片面的。

（二）"为天养民"的君主职分论

儒家伦理学中最基本的美德就是尽职尽责，故而涉及治国治民问题时，历代儒者尤为关注"德"、"位"之辨，对其有过广泛深入的探讨。孝孺同样十分强调德与位的相称，谓"处天下之大位者，必基之以天下盛德而后可。德不足而位有余，天道之所不与也"、[7] "士不以得位而后贵也，居位而不能行道，只所以累乎位"。[8] 上至天子，下至普通读书人，他都一视同仁，要求他们必须无条件地履行职责、在位行道。因此，孝孺当然不会忽视君职问题。事实上，他着手考察政治起源和君主制成因原非无的放矢，而有其鲜明的理论目的：考定君主的职分。

孝孺认为，君职就在于养民一事而已。他写道：

> 人君之职，为天养民者。[9]
> 天之意，以为位乎民上者当养斯民，德高众人者当辅众人之不至，固其职宜然耳，奚可以为功哉？[10]

毫不含糊指出养民是君主不容置疑的天然义务和本质要求，即君

---

7 《御赐训辞记》，《逊志斋集》卷十七，第 656 页。
8 《题砬砼子墓碣后》，《逊志斋集》卷十八，第 699 页。
9 《甄琛》，《逊志斋集》卷五，第 221 页。
10 《君职》，《逊志斋集》卷三，第 128—129 页。

主负有的天命。由于人民的原初状态理论上被设定为未经文明开化的自然状态，"无以养生则死，无以致用则劳，无能正于其德则愚"，[11] 就决定了君主的养民之职应含有两方面内容：一者养其生，二者养其性。对此，孝孺进一步解释道：

> 然一人至寡也，天下至众也，人君果何以养之哉？惟用天之所产以养天民而已。五材百物不能自察其可用而用之，故人君者导之以取之之方，资之以用之之要，使生乎天地之间者，不至于无用，用天下之物者，不至于无节，此君人者之职也。[12]
>
> 善为治者，常养斯民之质于冥冥之中，使之全其性，而不凿其天。[13]
>
> 道以淑斯民，政以养斯民。民非养不能群居以生，非教不能别于众物。故圣人者出，作为礼乐教化刑罚以治之，修其五伦六纪、天衷人极以正之，而一寓之于文。[14]

将君职具体分为经济职能和政教职能两大类。详细说来，君主及其领导的政府一方面要推进经济建设，即指挥人民符合自然规律地从事生产劳动（主要是农业生产），优化国内资源配置以利于经济发展与民生改善；另一方面则要推进精神文明建设和制度建设，给予人民充分的道德发展机会，引导人民自觉遵守公序良俗，提高人民的总体修养水平，缓解甚至消除民众之间的矛盾，最终构建出一个

---

11 《周官》，《逊志斋集》卷四，第 149 页。
12 《甄琛》，《逊志斋集》卷五，第 221 页。
13 《宁野轩铭》，《逊志斋集》卷七，第 286 页。
14 《答王秀才》，《逊志斋集》卷十一，第 437 页。

公平正义、秩序井然且幸福感较强的和谐社会。这样一来，养民和治功之间、人民与君主之间也同时形成了目的和手段的统一。由此可见，孝孺的君职观完全是民本主义的，其贯彻儒家政治学"民惟邦本，本固邦宁"（《尚书·五子之歌》）的传统理念，而道"天之立君，所以为民，非使其民奉乎君也"，[15] 提出了君主职分就是为天养民的鲜明主张。

孝孺既然伸张了民本主义的君职观，自然而然就导向了有关君主地位的问题。孝孺不认为君主表面上具备的富贵名位是先天具有、不可剥夺的，而认为那只是君主身为养民者所获得的一种"配享"，其根本来源在于"民之情"，而非"天之意"。[16] 如果君主不称职，"求于民者，致其详，而尽于己者，卒怠而不修"，[17] 就一定会招致人民的厌恶，失去民心，遂失其位。孝孺讲：

> 夫天之立君者何也？亦以不能自安其生而明其性，故使君治之也。民之奉乎君者何也？亦以不能自治与自明，而有资乎君也。如使立君而无益于民，则于君也何取哉？……受命于天者，君也。受命于君者，臣也。臣不供其职，则君以为不臣。君不修其职，天其谓之何？……天与人其形虽殊，其好恶去就，不甚相远也。[18]

犀利地指出如果君主不能尽到养民的职责，就理应遭到人民的抛

15　《君职》，《逊志斋集》卷三，第 129 页。

16　参见同上。

17　同上。

18　同上。

弃，同时也会失去其天命。换言之，君主并不能凌驾于天道秩序的本然要求之上，不合理地享有远超配享的人间福利。君主坐拥的尊崇地位不过是一种"各司其职"的人间安排，同样要受到"德位相当"原则的约束。君民的贵贱之分并非天之道，而只是人之施设。孝孺的这种君职观显然有得于孟子，[19]然比孟子表达得更为决绝。同时，他也通过阐述君主职分而将天命与民心统一在了一起，重申了上古以来儒家政治哲学"天视自我民视，天听自我民听"（《尚书·泰誓》）的天民合一思想。至此，孝孺从君主起源、君主职分两点上力证了君主并非超越天理的存在，揭示了如果从"天之生斯人"的角度出发，君主、士人和一般民众三者在人格上应当拥有绝对对等的地位，从而为其为君之学夯实了理论前提。

（三）正心修身、选贤用人的为君之学

孝孺的政治哲学已经揭示，君主高贵的身份地位来自人道施设，不具有天道的先验保障。因此，面对现实呈现的文化危机，他完全有理由质疑君主是否具备足够"涵育斯民，俾各得其所"[20]的政治能力。君主政治能力的高低之于国家社会治理的成效好坏有决定性作用，为周全自家理论，孝孺必须进一步展开论述如何缔造明君的问题，亦即为君之学。

孝孺的君学论重在君主德性的培养。他认为，天下事千变万化，人类的智术与之相比总是有局限的。所以，君主在面对不确定

19　参见《孟子·梁惠王下》"王之臣有托其妻子于其友"节，暗示了君主不称职也应当与臣子同罪。
20　《深虑论七》，《逊志斋集》卷二，第 119 页。

性极强的国家事务时，唯有以不变应万变，旨在养成那种无论何种情况下都能够把握中正之道的德性。为此，孝孺强调君主不可不为学，谓：

> 人君之学，莫大于治心、立政。而治心之术有五：持敬以弭安肆之萌，寡欲以遏侈纵之渐，养慈爱之端以充其仁，伐骄泰之气以固其守，择贤士自辅以闲其邪。五者立，然后可以为政。而为政之方有八：明而不至乎苛，宽而不流于纵，严而不迫于刻，仁而不溺于无断，智而不入于诈妄，纳谏而能委任，无逸而能不变。此为政之本也，而未及乎政。然能是八者，则政可以举而措之矣。[21]

他将君主的修身工夫划分为前后两端，即先树立己身之道德主体性，使内心与道相接而至于中正和平，然后发明到政治上，方能始终保持不偏不倚的执政态度，其核心在于确保执政者事先具备处理各种政事的基本素养。很显然，孝孺的为君之学就是其修身思想在君主这一特殊政治角色上的具体应用。如前文所交代的，孝孺工夫论的关键在养心。对于士人来说，只有勠力为学才有望达到人格完满，发诸实践方能有益于世道；同样的对于君主来说，不以治心、正心为本，就难以"积至诚，用大德"，[22] 更不可能处理好国家事务，保证政治的良态运行。正是在这个意义上，孝孺断言"为国之

---

21 《君学下》，《逊志斋集》卷三，第 126 页。文中记"为政之方有八"，邑本、郡本皆同，然正文仅列七条，原因不明。

22 《深虑论一》，《逊志斋集》卷二，第 112 页。

本，莫尚乎修身"，[23] 把政治的好坏全部归结于君主的道德良莠，禀承了儒家政治哲学一贯的道德理想主义的观点立场。

当然，由于职分和社会角色的差异，孝孺的君学论依然与其为士之学有所区别，而君学有别于士人为学的关键点就在于突出了选贤用人的必要性和重要性。孝孺尝道：

> 国之本，臣是也。[24]

指出国家政治虽以君主为核心，但其本底在官员。反过来说，选贤用人乃是君学不可或缺的重要组成部分。君主"躬政可也，自用而不用人不可也"[25] 的根本原因在于君主身为个体的人，终究无法超脱知与行的有限性。故而选贤用人对于君主的意义也表现在此二方面：其一，君主知有限，则资贤士以助己尽知四海之事，更要借之格君心之非；其二，君主行有限，则须任用官员辅助政治的施行，以便使王道覆盖整个国家。为此，孝孺对君主提出了"明以择人，诚以用贤"[26] 的要求，主张择人须"取其意之以为贤者"，[27] 用人须"因其所长用之，而不夺其所好"，[28] 并待之以诚，避免"取之过杂，持之过急，待之过贱，而黜陟不明"。[29]

---

23 《身修思永堂记》，《逊志斋集》卷十七，第 660 页。
24 《杂诫》，《逊志斋集》卷一，第 62 页。
25 《深虑论九》，《逊志斋集》卷二，第 121—122 页。
26 同上，第 122 页。
27 同上。
28 《深虑论十》，《逊志斋集》卷二，第 123 页。
29 《官政》，《逊志斋集》卷三，第 132 页。

　　孝孺特别高举了选贤用人在君学中的紧要地位，反映出他对儒家政治学中君臣共治思想的忠实继承。孝孺曾经多次讲道，不仅君主对国家之治负有义务，群臣也应该为政治的不昌明承担相应的责任。[30] 他还进一步指出，国家命运直接系于贤才，贤才的多寡可以成为判断一个王朝是否承继天命的指标，[31] 可见君主与群臣（以及整个士大夫群体）实际上是被看作一个以政治为纽带的命运共同体。而支撑这种君臣共治思想的理论基础在于儒家有关道统传承的认识：正因为君主得掌的治统早在三代圣王之后便已与道统发生了分离，后世君主才必须接受作为道统后继者的儒家学统传人们的监督与矫正。儒家政治学自先秦时代起就一直秉持着以学统格治统的理念，孟子即讲"君子之事君也，务引其君以当道，志于仁而已"（《孟子·告子下》）。秦以后国家规模扩大，政体架构日趋复杂，官僚体制不断完善，儒家政治学便相应地将这种理念具体落实到了君臣共治、选贤任能的思想上，至宋代理学家已经明确主张君主当世之务"所尤先者有三焉……一曰立志，二曰责任，三曰求贤"，[32] 把君相协心、选用能人作为君主贯彻恢复三代

30　比如孝孺曾讲："夫人君自谓不敢师圣人者，知不优也。有师圣人之志，而无其效者，勇不逮也。智勇具全，而莫能辅君以道德者，群臣之过也。"（《身修思永堂记》，《逊志斋集》卷十七，第660—661页）又讲："然而诸藩德业可拟古之贤王者虽间有之，而未之屡见，岂非处尊崇之极，而骄泰易滋，左右之臣位下势卑，不能矫其失故耶？天子慨然为深长之思，增立辅臣重其职任，俾咸知尊贤取友以成令德，其为宗室谋可谓远矣。"（《送伴读朱君之庆府序》，《逊志斋集》卷十四，第545页）

31　对此孝孺尝写道："盖国家之兴，天也。天之祐乎国家，莫大乎锡之以贤才。贤才多而道德政教无不举，国家未有不享悠久治平之福者也。"（《京闱小录后序》，《逊志斋集》卷十二，第495页）还曾道："天将授人以天下，亦必授之以守天下之器。贤者之所在，天下之所归也。"（《待制华川王先生像序赞》，《逊志斋集》卷十九，第737页）

32　《为家君应诏上英宗皇帝书》，《河南程氏文集》卷五，《二程集》，第521页。

善治之志向的必由之路。孝孺既然继承了儒家古典政治思想，便不能不重视丞相在政治体制中的重大作用。然而现实中，明太祖革除丞相，厉行中央集权，使君主权力无限膨胀，取消了士人阶层作为辅政者的地位，在儒者眼中已然近于"把持天下"的霸道之政。[33] 孝孺当然希望能够实现王道之政，不愿屈服于君主以其私意决定赏、罚、生、杀、予、夺的政治生态，但在残酷现实的逼迫下，他毕竟已经不能像宋代理学家那样高调提倡君臣共治，只能退而求其次，劝诫君主至少能出于统治的现实需要而积极任贤了。

二　论治道：民本仁政的实施方式

通过对政治起源和君主制成因的考察，孝孺确立了国家社会治理的民本主义原则，旗帜鲜明地提出政治的目的就是养民。那么，何以养民？乱世甫定的明初，经济危机和政治生态都相当严峻，人民生活比较困苦，社会秩序尚未恢复，风俗文化尤其衰落。为了回应这样的时代背景，孝孺论治世之道便落在了安民生和明民性两大重点上，他奋笔高扬自己的经济思想、礼治思想与法思想，力求以儒者的智识襄助君主治世。回望历史，孝孺的一部分治世思想确实在建文朝得到了实现，然而建文朝的悲剧终局又以格外残酷的形式

33　在君臣共治问题上，明太祖显然内心并不承认政治面前君臣平等，而与当时士人阶层产生了长期冲突。《明史》的这段记载很好地体现了这一点："帝尝览《孟子》，至'草芥''寇仇'语，谓非臣子所宜言，议罢其配享。诏有谏者以大不敬论。唐抗疏入谏曰：'臣为孟轲死，死有余荣。'时廷臣无不为唐危。帝鉴其诚恳，不之罪。孟子配享亦旋复。然卒命儒臣修《孟子节文》云。"（《钱唐传》，《明史》卷一三九，第3982页）

反证了他的政策并不足以解决时代的根本矛盾和主要问题，这也是他身为道德理想主义者的必然结果。

（一）先富后教的经济思想

孝孺的经济思想极度重视民生，以增长人民财富为核心诉求。为此，他提出君主应该带头"崇俭黜欲"，[34] 削减政府开支，并"免通租，恤困穷，赈乏绝"，[35] 减轻人民经济负担，完善社会保障制度，且应开放盐茶的自由贸易，[36] 使社会总体财富"宁余于民，无藏府库"，[37] 最终达到富民的政治目标。这一系列建议并不尽然合于朝廷方针，甚至构成对绝对皇权的挑战，然而孝孺要求，国家具体政策的制定应该"去其不善，而复其善，增益其所未足，而变更其所难，循求其宜于民情"，[38] 亦即要在政治实践中贯彻具体问题具体分析的方法论和以民为本、天下为公的执政品德，力求政令政策皆是正义的、合乎中道的，其出发点不在君而在民，其原则不在守旧而在时中。正是以此为前提，孝孺主张要推行井田制。

孝孺曾讲，"余有志于古，凡井田封建之法，三代大典，未尝不究而知之，思而欲行之"，[39] 可知他将井田之法看作恢复三代文明必须依从的制度体系里不可或缺的组成部分，亦即一种合乎天理的

---

34 《九箴》，《逊志斋集》卷一，第 82 页。

35 《郊祀颂》，《逊志斋集》卷七，第 277 页。

36 参见《甄琛》一文。文中提到"茶盐之类皆属于官，而责其税于民"（《逊志斋集》卷五，第 221 页）是君主加于民众之害，可见孝孺支持放开盐茶贸易以使民蒙利。

37 《隋文帝》，《逊志斋集》卷五，第 225 页。

38 《深虑论三》，《逊志斋集》卷二，第 114 页。

39 《好古斋记》，《逊志斋集》卷十七，第 672 页。

生产方式。他关于井田制的思想集中表达在《与友人论井田》[40]一文中。据此文，孝孺认为井田于今可行，且当行、必行。其一，就可行性而言，从横向论证，战后人口锐减便于划分土地，而对于地势复杂的地区改用贡法也可以达到均田的效果；从纵向论证，历史上各朝代或者未行井田，行之者则"富庶胜于今，风俗美于今，上下亲洽过于今，国之盛强且久过于今"，[41] 没有任何负面证据可以证明实行井田制是有害的。其二，就应然性而言，施行"人人有田，田各有公田"的土地政策不仅能扭转"富者益富，贫者益贫"[42] 的现状，减少游民等社会不安定因素，缓解社会矛盾，而且能自然地起到教化作用，引导人民"通力趋事，相救相济，不失先王之意"，[43] 有助于民众道德水平的培养提高。其三，就必要性而言，孝孺提倡井田制不单是因其能带来现实的益处，更为关键的是井田行则民得康，民得康则后续之王治推行有望；反之，欲实现儒家的教化理想，必须使人民无论身心皆各得其所，方得以成风俗之美，故曰"欲行仁义者，必自井田始"。[44]

应当说，孝孺关于井田制的论说中，有关均田富民之必要性的阐述相当可贵，充分发明了儒家自孔孟就提出的"先富后教"思

40　此友人即王叔英，他反对孝孺井田之说。事亦见乎《明史》，载曰："建文初，孝孺欲行井田。叔英贻书曰：'但事有行于古，亦可行于今者，夏时周冕之类是也。有行于古，不可行于今者，井田封建之类是也。……'时井田虽不行，然孝孺卒用《周官》更易制度，无济实事，为燕王借口。论者服叔英之识，而惜孝孺不能用其言也。"（《王叔英传》，《明史》卷一四三，第 4053—4054 页）

41　《与友人论井田》，《逊志斋集》卷十一，第 425 页。

42　同上，第 426 页。

43　同上。

44　同上，第 427 页。

想。这一思想建立在准确把握人的自然本质和社会本质的基础上，意识到人不能孤立地作为道德主体而存在，现实的人必然在道德属性之外兼具本有的自然属性和其他社会属性，因此持这一思想的学者往往能够正视人的生存与发展问题，而非跳过正常生理需要和社会性需要空谈道德品性的养成。于是，我们可以看到，在人民教化的问题上，孝孺顺理成章地继承了儒家古典政治学"养生丧死无憾，王道之始也"（《孟子·梁惠王上》）的观点，把"制民之产，使之无死亡之忧"[45]放在了推行礼乐政教之前，在逻辑层面上置安民生于明民性之先，撇开井田制本身的合理性不谈，其立场乃是十分中肯的。

然而，孝孺恢复井田制的愿望最终没有实现，原因是多方面的。儒家学者很多都赞成井田制，但宋代以来"田制不立"，[46]已施行允许自由买卖的土地私有制，再退回到所有权固化的土地制度会有相当的难度。更为致命的是，复辟井田将会深刻触动上层既得利益集团的实际利益。土地制度是小农经济下最为重大和根本的社会结构性因素，而土地分配不均导致的贫富悬殊就是孝孺所处时代的主要社会矛盾。[47]孝孺建议国家进行土地生产资料的再分配，其实就是要求进行全社会范围的利益再分配，其触壁受阻可想而知。不过，以井田制为代表的孝孺经济思想反映出的关注民生的仁政理念仍然是值得肯定的，更不能忽视隐含在井田制背后的"先富后教"

45　《民政》，《逊志斋集》卷三，第 136 页。

46　脱脱等：《食货志上一》，《宋史》卷一七三，北京：中华书局，1985 年版，第 4163 页。

47　宋濂对此亦持同样看法，道"均田之法不行，兼并之风不息，虽尧舜复生，不足以言治"（《林勋微第十一》，《龙门子凝道记》卷下，《宋濂全集》，第 2015 页），可资佐证。

思想，即便放在今日看也有现实的参考意义。

（二）礼主刑辅、立法利民的制度思想

如果说安民生事关人民物质生活水平的提高，那么明民性就旨在人民精神文明程度的进步。孝孺一方面试图倡行以井田制为首的一系列经济政策以养民之生，另一方面针对养民之性的问题，着手建构包含礼治思想与法思想两方面内容的制度思想。

孝孺制度思想的阐发首先始于对现实政治状况的反思。他将当今政治最大的弊端归结为"天下尚法"，[48] 认为主要表现在：一方面，过度注重法治而架空德治，以至于"古之治具五：政也、教也、礼也、乐也、刑罚也。今亡其四，而存其末"，[49] 偏离了圣贤之道、王道之治；另一方面，立法与执法过于严苛，[50] 伤害国民正常生活，有失于中正。为了驳斥这种专以刑法治国的理念，孝孺列举了三条理由，以否定其可行性。其一，法典本身具有局限性。法的有限性根底上来源于人的有限性，人类有限的智力相对于广大精深的外部世界而言过于渺小，同理，人为的法典也一样不足以覆盖一切可能发生的行为失范，故而孝孺说，"法之为用，浅陋而易知，民之为情，深诡而难测。以难测之情，视易知之法，法已穷而其变未已，未有不为窃笑而阴诽者也"。[51] 其二，惟以法治民不能取得

48　《杂诫》，《逊志斋集》卷一，第 64 页。

49　同上，第 59 页。

50　明律峻严不消多说，而有关执法过度的问题，孝孺曾特别加以批评，如他曾说："今世俗之吏不达大体，攓摭细故以为明，深文重刑以为断，卒之祸及其身而后止。"（《送嘉祥知县叶孔昭朝觐还任序》，《逊志斋集》卷十四，第 548—549 页）

51　《治要》，《逊志斋集》卷三，第 130 页。

预期效果。孝孺观察到，历史上重用刑法治国者都没能如愿以偿，刑罚固已重酷，暴乱、贪猾、诡伪、盗窃之人还是"常布满海内之狱，不为少止"，[52] 足可见"民不可以威服"。[53] 单用强力禁止不仅无法彻底杜绝违法行为的发生，更大的失误在于"不能迎其慕耻之端，而使之不知善之可慕"，[54] 以至于"刑愈多而人愈不知耻"，[55] 使社会和国家陷入混乱的恶性循环。其三，惟以法治民不符合人性的基本规律。孝孺虽主张道德性是人类的本质属性，但也不否认人有动物性，承认人的基本生理需要和其他社会性需要都是人性不可分割的一部分，而刑与法的外在强制终归不能彻底与人性的本然要求对冲。因此他提出，人民违法有可能是出于不得不为之的理由，也有可能是根本没有遵守公序良俗的意识，故言"不能使之安其生，复其性，而责其无为邪僻，禁其无为暴乱，法制愈详而民心愈离，欲保国之无危，是犹病内铄之疾，而欲求活于针砭"，[56] 点明了脱离养民本意的法治是无效且不切实际的。

从以上分析可以看出，孝孺显然不认同崇尚法治的执政方针，其言下之意很大程度上指向了对洪武朝统治现状的批判。不过，孝孺并不是彻底反对以法治国，他意图澄清的是"无法不足以治天下，而天下非法所能治"[57] 的道理，从而引出自己的国家制度方略。他写道：

---

52 《深虑论四》，《逊志斋集》卷二，第 116 页。
53 《治要》，《逊志斋集》卷三，第 130 页。
54 《正服》，《逊志斋集》卷三，第 148 页。
55 《正俗》，《逊志斋集》卷三，第 144 页。
56 《深虑论二》，《逊志斋集》卷二，第 113 页。
57 《治要》，《逊志斋集》卷三，第 130 页。

222

法制所以备乱，而不能使天下无乱。……不能塞祸乱
之本，而好立法者，未有不亡者也。……夫天下固未尝好乱
也，而乱常不绝于时，岂诚法制之未备与？亦害其元气故
也。夫人民者，天下之元气也。人君得之则治，失之则乱，顺
其道则安，逆其道则危。其治乱安危之机，亦有出于法制之
外者矣。人常拘拘焉尽心于法制之内，而不尽心于法制之外，
非惑与？ ⁵⁸

指出法只具有有限的惩恶功能，而不足以扬善。国家治理陷入混乱
的根本原因也不在于法治不完备，而在于政治失去了养民的本来意
义，使得人民不得其善，重新退回到非伦理的自然状态，社会也就
随之濒于秩序的崩溃。反之，只要用尚德缓刑的王道治国，君主就
能获得民心，进而移风易俗，恢复社会秩序。由此，孝孺关于制度
建构的态度和立场已非常明晰，就是要贯彻明民性的政治目标。他
一再申明崇尚法治只会弄巧成拙，并提出了国家制度建构的两大要
求：一是礼主刑辅，二是立法利民。

礼主刑辅是孝孺制度思想的中心原则。这种国家制度重在用仁
义礼乐之道教化人民，旨在美化风俗，防范于未然，而辅之以庆赏
刑诛之法，谨以示惩恶扬善之意。本着稽古精神，孝孺主张礼义治
国应该以三代之治为文明参照系，在比照周礼的前提下结合当下国
情，制定相应的户籍乡里制度、学校教育制度和宗法礼仪制度等，
逐渐达到"使天下之民知道而易使"⁵⁹的教化目的。相较之下，刑

58 《深虑论二》，《逊志斋集》卷二，第112—113页。
59 《民政》，《逊志斋集》卷三，第134页。

正学与践履：方孝孺儒学研究

法只是"不得已而后用",[60] 承担着对突破道德底线之恶行加以惩戒的有限功用，这便决定了它只能是礼治主义主导下的制度补充。孝孺主张以德治国、礼义治国自有比较充分的理由，不但因为礼义治国是政治的本然要求，而且推行礼义治国还有显著的现实效用。具言之，政治的根本目的是养民，安民生之外，明民性的任务便须由仁义礼乐之教承担。所谓明民性，就是要树立起每个社会成员的人格主体性，使每个人都活得像真正的人，获得人应有的良善生活，不负"天之所与我者"。而根据儒学对人性的认识，唯有"礼本于人情，以制人情",[61] 使民遵循礼法就可"因其良心之发而导之",[62] 令所有社会成员"有耻且格"（《论语·为政》），"知可以为乱而不能",[63] 起到美化风俗之效。其实，礼本来的功用就是节文，礼治即通过教化使人们能够合理节制欲望，以恰当方式寻求合理需求的满足，经由每个社会成员的各得其所，而使社会运行总体呈现为秩序化的良性状态。如果礼治主义的美好设想能够实现，礼治确乎具有超越法治的扬善功用。然而孝孺也认识到，在社会道德水平发展到极致之前，惩恶力量依然是必须的。虽然他确信单凭令行禁止不能启发人的道德本性，企望着有朝一日刑法能够消亡，实现彻底的礼义治国，但也比较务实地说道：

　　一任乎德，则为恶者苟免；一任乎刑，则为善者无所容，皆

60　《正俗》，《逊志斋集》卷三，第144页。
61　《杂诫》，《逊志斋集》卷一，第60页。
62　《正服》，《逊志斋集》卷三，第148页。
63　《深虑论五》，《逊志斋集》卷二，第118页。

> 不可以致治。惟本之以德，而辅之以刑，使恩惠常施于君子，刑
> 罚常严于小人。则宽不至于纵，猛不至于苛，而治道成矣。[64]

表示在社会秩序完全重建之前，礼主刑辅的制度构成仍是较为合乎中道的选择。

孝孺制度思想的另一特色在于其特别提出了"立法利民"的要求。他旗帜鲜明地写道：

> 夫法之立，岂为利其国乎，岂以保其子孙之不亡乎？其意将以利民尔。[65]

这是他在制度构建问题上基于民本主义政治观的又一次鲜明表达。之所以要立法利民，孝孺认为可以上溯到法的起源上：一来是为了补益礼治未能兼顾之处，以仁义立法，"使吾之法行，而仁义亦阴行其中，故望吾之法者知其可畏而不犯，中乎法者知法之立无非仁义而不怨"，[66] 一定程度上也能起到明民性的作用；二来是为了防范人治的不足，保证后世守业者能如创业之主一般治民不违其性，"畜之而不失"，[67] 令君主总是受到民心拥戴，创业之主承担的天命能够赓续不辍。无论如何，将法用于治国只是暂时的手段，最终目的还是为了国家长治久安和人民生活幸福，因此在立法和执法上都

---

64 《官政》，《逊志斋集》卷三，第 133 页。
65 《深虑论六》，《逊志斋集》卷二，第 118 页。
66 同上。
67 《深虑论四》，《逊志斋集》卷二，第 115 页。

不能违背民本原则。是故，孝孺对立法和执法提出了三点具体要求。其一，立法以利民为准则，无需计较守成与否。孝孺大胆倡导立法者要勇于为了人民利益对古法做出取舍，坚守"知善而守之"、"知其不善而更之"[68]的稽古时中精神。其二，"法不必严，在示其意向而已"。[69]孝孺认为要彻底纠正人的恶行终究须从慕耻之端入手，过度的刑罚是不必要的，于是提出罚之以礼，在全社会公示其犯法者的身份，使其知耻而不能为即可。其三，执法必须为公。在孝孺看来，正义的裁度赏罚不应掺杂任何执法者的私心，不过是"随其功罪而各得报"，故而"为公卿大夫、为士，为荆、为劓、为墨、为宫、为大辟，非圣人赏且罚之也，圣人之法赏且罚之也。非法有意于赏罚也，受赏罚者自致之也"。[70]当然，由于立法和执法都涉及人的具体活动，"为治之法"与"行法之人"对于良性政治的实现都是不可或缺的。[71]换言之，孝孺"立法利民"的政治要求其实也同时是对立法者和执法者提出的道德要求，即要求他们在立法、执法过程中贯彻"一以义裁之"的道德原则，始终致力于实现人民的福利。

综上所述，孝孺的制度思想讲究稽古，实质性的制度创新不多，但他能够结合理论推演和现实考察对本朝政治做出相对充分的

68　《深虑论六》，《逊志斋集》卷二，第118页。

69　《治要》，《逊志斋集》卷三，第131页。

70　参见《明辨》，《逊志斋集》卷六，第243页。

71　参见孝孺《官政》："欲天下之治，而不修为治之法，治不可致也。欲行为治之法，而不得行法之人，法不可行也。故法为要，人次之。二者俱存则治，俱弊则乱，俱无则亡，偏存焉则危。"（《逊志斋集》卷三，第132页）提出了任人任法、二者并重的行政观点。本章后面还将提及，不仅是君主治道论，而且在民间自治论中，孝孺的这一观点也同样成立。

反思和批判，又通过对法的性质、地位和来源的阐述，论证了礼义治国的合理性与合目的性，为他进一步明确政治实行过程中的立法正义与执法正义巩固了形上基础，形成了一套以礼主刑辅、立法利民为宗旨的民本主义国家制度方略。孝孺的制度思想和他的经济思想一样，都反映出比较强烈的民本仁政精神，都属于他的政治哲学中拥有积极意义的部分。他提出"民易治也，在乎治之有法。法可行也，在乎养之有道"，[72] 也体现出儒者特有的关怀世道与理性思考的精神。不过，孝孺的制度思想仍然不免笼罩着道德理想主义的基调，限于特定社会历史环境，也很难要求他超越自身的阶级立场，对现存的社会问题和现有政治体制做出革命性的批判。不可否认的是，孝孺思想的迂阔倾向很大程度上导致了他最终的政治失败。后人已经看到，孝孺入仕建文政权后，虽然按照自己的礼治主张在国家行政机构中复行了周朝官制，但从结果上看，并未能在实际政治运行中起到济世化民的积极作用。

三　论民间自治：自下而上实现"天下有道"

孝孺将其儒家理想寄托于政治，致力于实现天下生民普遍的良善生活。为此，他对在位者，亦即君主及其领导的行政机构的责任、权利和义务做了细致的考定与论证，规划出一幅得君行道、礼义治国的政治蓝图。不过，以治国平天下为中心、围绕"在其位谋其政"理念展开的"得君行道"论还不是孝孺政治思想的全部，他

---

72 《民政》，《逊志斋集》卷三，第136页。

同时也很重视无位在野的普通士人的政治主体作用，号召他们也应当以君子之德遂行君子之志，在君权覆盖不到的地方发挥儒者济世救民的主观能动性，力求恢复三代之治。孝孺的这部分政治思想便发展成了他以齐家为中心的民间自治论。

孝孺称其民间自治论为"正家之道"，[73] 立论对象自然是针对以宗族为核心结成的大家族以及乡里，也就是以血缘关系纽带为主的社会基层共同体。民间自治论既然属于孝孺政治思想的一部分，其价值诉求也是一脉相承的，同样是要通过安民生与明民性两方面养民目标的实现，使每一个共同体成员各得其所，从而达到共同体总的和谐有序。基于此，孝孺提出，要使基层共同体的自治收效良好，必须具备两个要件：一者为法，二者为人。

首先，孝孺强调，一套切实可行的基层共同体治理之法是必不可少的，也就是他所倡导的"宗仪"。《宗仪九首》乃孝孺民间自治论的集大成之作，囊括了尊祖、重谱、睦族、广睦、奉终、务学、谨行、修德、体仁等九项，详尽陈述了自治之法的具体内容、理论根基和现实意义。具言之，孝孺认为，宗仪可以在家族和乡党两个层级的共同体中实行，虽然规模有别，但施行自治之法的要点相似，都须先建立共同体的领导机构，明确职权归属，然后由其带领共同体成员，按照既定的规范和法则从事经济、教育、丧祭、集会等四方面的族务或乡务，[74] 以期实现共同体成员的福利

---

73 《宗仪九首·序》，《逊志斋集》卷一，第83页。

74 具体见《宗仪九首》。关于共同体领导机制，可参"睦族"、"体仁"二篇；关于经济事务，可参"睦族"、"体仁"二篇；关于教育事务，可参"务学"、"谨行"、"体仁"三篇；关于丧祭事务，可参"尊祖"、"奉终"、"体仁"三篇；关于集会事务（即乡饮酒礼），可参"广睦"、"体仁"二篇。

增益与道德增进，促使整个共同体的生活方式统一在儒家人伦礼法的要求下，呈现出高度的秩序化与良性化。究其来源，这套宗仪制度基本就是参照周朝宗法制度稍加权变而成的，因此可以说，施行宗仪就等于在基层共同体中推行符合古先圣王之法的生活方式。孝孺十分肯定宗仪之法就是解决基层自治问题的良方，道：

> 生乎世者，莫不有祖。有祖者，莫不有族。使有族之人皆知相亲相辅，如先王之民，联之以谱谍，纠之以礼文。岁时为酒食以洽其欢，胥告戒以匡其失，赒恤资助以全其生。是虽未行比间族党之法，而先王之法意实行乎其中矣。[75]

道德根基在于普遍的孝亲之情，古先圣王之所以能造就文明治世，就是因为能巧妙地运用这一原理导民向善。宗仪脱胎于周礼，其合理性也同样建立在血缘亲情的基础上。那么对于通过血缘维系的家族或乡里，即便没有君主特意设置的乡间制度，也大可以凭借宗仪实现内部自治。

其次，孝孺指出，优秀模范人物也是基层自治有效展开的重要条件。此有两重含义：其一，宗仪之法需要德高望重之人执掌共同体内的权力才能获得有效推行，否则就很有可能为亲情所累而削弱权威，致使"恩胜而礼不行，势近而法莫举"，[76]因此在决定共同体领导机构时必须适人适任，家族最高负责人须"俾族之长与族之廉

---

75 《谢氏族谱序》，《逊志斋集》卷十三，第500页。
76 《家人箴十五首》，《逊志斋集》卷一，第74页。

者掌之"，⁷⁷ 乡党须使 "才智资产殊绝于众者" ⁷⁸ 为乡表，并派遣有特长者担任共同体内各类特殊事务的负责人。其二，共同体需要树立道德模范，以起到引领和激发其成员遵纪守法的作用，这样的道德模范可以是当代人，也可以是祖先，就后者而言，族谱修订便显得尤为必要。孝孺提出，族谱除了可以张扬孝道，最重要的作用就在于能够传颂先人德行，启迪族内成员乃至别族同姓者的道德情感，故曰 "古之贵乎修谱者，非特以著世次，纪官位，而夸于人也。盖将使后世观之，而考世德之淳疵，明流泽之广狭，而益思所以自立云尔"。⁷⁹

以上简略归纳阐述了孝孺任法任人、人法并重的民间自治论，可以发现，孝孺构想的民间自治体制和他的国家治理体制在结构上几乎是一致的。表面上看，这是因为同样的价值目标可以倒推出类似的实现途径，但不能忽视的是，中国传统社会本就建立在宗族制的基础上，君权根本上可以看作是家长权力的延伸，君臣伦理也就是父子伦理的推而广之。那么反过来讲，"家者身之符，天下之本也"，⁸⁰ 基层共同体就等于微型的国家，民间自治体制亦无怪乎是国家治理体制的缩影了。是故孝孺曰：

> 圣人之道，必察乎物理，诚其念虑，以正其心，然后推之修身。身既修矣，然后推之齐家，家既可齐，而不忧于为国与天下

---

77 《宗仪九首·睦族》，《逊志斋集》卷一，第88页。
78 《宗仪九首·体仁》，《逊志斋集》卷一，第99页。
79 《范氏族谱序》，《逊志斋集》卷十三，第504页。
80 《宗仪九首·序》，《逊志斋集》卷一，第83页。

者无有也。故家人者，君子之所尽心，而治天下之准也。[81]

指出在政治实践问题上，齐家、治国、平天下的次第不可躐等，而儒者外王之学自应以齐家为本。孝孺的这一观点非常传统，可以追溯到先秦儒家政治哲学"南面而治"的理念。与无数前贤一样，孝孺深知"天下之俗不能自成，由乎一国之俗；国俗之所兴，由乎一乡之俗；乡俗之所起，由乎一族之俗"，[82] 推广宗仪也是期望通过微观上的人人自治实现宏观上的风俗改化，最终通向理想社会，是以黄宗羲评孝孺《宗仪九首》曰："谓化民必自正家始。"[83] 除此之外，孝孺主张民间自治势在必行，固然是其稽古主义文化哲学的反映，但在很大程度上也是出于对政治现状的权衡。前文已经述明，孝孺以恢复古先圣王之法为政治目标，是缘于他将三代之治树立为文明标杆，这与他整饬人心、匡扶世道的儒家理想是严密契合的。孝孺之所以宣扬民间自治论，号召士人广泛参与，一则是因为宗仪就是先王所立而今上所弃的圣贤之法，是重建社会秩序、实现普遍良善生活的不二法门，再则是因为宗仪恰好相应于"士有无位而可以化天下者"，[84] 需要尽可能地动员在野士人加入。孝孺始终鼓励士人应该对济世救民有所担当，不可因为难以见用于朝廷就"自污于流俗，以隳先父师之训言"，[85] 要随时不落儒者之志，"居乎位，必有

---

81 《家人箴十五首》，《逊志斋集》卷一，第 74 页。
82 《葛氏族谱序》，《逊志斋集》卷十三，第 503 页。
83 《诸儒学案上一》，《明儒学案》卷四十三，第 1042 页。
84 《宋氏世谱序》，《逊志斋集》卷十三，第 498 页。
85 《与讷斋先生》，《逊志斋集》卷十，第 382 页。

益乎位，居乎乡，必有益乎乡"，[86] 那么参与民间自治也就成为在野士人最好的政治实践之路了。

最后，孝孺之所以要提出民间自治论，考察其历史背景，至少可以得出以下两方面原因：一是宗法观念日渐松弛，[87] 令孝孺感到传统道德在生活事实中的削弱，迫切希望重建以血缘为纽带的宗法伦理，恢复所谓的美俗良治；二是明初特殊的社会政治环境压缩了士人阶层在公共领域践行儒家理想的空间，导致孝孺这样坚守君子节操、志在挽救世道人心的儒者不能不另谋出路，寻求得君行道以外的方式来寄托自己的政治诉求。其实，得君行道和化民成俗两种进路并不矛盾，区别只在于继承道统的儒者是否借助治统这个媒介去实现政治理想。化民成俗本就是儒家外王之学的题中之义，通过各个基层社会单元的秩序化，合起来实现国家与天下的大治更是儒家治道的核心理念。儒家学者素来关注民众的物质与精神生活，宋代以降不少理学家也都曾自发地在民间推行过独立于政府机构的保民、教民举措，致力于依靠基层人民自身的社会力量恢复三代之治。诚然，孝孺的民间自治论比他的理学前辈们走得都要远，可谓真正构想出了一个统一在儒家价值观下，由个人到群体，由生产到生活，由教养到教化的基层共同体自治模型，是儒家政治学的一次

---

86 《答金景文》，《逊志斋集》卷十一，第 450 页。

87 这一趋势自北宋起就已经开始，例如苏洵曾讲："盖自唐衰，谱牒废绝，士大夫不讲而世人不载，于是乎贱而贵者耻言其先，由贫而富者不录其祖，而谱遂大废。"（苏洵：《谱例》，《嘉祐集》卷十四，上海：上海古籍出版社，1993 年版，第 371 页）张载亦曾写道："谱牒又废，人家不知来处，无百年之家，骨肉无统，虽至亲，恩亦薄。"（张载：《经学理窟·宗法》，《张载集》，北京：中华书局，1978 年版，第 259 页）直到孝孺的时代，血缘伦理的观念已持续地走向衰落。

制度创新。但他能够形成这样的思想，也是由于他所处时代的倒逼。即便孝孺自己在文章中未敢公然对现行政治表达不满，但他对于明太祖能否恢复三代文明应是持保留意见的，"宗仪"民间自治论的提出便是一例证。[88] 萧公权就此指出，孝孺提倡人民主动自治，实质上是部分否定了君主治国的合法性，是对君主专制体制的挑战和对普通民众作为潜在政治主体的肯定，因此可谓"非常之创获"。[89]

四　小结

通过以上对孝孺政治思想的考察可以非常清晰地看到，孝孺理想中的政治模型就是周朝的社会政治制度，充分契合于他仰慕三代之治、渴望在现世恢复古先圣王之法的稽古思想倾向。孝孺尝道："井田废而天下无善俗，宗法废而天下无世家。"[90] 他认定井田与宗法是三代圣王的制度遗产，是三代之治实现的制度保障，所以恢复平均田产的经济制度与宗法伦理的政教制度也就成了他政治构想的必然选择。因此，当他发现难以打动现实中的君主、令其主动效法先王时，[91] 便转而倡导在野士人皆从齐家入手，建立同样是模拟周

88　孝孺曾经提及自己倡导宗仪就是为了弥补现实政治的不足，"欲试诸乡间，以为政本"（《宗仪九首·体仁》，《逊志斋集》卷一，第 99 页）。

89　《中国政治思想史》，第 525 页。

90　《宗仪九首·睦族》，《逊志斋集》卷一，第 87 页。

91　孝孺并不执着于得君行道，曾讲："为士之患常在乎自处太浅，而望乎上过深。圣贤之道至大矣，其全可以治天下，变风俗，而其绪余犹足以守一官，化一乡，非止小材曲艺而已也。"（《送凌君入太学序》，《逊志斋集》卷十四，第 563 页）可知其政治思想中早已迸发出转向化民成俗的火花。

制的基层共同体自治体系，借由民间自发的政治参与，以聚沙成塔、潜移默化的方式逐渐达到治国平天下。很显然，孝孺就是把宏观上的社会和谐搭建在微观上每个个体的道德守序这一基础上，这也是他所理解的三代之治的实现原理。其云：

> 先王之盛，以井地养民，以比闾族党之法联民，以学校三物之典教民。凡群居耦聚者，非必有昆弟之亲，宗族之序，然贫能相收，患能相恤，丧相助而死相葬，喜相庆而戚相忧。小而五家之比，大而万二千五百家之乡，其情皆如骨肉之亲之厚且笃也。及乎法弛教失，虽同宗共出之人，乖离涣散而不相合，贫也而或陵之，患难也而或乘之，死丧也而或弃之，于是伦理大坏而不可振。[92]

中国传统社会的两大特征是小农经济和宗族制，要对广大民众施以教化便离不开井田宗法。井田、乡闾、学校等制度的设置实质上都是为了培养和激发民之德，以使社会总体呈现出美俗良序，从而达成政治的终极目的。孝孺的这番考量在当时就已被视为迂阔，以现代政治学观点加以审度，更是显得不切实际。尤其是井田制这样通过国家强力施行平均地权的经济制度早已失去了支撑其实现的生产力生产关系基础，只能是孝孺虚构的一种愿景。不过，不可抹杀的是孝孺政治思想中值得肯定的部分。总体上看，他的政治思想始终贯彻了民本主义的仁政理念，是对儒家古典政治学积极方面的继

---

92 《谢氏族谱序》，《逊志斋集》卷十三，第499页。

承。细节上看，他的先富后教思想重新弘扬了孔孟时代首倡的人本主义精神，还原了人类生存问题之于道德问题的先在性；他的民间自治思想则破天荒地提出基层民众可以不用君主立政而自主实现自治，隐含了对专制体制的质疑，也是相当具有进步意义的。

第九章　方孝孺政治伦理的后世影响

——以《明夷待访录》为中心

　　黄宗羲《明夷待访录》成书后长期暗中流传，直至十九世纪末率先由宋恕再发现后，才重新进入主流知识分子的视野，获得了章太炎、梁启超、孙中山等一批近代启蒙思想家的热烈追捧与积极申发，黄宗羲本人也随之被誉为"中国之卢梭"。[1]学界围绕《明夷待访录》讨论众多，对其思想来源向来诸说纷纭，至今未能形成确切统一的结论。本章将由此切入，试以《明夷待访录》对方孝孺政治伦理的继承与重构为例，探寻黄宗羲政治哲学的渊源与主旨，从一个侧面揭示方孝孺政治思想的后世影响及明清江南儒学的内在连贯性。

一　论《明夷待访录》政治思想的诸种来源

　　黄宗羲《明夷待访录》以《原君》、《原臣》、《原法》三篇统领全书，此三篇集中阐发了黄宗羲君职论、君臣观与制度论的要旨，

1　据梁启超语，首见于他 1903 年发表在《新民丛报》上的文章《黄梨洲》。

近代以来学者大都注重以此为线索，为黄宗羲政治哲学溯源辨流。梳理已有研究成果，可见以下几种代表性观点：

邓牧说。最早提出《明夷待访录》本于宋末元初邓牧所著《伯牙琴》的应是邓实。[2] 该观点后又被陈登原采纳，认为"二书论君论吏，几乎大略相同"。[3] 除了对比说明思想意涵的相似性，陈登原还进一步推断，黄宗羲性喜广收书籍，又曾为邓牧好友谢翱之文作注，必定曾读过邓牧著作，甚至有可能就是仿照伯牙鼓琴待知音之意，才将自己的政论集命名为"明夷待访"。[4] 应当说，陈登原对黄宗羲有否研读过《伯牙琴》的考证是严谨充分的，但仅通过《原君》、《原臣》二篇中部分内容与邓著近似就推定《伯牙琴》是《明夷待访录》的直接思想来源，恐怕略显草率。实际上，邓牧说遭到了日本学者沟口雄三的全面反驳。沟口氏承认二人在反君主思想上具有承自传统民本论的共通之处，但他认为并不能因此就说黄宗羲是沿袭了古已有之的民本论政治学说，邓牧的选贤用能与黄宗羲的君臣分治根本属于两种政体，二人建构政治伦理的人性论基础更有根本性的区别。[5] 沟口氏之说显然更近于实情。总之，邓牧说在史学界有一定影响，然近年来已少有学者提及。

---

2 邓实于1907年为《伯牙琴》作跋曰，"梨洲著《明夷待访》，其《原君》、《原臣》二篇，实本于先生（作者按：指邓牧）《君道》、《吏道》。"（见陈登原：《国史旧闻》（第二册），北京：中华书局，2000年版，第510页）陈登原虽采信该说，但指出与邓氏《吏道》篇更为相近的应当是黄氏《胥吏》篇。

3 同上，第509页。

4 参见同上，第509—510页。

5 参见沟口雄三：《中国前近代思想的屈折与展开》，北京：生活·读书·新知三联书店，2011年版，第348—352页。

叶适说。当代浙学研究者普遍认为，浙学作为一种独特的地域文化形态在学术思想、学统传承和精神文化上都有很强的连续性。是以不乏学者提出，南宋浙东学派对清初浙东学者黄宗羲应当产生了较大影响，具体到《明夷待访录》则应主要是受到了叶适的影响。[6] 此说不无道理，一来叶适的政论集《进卷》与《明夷待访录》在立意上都以得君行道为目标，且前者所涉论题与后者有部分是重合的；二来黄宗羲对叶适经世之学基本持肯定态度，称其"异识超旷，不假梯级"，[7] 不排除他对叶适有所借鉴。然而，叶适与黄宗羲政治思想表现上虽有共同点，可二人毕竟相隔约 500 年，所处社会环境与所面临的时代问题天差地别，黄宗羲对叶适思想的吸收只能是有选择性的，《宋元学案》针对《进卷》摘录不多即可佐证这一点。[8]

胡翰说。黄宗羲结束抗清后潜心象数，曾笃信胡翰十二运之说。《明夷待访录·题辞》即写道，"余常疑孟子一治一乱之言，何三代而下之有乱无治也？乃观胡翰所谓十二运者，起周敬王甲子至于今，皆在一乱之运。向后二十年交入'大壮'，始得一治，则

6　如周梦江提出"叶适的君主思想有其进步意义……并对明末清初黄宗羲的《明夷待访录》有所影响"（周梦江、陈凡男：《叶适研究》，北京：人民出版社，2008 年版，第178 页），又如孙善根提出黄宗羲继承了叶适、陈亮的重商理念和批判专制主义的民本思想（参见孙善根：《学术变迁：时代与地域——南宋和清初浙东学派之比较研究》，《宁波大学学报（人文科学版）》，1988 年第 2 期，第 81—90 页）。

7　《水心学案上》，《宋元学案》卷五十四，第 1794 页。

8　《宋元学案·水心学案》摘取《进卷》者共计约 500 字，仅占后者总篇幅的百分之一左右。所选仅《治势》、《财计》、《士学》各一句，《兵权》、《管子》、《庄子》、《皇极大中庸三论总述》、《经总制钱》各若干句，内容基本不涉及叶适的政治伦理。黄氏按语也表明，黄宗羲关注叶适政治思想主要在具体的旧制度批判与新制度构建等方面，而不在抽象的政治伦理。参见《水心学案下》，《宋元学案》卷五十五，第 1802—1804 页。

三代之盛犹未绝望也"，[9]为胡翰说提供了有力的证据。据此，饶宗颐指出"翰之学后来影响及黄宗羲，《明夷待访录》引其十运，即集中之《衡运》"；[10]朱维铮也赞同这一观点，指出"由方孝孺《后正统论》、黄宗羲《明夷待访录》来看，胡翰的《衡运论》对他们的历史观更有影响"。[11]且今本《宋元学案·北山四先生学案》之所以收录《仲子文集》六篇，正是全祖望深知胡翰对黄宗羲晚年史观影响深远，随之补入相关文献的结果。不过，黄宗羲本人编纂《宋元学案》时未曾节录胡翰政论，或可能不及为之，或可能恰好反证了他对胡翰政治思想持保留态度。实际上，胡翰《衡运》乃基于《皇极经世》描绘一万年间的世运升降规律，内容大部分涉及宇宙论，而非对具体历史政治学说的阐述，黄宗羲推崇《衡运》并不能完全佐证胡翰之学深入影响了《明夷待访录》。毋宁说，胡翰之学是由方孝孺继承与发展之后才对《明夷待访录》产生了进一步显著影响的。[12]

　　方孝孺说。关于黄宗羲政治哲学与方孝孺的亲缘关系，学界历来断续有所提及。如萨孟武曾断言，"吾人读方孝孺书，就可知道黄梨州之《原君》一文实本于方孝孺"，[13]"明亡之后，黄宗羲就于清康熙二年发表《明夷待访录》，其理论多采方孝孺之说"，[14]可知

9　《明夷待访录·题辞》，《黄宗羲全集》第一册，第 1 页。

10　《中国史学上之正统论》，第 63 页。此处言"十运"为笔误，应为"十二运"。

11　参见朱维铮：《研究历史观念史的一部力作（代序）》，《中国史学上之正统论》，第序5—序6 页。

12　方孝孺之学对胡翰的继承性可参照本书第七章的相关论述。

13　萨孟武：《中国政治思想史》，上海：东方出版社，2008 年版，第 410 页。

14　同上，第 432 页。

现代早期知识分子在提倡方、黄二人政治思想进步性的同时，业已注意到黄宗羲吸收方孝孺政治伦理的可能性。然而，要确切证明这种亲缘关系的实在性并不容易。由于黄宗羲本人并未明确讲过《明夷待访录》在思想内涵上是受何人启发，当代学者论述该问题时基本以思想史的对校法为主，即通过梳理方孝孺与黄宗羲政治思想的异同判明二者的关系。如孙宝山提出黄宗羲用突出"民族性"的方式继承和改造了方孝孺兼重"民族性"与"道德性"的正统论，[15]张树旺系统对比研究了方、黄在君主观、君臣观和法律观上的相似性以说明二人思想的亲缘关系，[16]时亮亦通过义理的比对分析认为黄宗羲君臣观主要来自方孝孺、丘濬与东林党人三者的影响。[17]综合已有研究成果，我们有理由推测，方孝孺政治伦理思想很可能是《明夷待访录》的重要思想渊源，但要充分支撑这一假说还需补充更多证据。

其一，在情感基础上，黄宗羲敬重方孝孺的气节人品，对他取得的政治成就不无向往。作为靖难关键人物，方孝孺是明清士人谈议的重要话题。黄宗羲一生始终对方孝孺的行事、人品持肯定态度，晚年尤其。撰写《明儒学案》时，黄宗羲首先就援引业

---

15 参见孙宝山：《以"民族性"重构正统论——黄宗羲对方孝孺的正统论的继承与发展》，《中国哲学史》，2005 年第 3 期，第 101—108 页。

16 参见张树旺：《明初行政体制改革的逻辑》，北京：社会科学文献出版社，2017 年版，第 182—210 页。

17 参见时亮：《论黄宗羲的君臣观及其主要思想渊源》，《儒道研究》第一辑，第 158—169 页。此文虽提及三方面来源，但丘濬《大学衍义补》中的君臣观本就出自方孝孺，东林党的政治理论与实践则主要影响了黄宗羲在变法问题上的具体观点与建议，那么《明夷待访录》在政治哲学核心理念方面的思想来源应当还是以方孝孺为主。

师刘宗周对方孝孺历史功绩的高度评价，称其"伊、周、孔、孟合为一人"，[18] 将之描绘为内圣外王的儒者典范，如此盛誉在两部学案中都是罕见的。是以黄宗羲自然会为方孝孺的一系列政治作为多方辩护，认为无论建文帝败亡还是诛十族之祸皆不应归咎于方孝孺，其行符合中庸之道是"固自有定论"之事，其人也当之无愧是"千载一人"。[19] 不但如此，多年后他又在《破邪论》中继续大加赞颂方孝孺"至公血诚，任天下之重，矻然砥柱于疾风狂涛之中，世界以之为轻重有无，此能行孔子之道者"，[20] 谓其理应从祀孔庙，享有儒者的最高荣誉。黄宗羲对方孝孺的诸多正面评价足以反映出，他也希望成为方孝孺那样学以致用的经世大儒，在现实政治中有一番作为，那么他会对方孝孺的政治思想有所借鉴也不足为奇。

其二，在学术背景上，黄宗羲推崇方孝孺的学术地位，同时肯定方孝孺的政治思想观点。蕺山门下受到刘宗周的影响，大都颇为推崇方孝孺，黄宗羲也不例外。黄宗羲依照刘宗周《有明道统录》编写《明儒学案·师说》，将方孝孺放在首位，说明他在一定程度上有接续孝孺以下道统甚至身为其私淑弟子的自觉。时人标举方孝孺者大有人在，而刘门独特之处在于不仅突出方孝孺死节之忠义，更要以节义打通理学，尊其为"有明之学祖"。[21] 蕺山、梨洲师徒对于明代学术开端的苦心勾画自有其深刻用意，黄宗羲遂以十分巧

---

18 《师说》，《明儒学案》，第 1 页。

19 参见《诸儒学案上一》，《明儒学案》卷四十三，第 1042 页。

20 《破邪论·从祀》，《黄宗羲全集》第一册，第 193 页。

21 《诸儒学案上一》，《明儒学案》卷四十三，第 1042 页。

妙的手法解决了公认在理学上无甚开创性建树的方孝孺如何当之无愧为明代理学鼻祖的难题。[22] 这虽然无法使《明儒学案》构建的明代理学史彻底回避后人的诘难，但足以令人信服黄宗羲同刘宗周一样，对方孝孺的学术观点也是相当认可的。[23]《明儒学案》对方孝孺儒学思想做了全面总结：

> 入道之路，莫切于公私义利之辨……其言周子之主静，主于仁义中正，则未有不静，非强制其本心如木石然，而不能应物也，故圣人未尝不动。谓圣功始于小学，作《幼仪》二十首。谓化民必自正家始，作《宗仪》九篇。谓王治尚德而缓刑，作《深虑论》十篇。谓道体事而无不在，列《杂诫》以自警。[24]

黄宗羲准确撷取"公私之辨"提领方孝孺之学，随后列举的方孝孺最有价值的著作又多涉及儒家修齐治平之学，反映出强烈

22　因与本章主题关系较远，在此便不赘述。相关论述可参看王宇《试论〈明儒学案〉对明代理学开端的构建》(《中共浙江省委党校学报》，2007 年第 4 期，第 112—118 页) 与陈祖武《〈明儒学案〉发微》(《中国史研究》，2009 年第 4 期，第 129—138 页)。

23　刘宗周曾为方孝孺编《逊志正学录》，自序中写道："其明道之书，旧刻《逊志斋集》二十四卷。余反复卒业，无一言不合于道，而忧虑学者不免以词章目之，因特节其粹者为三卷以传，而题之曰《正学录》。"(刘宗周：《刘宗周全集》第五册，杭州：浙江古籍出版社，2012 年版，第 503 页) 而黄氏作《子刘子行状》中写道："以方文正孝孺从宋潜溪得金华何、王、金、许之脉，有明理学，当为第一。作《逊志正学录》。"(《黄宗羲全集》第一册，第 256 页) 可知刘宗周相当推崇方孝孺的学术思想，编书目的即在于宣传方孝孺的理学。另，黄宗羲特意摘抄了潘府"古者文以载道，宋景濂得其华，方正学得其大"(《诸儒学案上四》，《明儒学案》卷四十六，第 1103 页) 的评语，突出方孝孺作为思想家的一面，明显是将他看作了学术楷模。

24　《诸儒学案上一》，《明儒学案》卷四十三，第 1042 页。

的"重践履"学风。刘门一直致力于纠正晚明王学空疏之风，很难想象黄宗羲不对方孝孺政治思想产生兴趣与好感。遗憾的是，有关这一点很难在黄宗羲本人的著述中找到直接证据，只能从他对方孝孺学问的理解中窥知一二。要言之，先儒语录是《明儒学案》呈现理学家思想的重要方式，乃黄宗羲认定足以透露"其人一生之精神"[25]的部分。《诸儒学案》誊抄了方孝孺《杂诫》全文，表面上是因为此文体现了"道体事而无不在"的理学高见，符合"各人自用得着者为真"[26]的原创性标准。然而实际上，该文内容不但包含正心诚意的道德说教，更多的是齐家治国的政治理念。如果黄宗羲原则上反对方孝孺在君道、臣道、法制、田制等方面的政治思想观点，摘选此文就显得匪夷所思了。

综上两点可推知，方孝孺作为学以致用、成仁取义的儒家知识分子典范，符合黄宗羲的人格理想，而其致力于匡世济民的政治思想应当也引起了黄宗羲的足够重视。与此同时，面对理学流弊与明朝灭亡的双重困局，黄宗羲出于反思学术与批判前朝政治的需要，客观上有借鉴前人思想的极大可能性。那么对于精神气质和学术路径都与自身相近的方孝孺，黄宗羲会加以反复研究乃至批判性地继承亦可谓顺理成章。而最重要的是，在理论建构上，《明夷待访录》确实沿袭了方孝孺政治伦理的核心内容，并以之为基础完成了对传统民本论政治哲学的再构筑，开启了近代新民本主义诞生的启蒙序章。以下将就此展开详细论述。

---

25 《发凡》，《明儒学案》，第 XIIII 页。
26 同上，第 XV 页。

二　方孝孺民本主义政治伦理学的展开

明太祖布衣得天下，奉行以猛治国，把中国古代皇权专制推向了巅峰。随着洪武朝政治环境的急剧变动与君臣关系的迅速紧张，方孝孺的学术关切也由一般意义上的政治合理性和政权合法性问题转向了对君主制本身的批判与对超越现行政治制度的探索。[27] 不过，以民为本的政治伦理准则始终是其政治思想的核心。

"为民立君"的政治起源学说是方孝孺政治伦理学的逻辑起点。他考察道：

> 天之生人，岂不欲使之各得其所哉！然而势有所不能，故托诸人以任之，俾有余补不足。[28]

> 生民之初，固未尝有君也。众聚而欲滋，情炽而争起，不能自决，于是乎有才智者出而君长之。世变愈下，而事愈繁，以为天下之广，非一人所能独治也。于是置为爵秩，使之执贵贱之柄；制为赏罚，使之操荣辱修短之权。[29]

点明人间政治诞生于天人关系在自然和伦理两种向度之间的张力，即人之自然状态的不平等与作为道德主体的绝对平等之间如何统一

27　方孝孺较重要的政治论文大致分别完成于两个时期：一是 18 至 25 岁求学期间，作《深虑论》《释统》《后正统论》《公子对》等，主要泛泛而谈正统问题与治国之道；二是 30 岁前后闲居乡里期间，作《君职》《君学》《治要》《宗仪》等，由于经历胡惟庸案，该时期孝孺已转而形成了明确的批判专制皇权意识，开始谋求得君行道以外的政治实践路径。

28　《体仁》，《逊志斋集》卷一，第 98 页。

29　《君职》，《逊志斋集》卷三，第 128—129 页。

244

的实践难题。而要普遍弥合人的自然状态和应然状态、现实状态和理想状态之间的巨大裂痕，使人人"各得其所"，唯有依靠才德优越者出而化民。君主起初就产生于这种发扬人道补益天道的现实迫切性，后世则由于共同体逐渐扩大，君主独自执政不足以治理好国家，才有定尊卑、行法治的复杂君主专制政体应运而生。由此，孝孺阐明了政治的意义恰在于补偿性正义，为他以民为本的政治伦理准则奠定了哲学基础，也为他进一步申发君主职分提供了形上依据。

君职论是方孝孺政治伦理学的理论中枢。根据君主制的起源，孝孺主张君主不是天生的最高统治者，而是"能均天下之谓君，臣覆兆民之谓君，立政教，作礼乐，使善恶各得其所之谓君"，[30] 只有履行君主之职、具备为君之德者才配享国君之位。换言之，天子也必须遵循德位相当的普遍伦理法则，则君主作为道德主体来说，与士人阶层乃至一般民众应当本无差别。可事实正相反，君主往往凭借至高权力逃脱职分约束，肆意压榨国民，以至于"求于民者，致其详，而尽于己者，卒怠而不修"，[31] 完全漠视君主身份享有的一切其实都来自"民之情"，而非"天之意"。为了明确君主职分，贯彻为民立君的政治初衷，纠正"民轻君贵"的专制现状，孝孺面向君主提出了三方面政治伦理规范：君民关系上的"为天养民"，君臣关系上的"君臣共治"，制度建构上的"立法利民"。

首先是君民关系。孝孺认为，君主制政体下的君民互相负有的伦理责任一目了然，即"民之职在乎奉上"、"君之职在乎养民"，

---

30 《君职》，《逊志斋集》卷三，第128页。
31 同上，第129页。

民众负责生产劳动以提供国家运转的物质所需，君主则负责"安其生而明其性"，保障国民获得应有的物质与精神利益。[32] 出于对专制皇权的警惕，孝孺尤其强调君对民的道德义务，道：

> 人君之职，为天养民者也。[33]
>
> 天之立君，所以为民，非使其民奉乎君也。……臣不供其职，则君以为不臣。君不修其职，天其谓之何？[34]

清楚指出了为天养民是事关君主身份合法性的根本职责。孝孺相信无益于民的君主终会失去天命，因为天意就是民意的集合。换言之，尽管君主的政治地位远高于民众，但在伦理价值上依然是"民贵君轻"。君民的贵贱之分不像专制皇权宣扬的那样属于天道之常，而只是人之施设。这种君民关系论实则倡导了一种基于职分观念的人格平等论，为近代政治哲学风潮由"民本"转向"民权"、"民主"埋下了伏笔。

再者是君臣关系。孝孺极看重政治运行过程中群臣起到的关键作用，称：

> 国之本，臣是也。[35]

断言国家虽以君主为顶点，政治的根柢却仍要依靠群臣。这句话选

---

32 《君职》，《逊志斋集》卷三，第 129 页。
33 《甄琛》，《逊志斋集》卷五，第 221 页。
34 《君职》，《逊志斋集》卷三，第 129 页。
35 《杂诫》，《逊志斋集》卷一，第 62 页。

录于《明儒学案》，理当引起了黄宗羲的高度共鸣。君臣共治是君主制政体下实现养民目标的必要手段，孝孺构筑的君臣关系论同样要为其民本主义服务。因此，孝孺在恪守臣尽忠的同时反对无条件忠君，主张以儒家人格理想对君主施以修身正心的同等道德要求，强调君主对群臣须做到"明以择人，诚以用贤"，[36] 严正声讨君对臣"取之过杂，持之过急，待之过贱，而黜陟不明"[37] 的不义制度，以期实现高效率的君臣协作，更有益于养民教民。由此可见，孝孺实则是把君主与群臣（乃至广大士人）都看作了同一政治共同体中责权对等的实践主体，其君臣共治论背后是对君臣平等理念的提倡，这在专制皇权独大的明代具有标志性意义。

最后是制度建构。孝孺构想的理想政治秩序除了明君贤臣，良法善治也不可或缺。他说：

> 欲天下之治，而不修为治之法，治不可致也。欲行为治之法，而不得行法之人，法不可行也。故法为要，人次之。[38]

认为良好的制度建构与有效推行制度的官吏群体都是君主治国的必要条件，但治法相比治人更具有决定性作用。而关于何谓良法，他明确主张：

> 夫法之立，岂为利其国乎，岂以保其子孙之不亡乎？其意将

---

36 《深虑论九》，《逊志斋集》卷二，第 122 页。
37 《官政》，《逊志斋集》卷三，第 132 页。
38 同上。

以利民尔。[39]

将"立法利民"作为判断政治制度正义与否的唯一直接标准。这是因为，君主制前提下，政治制度的形式合法性只能来自君权，而孝孺认定君主以养民为天职，则君主创设、坚守或改定的一切制度都应当符合有益人民的长远目标，而不应只为一姓存亡服务。也就是说，制度建构必须贯彻以民为本、民贵君轻的价值取向，才能达到形式合法性与实质合理性的统一，从而推进国家长治久安。基于此，孝孺强烈主张恢复"以井地养民，以比闾族党之法联民，以学校三物之典教民"[40]的三代之法。在他谋划的制度蓝图中，恢复井田与宗仪自治二项尤见批判专制皇权的鲜明态度，对黄宗羲等后代思想家不无启发。[41]

总之，方孝孺政治伦理学虽然总体未超出传统民本论的理论框架，但他基于政治起源从形上层面厘定了君主职分，又围绕君职学说重申了君—臣—民关系与制度建构应当遵循的民本原则，由此不但巩固和发展了孟子以降儒家"民贵君轻"的核心政治理念，而且为明代士人持续反思君主专制制度提供了理论范本，[42]客观上为

---

39 《深虑论六》，《逊志斋集》卷二，第 118 页。

40 《谢氏族谱序》，《逊志斋集》卷十三，第 499 页。

41 黄宗羲便重视方孝孺的田制思想，《明夷待访录》支持恢复井田，即以孝孺之论为历史依据，道："言井田必可复者，莫切于胡翰、方孝孺。"(《黄宗羲全集》第一册，第 25页）基于同样的信念，黄氏在《明夷待访录·田制二》中完善了孝孺未能详述的恢复井田之具体方案，进一步表达了在经济上取消封建特权、保护人民利益的政治诉求。

42 如丘濬《大学衍义补》即按照方孝孺的思路，基于职分观念批判了明代君臣的不平等关系，他对君臣观的探讨很可能也是黄宗羲君臣论的思想资源之一。相关论述可参见时亮《论黄宗羲的君臣观及其主要思想渊源》一文。

《明夷待访录》成书准备了前置思想条件。

三 《明夷待访录》对民本论政治哲学的再构筑

《明夷待访录》是黄宗羲政治思想的代表作，初成于清康熙元年（1662）至次年十月。该著是他长期反思明亡历史原因、探索儒家政治理想实现路径的集大成之作，具有很高的理论价值。通行本《明夷待访录》共一卷，收文 22 篇，今人又发现逸文 2 篇，但这并非该书原本的全部。据考证，《明夷待访录》原名《待访录》，未分卷，至少包含留下标题的 27 篇，其中有关制度建构的篇章基本采编自黄宗羲前作《留书》；而《待访录》付梓后，因个别篇章言辞激进，在刊刻过程中即被删去，未刻文散至其他文集中，大部分已佚失，今本《明夷待访录》实则只有原本的三分之一左右内容。[43]黄宗羲作《待访录》，总目标非常清晰，就是为了重建三代之治那样的文明理想社会。[44]为此，他对以明王朝为代表的君主专制政体进行了无情的批判，对构建通往天下大治的崭新政治制度付出了殷切的期许。梳理并剖析《明夷待访录》的政治思想可以发现，黄宗羲在论述君职、臣道及制度建构问题时都较为明显地承袭了方孝孺

---

43 参见吴光：《〈明夷待访录〉略考》，《浙江学刊》，1985 年第 2 期，第 73—74 页；以及吴光：《〈明夷待访录〉与〈留书〉关系考》，《杭州师范学院学报（社会科学版）》，1987 年第 2 期，第 56—59 页。

44 参见黄宗羲语："余尝为《待访录》，思复三代之治。"（《破邪论·题辞》，《黄宗羲全集》第一册，第 192 页）关于《明夷待访录》的写作动机，近代以来学界时有争议，矛盾焦点集中在"所待者是否为清君"上。笔者以为，无论黄宗羲是否产生过依附清廷的想法，《待访录》一书是他恢复三代之治的政治理想服务的，这一点应当无可置疑。

政治伦理学的精髓，并在此基础上以"公私之辨"为线索对方孝孺以来的传统民本论范式进行了再构筑，为儒家政治哲学的近代化做出了无可替代的贡献。

（一）论君职与君民关系

《明夷待访录》全书按照先破后立、由本到末的逻辑顺序展开，首先面临的理论任务就是批判专制皇权。与方孝孺一样，黄宗羲也先对君主及君主制进行了追本溯源，他写道：

> 有生之初，人各自私也，人各自利也，天下有公利而莫或兴之，有公害而莫或除之。有人者出，不以一己之利为利，而使天下受其利，不以一己之害为害，而使天下释其害。此其人之勤劳必千万于天下之人。夫以千万倍之勤劳而己又不享其利，必非天下之人情所欲居也。[45]

指出人类群体由自私自利、松散结合的自然状态进入紧密协作、追求利益最大化的文明社会，其转折点在于"千万倍勤劳于天下人而不享其利"之圣人的出现。圣人自愿放弃全部个人利益诉求，化身为"天下至公"，以维持社会秩序、实现万民的最大福祉为己任，从而配享万民之上的尊贵地位，这样的圣人就被赋予了人君的称号。因此从逻辑上讲，并非先有君主的概念，才有君主的职权，而是先有君主之实，方有君主之名。君主的实质只能在于职分，"欲

---

45 《明夷待访录·原君》，《黄宗羲全集》第一册，第 2 页。

以如父如天之空名禁人之窥伺"[46] 充其量是自欺欺人，这就从根本上否定了君权神授论。《原君》篇末尾，黄宗羲再三强调了明君职的重要性，他说：

> 明乎为君之职分，则唐、虞之世，人人能让，许由、务光非绝尘也；不明乎为君之职分，则市井之间，人人可欲，许由、务光所以旷后世而不闻也。[47]

君主的职分当然是为天下人谋利益，且大多数情况下这其中并不包含分配给君主本人的好处，所以上古时代有的贤人会拒绝这项只有付出鲜有回报的职业。可随着神圣既远，君主世袭制替代禅让制，后人纷纷淡忘了君主内在的固有职责，而只看到外在君权所能带来的好处，是以君权崇拜日盛，君主本人的私心也无限膨胀，"以我之大私为天下之大公"，最终使"家天下"愈演愈烈，反过来严重侵害了民众的正当利益，"使天下之人不敢自私，不敢自利"，以至于君主制的存在方式全然本末倒置了。[48] 黄宗羲对此给予了毫不留情的抨击：

> 古者以天下为主，君为客，凡君之所毕世而经营者，为天下也。今也以君为主，天下为客，凡天下之无地而得安宁者，为君也。……为天下之大害者，君而已矣。向使无君，人各得自私也，

46　《明夷待访录·原君》，《黄宗羲全集》第一册，第3页。
47　同上。
48　参见同上，第2—3页。

人各得自利也。⁴⁹

言下之意如果一国之君不能履行职责，还不如倒退回没有政治的原始时代更好。因为在自然状态下，人们虽然普遍过的是一种物质上相对贫瘠的生活，但任何人都有权为了争取或维护自身利益而与他人斗争。换言之，人与人之间至少在自我保全的自然权利上是绝对平等的，如黄宗羲所言："岂天地之大，于兆人万姓之中，独私其一人一姓乎？"⁵⁰ 大多数人之所以放弃自然状态下的部分乃至全部私利，服从共同体最高权力者的领导，是因为选择遵循一定的共同体秩序，不仅能够换取所交出权力的等价物，而且能够获得更大的力量保全自己的所有。而在君主制国家，民众接受君主的统治、供养皇室与政府的物质所需，自然也应当得到总体上更好的生活，否则就违背了"生生之谓大德"的天道至善原理，君权合法性的根基也就不复存在了。所以，黄宗羲面对将国家与人民当作牟取私利之工具的失职君主，发出了宁愿"无君"的痛呼。

应当说，黄宗羲的君主批判是相当彻底的。《明夷待访录》虽未直接提及"为天养民"四字，但在君民关系问题上，黄宗羲无疑继承了方孝孺"以民为本"的政治伦理准则，同样也是从究明君主制起源出发，得出了君主合法性根本上立足于君职之履行的结论，从而可以通过规定"为天下谋公利"的君主职分来约束君权，维护国民的共同利益。不过，需要说明的是，正如方孝孺政治伦理学对君职问题的阐发将儒家传统民本论发展到新的高度，《明夷待访录》

49　《明夷待访录·原君》，《黄宗羲全集》第一册，第2—3页。
50　同上，第3页。

也没有停留在天赋君职的简单重申上，而是将君主职分赖以成立的形上基础追究得更为彻底，考定得更为牢固。具言之，"为民立君"的理念在儒家政治思想史上并不新鲜，方孝孺基于君职学说的君民关系论之所以比较新颖，是因为他借此阐明了政治的意义恰在于补偿性正义，从而尽可能达到最大多数人后天生存与发展机会的相对公平。这样的政治哲学从表现形式上已较为接近近代意义的个人权利论，但方孝孺对于政治权力构成与分配的认识始终没有脱离理学所谓等级秩序的固有框架，因此其政治伦理学中即使已有"人人平等"的意味，他所理解的平等也更倾向于人类内在价值的平等，而不能说是真正的平等人权。其实，方孝孺和黄宗羲都承认趋利避害是人类的自然本性，二者的区别在于黄宗羲大胆肯定了"人各自私"的正当性，支持民众在任何情况下都有权维护自身的正当利益，类似于近代所说的保护私有财产权；而方孝孺固守"存天理、灭人欲"的伦理法则，则不会将实现民众各自的幸福追求当作政治的究极目的，即使他看到了民权与君权之间的巨大落差以及由此造成的人民不幸，也不能坦然要求颠覆君主制，因为在他那里，保障民众的物质与精神所需归根结底还是巩固君主制的一种手段，而社会总体幸福只能被定义为人间完全秩序化伴随的结果之一，所以方孝孺终其一生都对得君行道或多或少抱有希望。很明显，对于个体权利的初步承认是黄宗羲君民关系论之于方孝孺的最大突破，《明夷待访录》也由此揭示了方孝孺政治伦理的未尽之意，迈出了传统民本论政治哲学从论证人格平等转向要求权利平等的重要一步。当然，《明夷待访录》要求君主做到全然无私，以成全民众的有私，其出发点无非是君权民授论。但可贵的是，黄宗羲已经认识到君权民授意味着君权实际上来自社会其他成员本有自然权力的让渡，自然状态下彼此平等的个体是基于生存策略而自愿接受文明社会中政治地位的不平等，来换取国家的庇佑。也就是说，君主制是经由某种社会契约而形成的，那么一旦君主违背了约定的义务，民众至少应当保有撤回契约的自由。虽然这还不足以使黄宗羲形成否定君主制政体本身的彻底革命态度，但已足以驱使他决然向专制皇权挑战了。

（二）论臣道与君臣关系

君臣关系向来是儒家政治哲学的重要命题，孔子提出的"君使臣以礼，臣事君以忠"（《论语·八佾》）长期被士人阶层奉为圭臬，宋以来新儒学对君臣伦理中"忠"的推崇更是达到了前所未有的高度。然仅过了宋朝短短三百年，由元入明后，专制皇权一步步走向独裁。明太祖革除丞相，厉行中央集权，重典治吏，重用阉宦，破坏了宋以来士人公认的君臣秩序，在儒家知识分子眼中已无异于"把持天下"的霸政，因此方孝孺对明初的君臣矛盾已多有议论。而直到《明夷待访录》撰写时，清廷入关已 20 年，回望有明一朝君臣关系的空前恶化，黄宗羲便不得不追究君臣伦理之失与明亡的内在关联。

《明夷待访录》对君臣伦理的批判主要集中于《原臣》《置相》等篇章。从这些论文中可以看到，黄宗羲对人臣这一政治角色产生缘由的解释与方孝孺如出一辙，他说：

> 臣道如何而后可？曰：缘夫天下之大，非一人之所能治，而

> 分治之以群工。故我之出而仕也，为天下，非为君也；为万民，
> 非为一姓也。[51]

> 　　原夫作君之意，所以治天下也。天下不能一人而治，则设官
> 以治之；是官者，分身之君也。[52]

也主张任用贤才为官，使其分担君主职权，是支撑庞大国家政治运行的客观需要，而君臣本只有职权大小之分，没有尊卑贵贱的本质差别。黄宗羲深谙君主制产生的原理，故其虽未明言，我们仍可推知国家须"分治而群工"的根本原因在于，君主毕竟还是造化所生之人，无论其人间权力如何膨胀，也无法从本质上克服知与行的有限性。君臣共治的现实意义可能远大于其伦理意义：知的方面，君主需百官辅助获知天下事，需借助贤臣的智识打理政务，更须掌握"道统"的人臣监督皇权、格君心之非；行的方面，君主也离不开大批官员具体负责政策法规的施行，以便使王治覆盖整个国家。于是，在这样的政治运作结构中，官吏就成了君主与民众之间的纽带，政治地位极其特殊，政治角色极其微妙，是名副其实的"国之本"。那么，担负分治重责的群臣又该如何把握为官之道？对此，黄宗羲写道：

> 　　吾以天下万民起见，非其道，即君以形声强我，未之敢从
> 也，况于无形无声乎！非其道，即立身于其朝，未之敢许也，况
> 于杀其身乎！不然，而以君之一身一姓起见，君有无形无声之嗜

51　《明夷待访录·原臣》，《黄宗羲全集》第一册，第 4 页。
52　《明夷待访录·置相》，《黄宗羲全集》第一册，第 8 页。

欲，吾从而视之听之，此宦官宫妾之心也；君为己死而为己亡，吾从而死之亡之，此其私昵者之事也。[53]

为人臣者既要向君主负责，更要代表万民的意志，但黄宗羲认为臣道归根结底还是要以民为本，万不可"视天下人民为人君橐中之私物"[54] 而以上意为先。这是因为，设立君主制根本上是为了促进社会总体福利的净增长，无论君主还是群臣都为实现这一目标而被赋予相应权力的政治执行者，"臣之与君，名异而实同"，[55] 所以人臣本质上绝非君主的家奴，而是天下人的公仆，是"替天行道"的一员，在经手的所有政治事务上都负有不可推卸的伦理责任。况且"天下之治乱，不在一姓之兴亡，而在万民之忧乐"，[56] 人臣唯国君是瞻并不能换来国运长盛不衰。换言之，黄宗羲对君臣双方的原则性要求都是真正的"大公无私"，亦即将天下万民之长远利益与自身利益等视之，并随时自觉地以前者为绝对优先项。只要君臣双方都遵循这一原则，就一定能恢复古先圣王时期"臣拜，君必答拜"[57] 的和谐对等关系，基于君臣共治的高效政治运行而实现国家长治久安。反之，如果君臣双方都被各自的私心主宰，君主便只会任用小人为官，群臣也就成了一姓江山的统治工具，以致君不君、臣不臣，政治堕落而万民受其害，最终导致国家崩溃，明朝灭亡即是最好例证。

53　《明夷待访录·原臣》，《黄宗羲全集》第一册，第4页。
54　同上。
55　同上，第5页。
56　同上。
57　《明夷待访录·置相》，《黄宗羲全集》第一册，第8页。

通过上述分析可知，与方孝孺重在呼吁"君使臣以礼"来改善君臣关系不同，《明夷待访录》更多地着墨于"臣事君以忠"的方面，强调群臣本身的尽忠职守，以期君臣双方能够在共同遵守"以民为本、大公无私"伦理准则的基础上实现相敬如宾、分治群工的和谐关系。当然，黄宗羲君臣观下"忠"的概念指的不是俗吏眼中的所谓忠君，更不是昧于事理的愚忠或阿谀奉承的诈忠，而是尽心竭力贯彻自身职分的自觉自为之忠，要求人臣以本心真理为准绳，为所当为而已。虽然方孝孺在阐述君臣伦理时没有专门解释忠的含义，但他针对士人阶层的道德要求本已涵盖这方面内容，甚至方孝孺自己就是践行自觉自为之忠的最佳代表人物之一。[58] 其实，无论是《原臣》篇论臣道，还是《原君》篇论君职，背后隐含的人性论预设是一致的，且也可以在方孝孺政治伦理学中找到，亦即儒家哲学以"职分"观念为核心的人格平等说。这种思想由来已久，属于儒家知识分子的共识，不能说是《明夷待访录》从方孝孺政治伦理学中吸收的标志性部分。黄宗羲有承于方孝孺者，应当仍在于以民为本的君臣共治理念。单就君臣共治理念来说，它产生于儒家道统学说与政治哲学的结合，正因为本由君主掌握的治统在三代圣王之后，随着君主世袭制的实行而与道统发生了分离，后世君主才必须接受作为道统后继者的儒家学统传人们的监督与矫正，这也是一种历史悠久的儒家学说，而方孝孺与黄宗羲以深刻的民本主义为其塑

---

58 《明史》卷一四一《方孝孺传》记载方孝孺殉死前曾不与明成祖"此朕家事"之语，对此后世史家多认为，方孝孺忠于建文帝自然不免有感念知遇之恩的私人感情因素，但更多的是出于维护君主制正当性的公义之心。《明儒学案》在评论方孝孺时，对于他在绝对强权面前选择为履行道德责任而放弃生命一事给予了强烈肯定，从中可折射出方孝孺与黄宗羲对于臣道问题认识的一致性。

形，是对儒家传统政治思想的完善与发展。基于此，方孝孺与黄宗羲都格外重视贤臣"格君心之非"的作用，从二人皆坚决反对取消宰相制度便可见一斑。方孝孺因胡惟庸案痛失尊父与恩师，曾屡次撰文申明宰相制度的必要性，暗砭明太祖"以私意为天下"，[59] 但他受迫于明太祖强权独裁造成的残酷政治生态，毕竟不能公然提倡复立冢宰，只能退而求其次，倡导君学，劝诫国君至少能出于统治的现实需要而积极任贤、礼待群臣。此后，方孝孺终于在参与建文新政时有限度地推行了官制改革，营造了有明一朝极其短暂的君臣共治时期。而黄宗羲看尽了明朝取消宰相后宦官专权、胥吏横行的腐败政治，则在置相问题上态度更坚决、反应更激烈，直称"有明之无善治，自高皇帝罢丞相始也"。[60] 黄宗羲认为，宰相制度不仅是君臣共治的象征，更是实际的君权监督机制，国君人选是否合格、国君的政治决断是否得当都要靠宰相来拿捏，甚至在特殊情况下宰相可代行君职。[61] 因此，他在批判明代君臣伦理的基础上，明确要求建立符合其政治理念的以宰相为首的国家行政机关和以学校为主的舆论监督机构，用以瓦解皇权专制，其中蕴含的权力制衡与架空君权思想是较于方孝孺更具有近代进步意义的。

（三）论制度建构

黄宗羲崇尚实学，具体的制度建构问题是《明夷待访录》全书撰写的重中之重。仅以现存文本而言，除《题辞》与前三篇外，该

---

59 《深虑论三》，《逊志斋集》卷二，第 72 页。

60 《明夷待访录·置相》，《黄宗羲全集》第一册，第 8 页。

61 参见同上文。

著其余篇章都属于黄宗羲有关改良国家政治制度的意见与建议，涉及国体、政体、官制、教育、军事、经济等各个方面，可谓一部详尽的变法方案。而前三篇中的《原法》则统率这部为治之法，提纲挈领地阐明了黄宗羲制度建构论的中心意旨，不可不重视，其言：

> 三代以上有法，三代以下无法。何以言之？二帝、三王知天下之不可无养也，为之授田以耕之；知天下之不可无衣也，为之授地以桑麻之；知天下之不可无教也，为之学校以兴之；为之婚姻之礼以防其淫；为之卒乘之赋以防其乱。此三代以上之法也，因未尝为一己而立也。[62]

指出三代之法是古先圣王为了供养国民物质生活需要及培育国民思想道德素质而制定的，其核心理念就在于为民立法、立法利民。而三代以下君主出于一姓统治之私欲，肆意删改古法，妄自增设新法，结果就是损害了国民利益而助长了皇权独大，严重破坏了"法"应有的正当性与合理性。据此，黄宗羲将法分为彼此不相容的"天下之法"和"一家之法"两种，又将政治制度发展史截断为三代以上和三代以下两个阶段，主张三代以下天下趋于混乱与三代之法的失落不无干系。其实，儒家知识分子好言三代圣王，儒家政治哲学更以恢复三代之治为最高政治理想，黄宗羲也不例外。此处看似谈历史，实则陈述的是黄宗羲制度建构论的价值取向，即广义的"法"作为君权在制度层面的延伸，同样也要贯彻君职的本质要

---

62 《明夷待访录·原法》，《黄宗羲全集》第一册，第6页。

求，遵循"以民为本、大公无私"的伦理准则来设置或调整。根据这一原理，黄宗羲又进一步揭示了三代以下的后世之法之所以不可取的具体原因，道：

> 后世之法，藏天下于筐箧者也。利不欲其遗于下，福必欲其敛于上；用一人焉则疑其自私，而又用一人以制其私；行一事焉则虑其可欺，而又设一事以防其欺。天下之人共知其筐箧之所在，吾亦鳃鳃然日唯筐箧之是虞，故其法不得不密。法愈密而天下之乱即生于法之中，所谓非法之法也。[63]

此段引文虽未明确指称，但考虑到《明夷待访录》撰写的时代背景与文中形容的历史情况，基本可以确信黄宗羲重点批判的对象就是明朝之法。那么，以明太祖为代表的后世君主为何要违背先贤教训，改变近于理想制度的三代之法？黄宗羲认为，症结在于后世君主将国家与国民都看作自己的私人财产，其制度建构的初衷乃是保持一姓江山尽可能持久的家族所有权，现实目的则是为满足尽可能多的个人欲望提供条件。既然君主以私意立法，就不得不层层制定极为繁复的法度，突破原有的政治平衡，强制天下人放弃本当享有的合法权利，转而填补专制皇权无尽的欲求，这必将带来不良后果的连锁反应：一方面导致与民争利，加剧了君主、民众、群臣三者之间的矛盾，埋下社会动荡的隐患；另一方面则意味着君主自私自利的负面形象通过法度的推行成为潜在的公共榜样，使国民出于趋

---

63 《明夷待访录·原法》，《黄宗羲全集》第一册，第6—7页。

利避害的本能而被迫过上一种唯利是图、尔虞我诈的不道德生活，进一步种下天下大乱的种子。如此一来，看似面面俱到的后世之法非但不能起到改善人民生活、稳定社会秩序、引导人民向善的作用，反而变成了皇朝崩溃、国家衰亡的诱因。

正是由于痛感到血的历史教训，《明夷待访录》才于制度建构这一实践问题上尤为着力。黄宗羲提出的变法方案大致包括：国体方面，折衷封建与郡县，改行方镇之制；[64] 官制方面，恢复宰相及其附属行政机构，力求君臣共议朝政，杜绝阉宦当权，整顿胥吏；[65] 教育方面，改革学校与选举，由具备真才实学的儒家知识分子掌握培育与筛选人才的实权，切实为国家治理准备与提供有用人才，并使学校同时成为舆论监督机构，一定程度上起到制衡专制皇权的作用；[66] 军事方面，改行类似近代的征兵制度；[67] 经济方面，仿照屯田以变相恢复井田制，综合考量田地的数量与质量来确定赋税，废除金银的通货地位，改用粟帛等实物或统一铸币，规范发展工商业等。[68] 客观来讲，以上措施并不全都切合实际，但足以见得黄宗羲对明代政治制度的深入反思与对专制皇权的高度警惕。

另外，《原法》篇还反驳了时人关于制度建构的三种错误思潮，所陈述的观点都能在方孝孺政治思想中找到印证：其一是祖宗法不可变，对此黄宗羲认为，良法与恶法的根本区别唯在于该法是否出

64　参见《明夷待访录》的《方镇》、《封建》二篇。

65　参见《明夷待访录》的《置相》、《胥吏》、《奄宦》等篇。

66　参见《明夷待访录》的《学校》、《取士》等篇。

67　参见《明夷待访录》的《兵制》篇。

68　参见《明夷待访录》的《田制》篇与《财计》篇。

于公义而制定、能否为天下人谋利益，即便是祖宗之法，只要有害国民就应该改革；其二是法之存亡无关治乱，对此黄宗羲认为，良法善治的切实推行是实现天下太平的必要前提，历史事实已充分证明，三代之法的破坏是天下人生活愈加困苦的重要原因，因此根据现实情况逐步恢复古先圣王定立的井田、封建、学校和军队等制度正乃当务之急；其三是治人先于治法，对此黄宗羲认为，由于法的具体执行者同样也受制于法，再优秀的官吏也不能超越现行制度去追求公共利益的进一步增长，相反，只要制度本身得当，纵使小人为官，也不至于在政治实践过程中损害公利，因此法治的优先度理当高于人治。[69]

应当说，《明夷待访录》制度建构论的精神内核与具体论调都同方孝孺政治伦理学相当契合，尤其是在倡导立法利民、批判"天下尚法"与"人治高于法治"等问题上，双方可互为补益，足见默契。譬如，方孝孺认为"无法不足以治天下，而天下非法所能治"，[70] 主要是因为狭义的法律只具备有限的惩恶功能，只能向本就朝不保夕的臣民散布畏惧，而不能解决臣民作乱的根源，更不足以扬善。相较于黄宗羲更强调恶法带来恶果的危险性，方孝孺则着眼于法律功能本身的局限性，结合二者的观点恰可以证明，一旦制度失去了利民的本来意义，就一定会变成压榨人民的工具，使天下人不得其善，反而极大有害于国家。唯有施行良法善治，君主与政府才能获得民心，促成社会的真正秩序化。总之，方孝孺与黄宗羲出

69　参见《明夷待访录·原法》，《黄宗羲全集》第一册，第 7 页。

70　《治要》，《逊志斋集》卷三，第 88 页。

于对政治制度起源的相似认识，都赞成保障与增进国民的物质与精神利益是政治制度的根本目的，所以他们判断政治制度好坏的实际标准都指向天下人能否从中受益。同时，他们又都倾向于将衡量政治制度善恶的道德尺度放在立法者也就是君主的主观意志是否体现了"公天下之心"[71]上，强调制度建构必须杜绝立法者一己私意的影响。由此可见，他们二人其实都要求政治制度的善恶标准符合主客观相统一的原则，即既要主观上出于立法者的善良意志，又必须客观上对全体国民产生实际的好处。不过，由于现实中任何行为的动机只能依据行为产生的效果加以反推，君主立法的真正初衷往往难以测度，因此无论是方孝孺还是黄宗羲，其制度建构论所遵循的伦理准则仍要诉诸现实层面的立法利民。但作为儒家"天人合一"道德哲学的忠实继承者，他们在批判政治弊端时依然不免从义务论角度出发，将政治制度的扭曲乃至文明理想的失落归咎于君主立法的失职，这也使得他们的制度批判始终未能真正切中君主制政体的要害。也正是因为他们都无法从根源上彻底否定君主制政体，他们提出的变法方案终究还是改良性质的，只不过黄宗羲更清楚地看到了明朝政治的弊端及其对天下人造成的残害，他反对专制皇权的态度自然会比方孝孺更为坚决，措施也更为彻底。不可否认的是，《明夷待访录》毕竟在中国政治思想史上较早地触及了以权力制衡理念为中心的政治改革路径，一反仅靠对君主施加道德约束来实现政治清明的儒家德治主义传统，比之方孝孺君学论而言确是一次较大飞跃。

71　《深虑论三》，《逊志斋集》卷二，第 72 页。

四　小结

明朝有国不足三百年，皇权之独断、政治之动荡、士风之混乱可谓中国近世之最。方孝孺与黄宗羲分别生于一朝之首尾，又同为各自时代江南儒学的代表性学者，他们的政治思想本就极具比较研究的价值。且令人深思的是，方孝孺的系列政论与黄宗羲的《明夷待访录》都不约而同地采取了批判君主专制的思想基调，其分析之深刻、用意之恳切显然不仅仅是出于儒家知识分子好谈时政的思维惯性，而必有独辟蹊径的理论认识与心怀天下的政治觉悟方能得之。考虑到黄宗羲对方孝孺气节人品的敬重与学术思想的推崇，以及《明夷待访录》与方孝孺政治伦理学在理论建构上的相似性，我们有理由相信，《明夷待访录》很可能直接承袭了方孝孺政治思想的精髓，从而通过对专制皇权的有力声讨，在中国政治思想史上再度高举起了"以民为本、天下为公"的正义旗帜。但黄宗羲的理论贡献远不止于此，《明夷待访录》以公私之辨为线索重新阐发了君职、臣道、制度建构等重要议题，其中蕴含的保护私有财产和权力制衡思想无疑是对方孝孺所代表的传统民本论政治哲学范式的超越与重构，可谓近代新民本主义政治哲学的启蒙先声。

当然，关于《明夷待访录》究竟在多大程度上发展了中国传统政治哲学，学术界亦有多种意见。自清末民初梁启超等人将黄宗羲标举为近代革命思想先驱以来，学术界研究《明夷待访录》的热情便始终不减，其中既有追捧备至者，亦有平淡视之者。譬如，萧公权就曾说道："细绎《待访录》之立言，觉梨洲虽反对专制而未能冲破君主政体之范围。故其思想实仍蹈袭孟子之故辙，未足以语于真正之转变。"[72] 所论不无道理。概观而言，无论是方孝孺还是黄宗羲，其"民本仁政"的理论架构乃至核心理念比之两千年前的孟子确无实质区别。然而，政治本身的实践属性决定了政治思想的价值不唯在于表现形式上的别出心裁，更重要的是看一种政治思想能否回应时代的需要、回答时代的问题。方孝孺一生大部分时间生活在天下甫定、以猛治国的洪武朝，虽已亲见专制皇权的狰狞面貌，但出于对驱除异族、统一中华之正统皇帝的拥护，他更希望在现有政治框架内通过对君主的温和约束与有限的制度调整来解决影响国家长治久安的种种问题。因此，方孝孺政治思想中批判君主专制的部分——也就是他围绕"君职"理念构筑的民本主义政治伦理学，相较于他有关变法的具体建议来说就显得更有价值。而黄宗羲生活于明末清初王朝更迭之际，既见专制皇权荼毒天下已久，又自觉接受了阳明学与东林党的影响，他的政治立场定然更倾向于士人与富民阶层，并同情贫民阶层，而对君主及其背后的统治力量充满警惕。因此，《明夷待访录》承接方孝孺政治伦理，继续完成批判君主专制的历史任务可以说是顺理成章，但黄宗羲构想的变法方案必然不同于方孝孺，他以恢复三代之法为名设计的制度改革蓝图实际上要求实现的是一种君臣分治、舆论监督、限制皇权并保护民众私有财产的崭新政体，这是与明代中后期富民阶层的日益壮大及承认个体平等、追求个人自由的心学风潮分不开的。简而言之，传统民本论依附于君主制政体，其中君、臣、民三者分别扮演不同的政治角色，君主拥有政治上的无限权力，甚至不受法律约束，群臣有

---

72 《中国政治思想史》，第 592 页。

代君牧民的有限管辖权和参政议政的权利，民众则全然属于被统治者，乃政治客体，一般不会被赋予政治权力与政治自由。方孝孺政治伦理学显然未充分意识到这种固有的政治秩序下民众政治话语权的缺失，而只关注到王道之治是否能惠及每一个国民。即使方孝孺的宗仪自治论使人民自谋教养来变相实现王治，形同弃君，从结果上看，可能是以另一种更激进的方式完成了对君权的否定，但这并不改变他忽视了民众作为一股重要政治力量的事实。《明夷待访录》则一面通过揭示世袭皇权"家天下"的私心来否定君主专制政体的合法性，一面又通过变法试图在一定程度上弭平民权相对于君权的不平等，可见黄宗羲已大胆承认了民众反抗君权压迫、保全个人正当权益的合理性，不再只强调君对民单方面的施与，而开始将民众看作独立的政治力量。应当说，同样是从民本主义和批判专制皇权出发，二者解决政治弊端的思路截然不同：方孝孺由君职导出君学，始终囿于如何促使国君自律的道德修养问题；而黄宗羲由君职转向变法，预想经由分化君权的外部监督制度倒逼君主履行自身的道德义务，已不再停留于传统民本论那种德治主义说教，看似是由自律向他律的退步，但显然更具有现实性和前瞻性。

　　总之，行文至此，固然只能部分解决本章开头提出的问题，要确切详实地考证《明夷待访录》的思想来源，仅考察其与方孝孺政治哲学的亲缘关系是不够的，日后笔者将继续跟进相关研究。不过，经由梳理《明夷待访录》对方孝孺政治伦理的继承与发展状况，我们确实看到了明清江南儒学在这段时期中的薪火相传，以及由此造就的学术奇观。虽然方孝孺的政治构想悉数落空，黄宗羲盼望的"大壮"之运没有如期到来，《明夷待访录》这部惊世大作也沉寂二百年有余，但儒家知识分子以民为本、天下为公的伦理精神和敢于批判权威的正道信念确实经由方孝孺、黄宗羲等有识之士代代相传，为后代所有致力于创造更美好世界的奋斗者们留下了宝贵的精神财富。

结　论

按照由明体至达用、由内圣至外王的次第，本书梳理了方孝孺儒学的形而上学基础和实践方法论框架，及其发用于现世功利后展开的文化哲学与政治思想，呈现了方孝孺儒学思想的通体架构和内容，并探讨了其后世影响，至此也将走向论述的尾声。

通过对孝孺儒学思想的考察，可以比较容易地捕捉到他的思想与金华学派之间的学术亲缘性。其实，孝孺本人不仅对于金华之学本身有极大自信，而且对传承金华之学有高度自觉。他曾对金华地区的学术传统有如下总结：

> 伏以道术之分九流，儒者实礼乐之宗主；浙水之东七郡，金华乃文献之渊林。在天躔为婺女之墟，于坟籍资贤人之聚。自宋南渡，有吕东莱。继以何、王、金、许，真知实践，而承正学之传；复生胡、柳、黄、吴，伟论雄辞，以鸣当代之盛。遂使山海之域，居然邹鲁之风。天实启之，世有作者。惟我朝创业垂统之初载，得华川、潜溪之两公。或以诚笃博大镇朝廷，或以忠节刚方闻夷夏。修九十三年之元史，为百千亿载之成书。虽盛衰荣辱所遇难齐，而道德文章俱垂不朽。继其后者，

夫岂易哉！ [1]

在这段文章中，孝孺首先高度肯定了金华地区儒学的思想成就与学术界地位，指出吕祖谦作为南宋金华地区学术造诣最高、政治影响力最大的儒家学者，应当被看作是作为地方学派的金华之学的首开先河者。在孝孺的学统观念中，吕祖谦的学问和朱熹一样，毫无疑问都属于道学正传。[2]吕祖谦以下，一般被视为考亭嫡传的何基、王柏、金履祥、许谦既具备金华朱子学正统继承者的身份，同时也被当作东莱学脉的精神延续。北山四先生之后，金华之学借由胡翰、柳贯、黄潘、吴莱的文章成就闻名于天下，在儒林之中取得了极高声誉。其后，又由于宋濂、王祎辅佐太祖、修编《元史》，所取得的事功之伟大、所彰显的道德之崇高，金华之学作为当时儒家时代精神的代表再次被推向了发展高峰。方孝孺对于南宋到明初金华之学传承情况的把握当然是可信的，但他与后出的《宋元学案》切入路径不同。比起黄宗羲偏重师承关系，上述孝孺关于金华之学传承系谱的总结性意见在突出地缘特征的表象下，不单只是对地域学术共同体发展过程中各个阶段杰出人物的简单串联，更反映出了金华之学在儒家精神与价值理念层面确实存在的超越学派分别的薪火相传关系。

实际上，由宋入元以后，婺州（金华）地区理学的显流自然是以北山学派为首的朱子学，学于北山门人宋濂的方孝孺，其理学本体论中浓重的朱子学性格也佐证了这一点。然而，元明金华之学毕

1　《文会疏》，《逊志斋集》卷八，第324页。

2　孝孺所作策问中就曾主张"东莱吕氏其学似与朱子不异"（《策问十二首》，《逊志斋集》卷六，第270页），可见他并未有意区分朱熹与吕祖谦在具体学术观点上的差异性。

竟由南宋婺学起一路下贯，未有中断，这就使得针对明初金华学派
的研究不可能罔顾吕祖谦在其中的影响。[3] 由此，围绕方孝孺的学
术史定位问题，除了他作为朱子学者的单一维度，至少还可以从以
下两个层面加以分析：其一，方孝孺的儒学思想承接了吕祖谦兼容
并蓄、调和心学的倾向与浙东学人一贯的经世致用精神，这在前文
已有较多论述；其二，方孝孺的儒学思想既受益于金华文献之学这
一宝贵学术资源，又是对这一学术传统有意识的继承与发扬。金华
文献之学发源于吕祖谦伯祖吕本中躬受的北宋中原学术之传，到吕
祖谦时已使他成为公认的"中原文献之所传"[4]者。而宋濂极其敬仰
吕祖谦，自谓其私淑者，"独念吕氏之传且坠，奋然思继其绝学"，[5]
成为了中原文献之学的当代复兴者。宋濂力主学本于六经，推广经
史之学，倡导文以载道的为学精神。他的这些思想又被方孝孺完整
地吸收和发展，着重表达于后者的为学思想中。孝孺为学思想要求
读书人必须从五经入学，严格遵循文道统一的为学原则，其中当然
有为现实纠偏的迫切需要，同时也含有扭转婺学渐入训诂文章之
势、使之回归伊洛正统的更深一层用意。[6] 由此也可以看到，正是

---

3 参见董平：《南宋婺学之演变及其至明初的传承》，《宋明儒学与浙东学术：董平学术论
　集》，贵阳：孔学堂书局，2015年版，第64—93页。论文指出吕祖谦注重经史的精神与
　实践性格持续被宋以后到明初的金华学者继承下来，北山四先生、宋濂四师及其本人、
　王祎、胡翰等人的学问皆有宗朱而不泥于朱的特点，这正是他们采取吕学的为学方法和
　学术价值导向切入朱子学研究和传承的结果，而孝孺也隶属于这一学术传承体系中。

4 《东莱学案》，《宋元学案》卷五十一，第1653页。

5 《王祎〈宋太史传〉》，《潜溪录》卷二，《宋濂全集》，第2525页。

6 孝孺《杂诫》中曾严词抨击导致圣人学术衰微的四大原因：利禄、务名、训诂、文辞
　（参见《逊志斋集》卷一，第58页）。很显然，他具有奉性理之学为儒学正宗的明确意
　识，因而在反对利达之欲等扭曲学者正道的一般缘由之外，也必须反对儒学内部的旁
　道，力求使之回归主流。

在浙东学人以道用世、经世致用的性格影响下，方孝孺继承的两种学术基因相辅相成，促成了他对金华之学的弘扬。总之，孝孺在金华学派传承到明初、相对还比较繁荣的阶段起到了很好的承上作用，在一定时期内有效地推进了朱子学和金华文献之学的发展，扩大了金华学派在全国的学术影响力，只是这种积极作用很快便由于政局剧变戛然而止了。

方孝孺之后，随着大量成员受到靖难牵连，金华学派的学术地位也一落千丈，从洪武儒学的主流一转而走向沉寂。钱谦益曾回顾此事，论曰：

> 盖朱子之学，一传为何基氏、王柏氏，再传为金履祥氏、许谦氏，又再传为宋文宪公景濂。而先生少学于景濂，景濂所谓"岂知万毫牛，难媲一角麟"者也。自先生死于革除，精忠奇节，震动古今。然后天下知正心诚意之学，果足以植天经、扶人纪；然后知圣贤中庸之道，与乡愿小人之伪学，果截然两途。于是朱子之道，得先生而大光。而有宋诸儒，三百年来之学脉，譬之中原之山川，龙脉纡回，浚发于南北戒之间，至是而始得所结局焉。[7]

这段话除了再次肯定了由朱子至北山四先生，再至宋濂，又至方孝孺的朱学正统传承谱系，更重要的是点出了方孝孺作为朱子学在明初最伟大的传承者之一，同时也是其终结者的学术史地位。当然，客观上讲，就算方孝孺案使明初朱学集团元气大伤，朱子学在中国

7　钱谦益：《重刻方正学文集序》，《逊志斋外集》，第28页。

境内还远远谈不上消灭，其作为官方意识形态的思想地位甚至在随后的永乐年间愈趋稳固与崇高。而在直接受到重创的金华地区，朱子学脉络实则也相应地延续了一段时期，出现了章懋这样有所成就的理学家。但黄宗羲考证章懋之学，称"其学墨守宋儒，本之自得，非有传授"，又讲"金华自何、王、金、许以后，先生承风而接之，其门人如黄傅、张大轮、陆震、唐龙、应璋、董遵、凌瀚、程文德、章拯，皆不失其传云"，可见金华地区朱子学虽下有所传，然其上接北山学脉的成分则显然比较稀薄了。[8] 孝孺作为明初金华学派在学术、事功两方面皆成就斐然的一位传人，本应担当起兴盛一方之学、赓续儒家传统的不二使命，但尽管他生前广开门户，尽心传道，桃李满天下，最终却由于遭遇靖难这一特殊历史事件，非但自己没有留下任何足以肩负道统的亲传弟子，更使得朱子学金华一脉几近落得个后继无人的地步。

不过，儒家向来不仅仅以亲传授受与否论道统承继之正邪，而更加看重后来者是否有得于往圣前贤之神髓，是否导引了儒家学术向更接近真理与至善的方向发展。至少在黄宗羲、钱谦益等人笔下，金华诸先生如是，方孝孺亦如是。不得不说，方孝孺之所以被往后历代儒家学者公认为醇儒，最重要的原因是在于他无论是为学还是为人，都彰显出了儒者应有之正直的极致，而不一定首先在于他本身的儒学建树相对于理学传统而言有几分突破或创新。

醇儒方孝孺的炼成不是偶然的。通过考察孝孺的文章作品及其儒学思想的建构，可以十分清楚地发现一个贯穿始终的特

8　参见《诸儒学案上三》，《明儒学案》卷四十五，第1074页。

征——也是孝孺本人屡次明言的——那就是他立言的目的总是指向现世践履，即是说，学问从来都是为了成就理想人格、恢复礼乐文明、重建人间秩序。这一理念落实在具体的人生实践上，其实就是要求士人先养成君子人格，再以君子的才德参与治世，最终实现儒家理想，诚如其言"儒者之学，其至，圣人也；其用，王道也"。[9] 孝孺此说正暗合了《大学》所讲修身、齐家、治国、平天下的次第，看似无甚出奇，惟当特别留意的是他将经世致用作为儒学内在要求的思维方式，和这种思维方式背后流露出的儒者情怀与士人志气。除了孝孺本人的性格特征与学脉出身等原因，不妨将这一点置于朱子学发展的大背景下加以理解，就可以比较显著地看到，在朱子学被树立为儒学正统后，随着朱子学后续理论建构工作的逐步完备和朱子学群体的大量扩充，围绕理论本身的创造性活动不再是大多数理学家的工作重心，特别是到了元末明初之时，在动荡现实的倒逼下，理学家中蔓延的"重践履"风潮实际上已然相当热烈。这段时期的理学家大体不同于他们的宋代前辈，往往对纯粹的形而上学思辨关切不多，却格外注重为学与政治。正如陈荣捷点出的："此其时不宜再作干枯与高远之理性探讨，而应作道德之抉择与个人之果断。"[10] 基于这样的背景前提，孝孺的思想建构与其现实事迹之间的关系也就显得尤为耐人寻味了。

　　然考之史籍，孝孺经世济民的梦想仅仅历经建文朝短暂四年的

---

9 《杂诫》，《逊志斋集》卷一，第 63 页。

10 《早期明代之程朱学派》，《朱学论集》，第 227 页。本句另有译作："当时的时代并不是用来进行枯燥无味和毫无兴趣的理智上的思索，而是用来进行道德选择和个人决定的时代。"（参见陈荣捷：《明代早期的程朱学派》，《中国哲学史研究》，1985 年第 2 期，第 102—110 页）

绽放，随即以十族诛戮的血腥方式告终，其气节之优烈、下场之惨
绝皆可谓前无古人、后无来者。因此，孝孺的声名也百世不朽，后
人对他的讨论与争议从未平息。观后世评议，针对孝孺事迹的褒贬
皆有，大都是出于借古讽今、以古鉴今的主观动机而立论的。贬者
之中，或有温和批评者，以为孝孺为成就一己之是，牵连无辜赴死
者过众，其行有失于中，如明人何乔远；[11] 或有激烈否定者，以为
孝孺根本即一迂儒而已，既不足以辅君，其死亦算不得忠行，如清
人陈法。[12] 而褒者往往盛赞其学术文章之正与舍生取义之忠，淡化
或者回避孝孺对于建文失势应负的责任，为孝孺在建文新政实行过
程中可能存在的失误极力辩护，并将革除事件导致所谓"诛十族"
结局的原因更多地归结到明成祖身上。褒扬孝孺的士人群体数量庞
大，在此不能尽举，李贽、刘宗周、黄宗羲等可为其代表。孝孺之
所以选择临危一死报君王，当然有其不得不为的内外原因，他的事
迹也是不可复制的。有关孝孺殉难事件的历史文化意义，前人已有

11　参见何乔远：《臣林外记》，《名山藏》卷八十二，明崇祯刻本。其中论及方孝孺辅佐建
　　文，褒贬参半，道"余读其所著《深虑》、《治要》、《官政》、《民政》诸篇……信斯言
　　也，诚救时之良药矣"，"惜乎好古太坚，求治太锐，欲以一人之身挽回数千年之世道，
　　而皆必自己出"，"而刻削太骤，至于骨肉嫌猜，坐生萧墙之祸，尚晏然讲《周官》之
　　法，谋及行闲割地而始穷，又何疏耶"，当知何氏虽然赞许孝孺的政治思想，但对孝孺
　　政治实践的方式方法颇有微词，故暗示孝孺实乃一"迂儒"；次又论及革除之事，道
　　"古今成仁之祸烈未加此也"，何氏认为株连十族的惨祸很大程度上应当追究于孝孺的
　　主观责任，但他并不否认以孝孺为代表的浙东士人团体展现了"志士仁人"应有的道
　　德品性。

12　清代贵州学者陈法作《方孝孺论》曰："方孝孺者，不学无术而刚愎自用之小人也。"
　　（参见《犹存集》卷五，《黔南丛书》第六辑）全文尽陈孝孺辅佐建文之失，谓其横加
　　挑拨建文帝与明成祖之间的叔侄关系，既不能于燕军勤王之时护建文帝周全，又不能
　　于对峙成祖之际择智哲之出路，岂止称不上"大儒"，简直就是天资刻薄、不顾是非、
　　临事不决的不肖之徒，其对方孝孺的全盘否定态度可谓极其坚决。

不少颇具见地的考察，本书无意于逾越原定的研究目的，对该问题发表多余的意见，唯独希望围绕孝孺之生死抉择背后隐含的伦理学意味稍作探讨。

从壬午殉难相关的历史记述中可见，孝孺的伦理意识更倾向于是一种信念伦理（Gesinnungsethik）。信念伦理的概念来自马克斯·韦伯对道德行为依据的准则所作的二元区分。韦伯认为，一切有伦理取向的行为都或是受信念伦理支配，或是受责任伦理（Verantwortungsethik）支配。比起遵循责任伦理的行为必须顾及自己行为所可能导致的后果，遵循信念伦理的行为则永远把信念的贯彻放在最优先且无可取代的位置上，两者之间存在着深刻的对立。[13] 韦伯所论来自他对西方历史文化的总结，旨在确定伦理观念上传统与现代的分野，但他同时也准确地揭示出了这样一个现象，即对于伦理道德的确证不外乎是偏重动机论的或者偏重效果论的，恰好可以印证在世人评价孝孺时褒贬不一乃至两极对立的现状上——褒者多以其动机为是，而贬者多以其效果为非。立足今天再去回顾靖难事件，或许可以相对客观地说，孝孺本人恰似韦伯所形容："信念伦理的信徒所能意识到的'责任'，仅仅是去盯住信念之火……他的行动目标，从可能的后果看毫无理性可言，就是使火焰不停地燃烧。这种行为只能也只应具有楷模的价值。"[14]

无论如何，撇开孝孺的生死抉择是否合乎中道这一问题不谈，他的人生实践根植于其学养修为显然是无可质疑的。孝孺所坚守的

---

13 参见［德］马克斯·韦伯：《学术与政治》，北京：生活·读书·新知三联书店，2005年版，第107页。
14 同上，第108页。

信念其实就是他从儒家经典中体认出来的圣贤之道。在他那里，圣贤之道即是包罗万象、无往不利且不可撼动的真理，足以成为指导个人与社会一切事务的普遍法则。如此一来，孝孺的儒学思想便毫无悬念地陷入了道德理想主义。下面一段话充分反映了他的这种思想倾向，他讲：

> 圣人之道虽高深博大，然其要不过乎修己以治人。始于播洒唯诺之微，而终于尽性知命。远至于五礼六乐，万物之统，万事之变，无所不究，而近即乎彝伦之序，不失其常。既有得乎此，其推之为政教，宣之于言语，以用乎国家天下，若水决川，马行陆，帆长风以舟乎海也。[15]

当这种道德理想主义发挥到极致，孝孺的儒学思想也随之全盘走向泛道德主义[16]与泛政治主义[17]，二者相表里，使其在极度渴望整饬人心、匡扶世道的同时，反而越发地脱离历史实情与社会矛盾的真正所在。

方孝孺儒学思想的局限性固然不容忽视，但也必须看到其积极意义。譬如，孝孺思想中分外值得提倡的一点在于他强调了立言与行为的统一、学术与人格的统一，这在古今中外都是读书人或者说

---

15 《赠周履素序》，《逊志斋集》卷十四，第 536 页。

16 例如他曾语："士惟有慕道德之志，然后可以当大任；有轻贵富之心，然后可以成大功。"（《送凌君入太学序》，《逊志斋集》卷十四，第 563 页）

17 例如他甚至以为经济问题也可以通过政治或伦理的手段来解决，谓："国不患乎无积而患无政，家不患乎不富而患无礼。政以节民，民和则亲上，而国用足矣。礼以正伦，伦序得则众志一。家合为一而不富者，未之有也。"（《杂诫》，《逊志斋集》卷一，第 59—60 页）

知识分子的立身之基、成德之本。由是，刘宗周甚至将孝孺比附于孔子，[18] 力主其死乃是顺应天命，"将一死以救天下之乱"，[19] 目的是为了激发天下人的慕道之心，从而一举扭转社会乱局；黄宗羲则把其师的意思发挥得更为透彻，主张明成祖残酷屠杀方党的直接后果就是打击了士人精神，令此后士人气节退缩，以为"节义与理学是两事"，[20] 既不敢在思想上批判现实，更不敢在行动中践履圣教，所迎来的后果便是"成仁取义之训为世大禁，而乱臣贼子将接踵于天下矣"。[21] 诚然，壬午殉难是一桩颇具复杂文化意义的历史事件，对明代中晚期士人风气的转变与儒家学术的转向都起到了比较关键的作用。孝孺思想对后世产生的影响可能也远比今日人们所想象的要广泛而深远，而学界对于孝孺思想的渊源承继及其学术史定位至今未有足够确切的全面把握，愿本书所做的微小工作可以对这些问题的进一步充分研究有所补益。

18　参见刘宗周：《重刻方正学先生〈逊志斋集〉序》，《逊志斋外集》，第 16 页。

19　刘宗周：《方逊志先生〈正学录〉序》，《逊志斋外集》，第 14 页。

20　《师说》，《明儒学案》，第 1 页。

21　同上。

附录一　明代前期佛教的基本状况

一　明代佛教义学之衰落与世俗化之推进

正如评判一位思想家对其所属的文化形态是否有所贡献，应当看他相比于前代是否提出了什么新的东西，评判一种思想形态是否有所进步亦同理。有明一代，佛教在精深义理方面的建树确不如前代，尤其是在明代前、中期，义学发展长期沉寂，缺乏思想创新；惟在明末出现以四大高僧为代表的具有显著融合各宗、各家倾向的若干佛学大师，给唐宋以后的中国佛学带来了中兴之象。汤用彤《隋唐佛教史稿》谈到明代佛教时，言"外援既失，内部就衰，虽有宋初之奖励，元代之尊崇，然精神非旧，佛教仅存躯壳而已"，[1] 认为佛教在义学方面发展到禅宗已臻至极致，往后只得一路下坡，以至于佛学经宋入元已不值一提，更遑论无甚佛学的明代。事实上，历来持类似观点的学者不在少数：例如梁启超《中国佛法兴衰沿革说略》直接断言"唐以后殆无佛学"，[2] 强说则于明末有所回光返照而已，坦承明代佛学在佛教史上价值十分有限；郭朋《明清佛

1　汤用彤：《汤用彤全集》（二），北京：中华书局，2000 年版，第 304 页。
2　梁启超：《佛学研究十八篇》，上海：上海世纪出版集团，2009 年版，第 15 页。

教》认为明代佛教"处于日益衰微趋势中";[3] 周叔迦亦于相关著作中将明代佛教归为"衰微时期";[4] 杜继文《佛教史》则将明代佛教划入"佛教的消长变化"时期，但断之以"思想理论上则甚少创新",[5] 等等。由此看来，明代佛教已走向衰落的说法似乎已获得了充分支撑，但仍有不尽然确切之处。必须指出的是，佛学即佛家义学，属于佛教的一部分，而非全然佛教本身，佛学之衰落不等于佛教之衰落，故汤先生上述论断可谓简切精辟，然而毕竟是指向作为佛教精神的义学，而将所谓的"佛教躯壳"亦即除却纯粹观念性的东西以外的仪式性佛教、信仰性佛教放置在了评判范围之外。

《元史》概曰："元兴，崇尚释氏，而帝师之盛，尤不可与古昔同语。"[6] 实际上，佛教经过有元一朝近百年宽松优待的政策环境之滋养，社会地位、信徒人数、寺院数量、寺僧经济实力等俱得到了前所未有的提升。虽然在宗派发展方面，慈恩宗早早没于唐末，天台、华严二宗的传承在元明也已不能详知，[7] 相当于佛教内部义理为重的宗派都已趋于沉隐，但是与之相对的，偏重实修的禅宗、净土宗及一些密教宗派却推陈出新，不断扩大影响，在全国上下各个阶层愈发盛行。[8] 非但如此，宋元以降逐步显现的禅净双修趋势终于

3　郭朋：《明清佛教》，福州：福建人民出版社，1982 年版，第 37 页。

4　参见周叔迦：《周叔迦佛学论著集》，北京：中华书局，1991 年版。

5　杜继文：《佛教史》，南京：江苏人民出版社，2006 年版，第 438 页。

6　《释老传》，《元史》卷二百二，第 4517 页。

7　参见吕澂：《中国佛学源流略讲》，北京：中华书局，1979 年版，第 271 页。

8　明代佛教的流行范围不仅包括广大普通民众，还有一大批士大夫，及至若干任帝王亦公开崇信佛教。根据信仰活动主体的立场，可以将明代佛教大致分为庶民佛教、居士佛教、大师佛教、官方佛教四大类（参见程曦：《明代儒佛融通思想研究》，复旦大学博士学位论文，2007 年，第 34 页），他们之间在理论水平、笃信程度与从事佛教活动的方式等方面都有所差异，造成了明代佛教格外复杂的内外生态，同时也反证了佛教在明代之盛行。

在入明后收束为台净融合、禅净合一的总体态势，演变成更为注重通俗性与广泛性的文化形态，从而更适应于向更广大群体传播流行的需要[9]——历史的车轮滚滚向前，佛教的世俗化全面推进，源源不断地渗透进不同阶层人士的精神世界，改变着近世中国人的生活方式，持续挑战着本属于儒家、持续了两千年的文化权威。方孝孺深谙历史，他十分清楚佛教生命力之顽强、民众基础之深厚，同时也意味着儒家辟佛任务的艰巨性。唐宋以来所谓正统儒家长期力主排佛，[10] 非但没有获得全面胜利，反见不断有儒家士大夫倒向释教，浮屠之流行大有愈演愈烈之势。孝孺自己也曾写道"世主恶其然，欲斥之者有矣。然既扑而愈焰，既灭而复兴。恶者之五六，不胜喜者之千百，延至于今，塔庙多于儒官（宫），僧徒半于黎庶，西域之书与经籍并用"，[11] 当可鲜明地反映出明代前期正统儒家反佛、辟佛的总体形势依然相当严峻。

二 明太祖的佛教政策及其对佛教发展的影响

明人沈德符在其《万历野获编》中特设"释道"一卷，其中

---

9 净土重持名而念佛，乃他力拯救；台、禅以参究而明心，乃自力解脱。谁者更为符合普通大众胃口，不言自明。当然，使得净土宗广泛受到大众信徒欢迎的最主要原因是其所谓功德与功德转让思想，不需要高深的思想水平，避免了长期修行影响日常生活，加之所传达的理念特别符合一般中国人的道德观念与行为方式。"方便法门"充满了诱惑力，亦不得不使禅僧、台僧侧目。早在宋代禅宗内部即开始提倡净土实修之法，天台僧人亦不免以净土教人，在充实自家修行的同时亦利于本宗信众之扩散。随着佛教信仰需求不断向普通大众倾斜，净土寓于各宗共行之道，直接起到了融汇诸宗、沟通各阶层信众的效果。

10 此处所指正统儒家不包含主张三教合一之类温和观点的儒家学者。

11 《送浮图景晔序》，《逊志斋集》卷十四，第 575 页。

"释教盛衰"一条写道：

> 我太祖崇奉释教，观宋文宪《蒋山佛会记》以及诸跋，可谓
> 至隆极重。至永乐，而帝师哈立麻，西天佛子之号而极矣。历朝
> 因之不替。[12]

明确了明朝开国以来，至少到万历年间为止，一直对佛教采取的都
是较为支持的积极政治态度。由于明太祖朱元璋偏好佛教，明代前
期的佛教发展状况曾一度较为乐观。如宋濂《蒋山广荐佛会记》一
文就详细记载了洪武四年（1371）十二月（一说洪武五年正月），
明太祖为超度元末战争死难者而特意"诏征江南有道浮屠十人诣于
南京"，[13] 在蒋山太平兴国禅寺举办广荐法会并亲自礼佛之事，其程
序之隆重、用度之精致、排场之盛大，蔚为可观，可见朝廷与佛教
界应当保持着相当友好的关系。这段记载折射出了明初佛教盛行的
历史状况，与方孝孺的相关描述可以彼此印证。然而，明太祖及其
朝廷虽对佛教保有友好立场，却并不意味着明代前期的佛教政策也
相对宽松。

明太祖于立国之初便着手管束僧人，逐步建立起了完善的佛
教管理制度。洪武元年（1368），于都城南京建立"善世院"，命
统领僧众及诸山佛教事务；洪武五年（1372），僧道度牒制度开始
实行，全国出家者皆需渐次登记户籍；洪武六年（1373），规定府
州县只许拥有一所大寺观，仅向通过教典考试者发放度牒，限定

12　沈德符：《万历野获编》，北京：中华书局，1959 年版，第 679 页。
13　《蒋山广荐佛会记》，《銮坡后集》卷一，《宋濂全集》，第 563 页。

女性四十岁以上方可出家；[14] 洪武十年（1377），注释《心经》、《金刚经》、《楞伽经》，讲之于天下沙门；洪武十四年（1381）至十五年（1382），设僧录司，[15] 并于州县设僧正司、僧会司，负责督导整理僧籍、掌握寺院设立与流变、管理僧人牙役、考核任命寺院住持、清查私度僧与僧尼犯罪者，[16] 可见太祖此举意在更为严密地掌握僧侣的动态及维持教团的秩序；[17] 同年，复谕旨分天下佛寺为禅、讲、教三等，[18] 规定各自的特定服色，[19] 并禁止寺产买卖；此后，每隔若干年便出台较大举措，涉及出家者条件的限制、寺院数量的控制和佛教内部人员的清理等；洪武二十四年（1391），发布"申明佛教榜册"，分别禅、讲、教三类僧人之职权；洪武二十七年（1394），出台新的"榜册"，严格禁止僧俗的任意来往；洪武三十年（1397），颁行《大明律》，明确了对违反国家僧道管理政策者的惩处办法。至此，太祖一朝的佛教管理制度基本完具，其将佛教全面纳入中央集权统治之下的用意是显而易见的。朱元璋对佛教整肃

14　参见《明太祖实录》卷八十六，"洪武六年十二月戊戌"条。或参见李国祥等编：《明实录类纂·文教科技卷》，武汉：武汉出版社，1992 年版，第 930—931 页。

15　僧录司是中央行政机构，隶属礼部，比照一般官僚制度设置编制与品秩，拥有明确而具体的人员和职权配置，已非往日的善世院那般职权笼统、执行力低下。

16　参见葛寅亮：《金陵梵刹志》（上），天津：天津人民出版社，2007 年版，第 50—52 页。

17　参见《明代的佛教与社会》，第 20 页。

18　参见《金陵梵刹志》（上），第 53 页。原文如下："礼部照得：佛寺之设，历化（代）分为三等，曰禅，曰讲，曰教。其禅不立文字，必见性者，方是本宗。讲者务明诸经旨义。教者演佛利济之法，消一切见造之业，涤死者宿作之愆，以训世人。"

19　《明太祖实录》卷一五〇载"定天下僧道服色"是在洪武十五年，而根据《明史·舆服三》，乃洪武十四年按禅、教、讲三分法具体规定了僧人服饰，《金陵梵刹志》则记太祖分三教时乃洪武十五年五月。一般以为当以洪武十五年为定论。因为僧录司从洪武十四年起准备阶段到正式行使功能已进入洪武十五年，而定服色乃在分三教之后，恐不应在洪武十四年已出台该政策。

的出奇关注，与他早年曾经出家做忏仪小僧的经历有关。正因为深刻理解大众对佛教的需求与基层佛教的真实状况，他才能够巧妙地利用佛教的社会功能，将其笼罩在皇权可控的范围内，以利国家统治。《明会典》语"释道二教，自汉唐以来，通于民俗，难以尽废。惟严其禁约，毋使滋蔓。令甲俱在，最为详密云"，[20] 一言道明了个中玄机，而秉承遵循祖制之理念的明朝后代统治者在接下来的两百多年里确实始终没有颠覆太祖所定下的针对佛教的施政基调。

明代前期的一系列佛教政策对于明代佛教的整体发展变化起到了不可忽视的影响与作用，择其要点，可归纳为如下三方面：首先，钦定佛经及注释和僧人考核制的实施意味着禅、讲二类僧人为了获得与保有度牒，必须不分各自宗派传承地研习官方颁布的教材，客观上促进了佛教内部各宗派思想的交流与融合，[21] 但也在很大程度上限制了僧人自由思考并进行理论创新的空间，禁锢了佛学的创造性发展，是直接导致晚明以前义理佛教长期无甚突破的重要原因之一。其次，别设教僧一类意味着官方对于瑜伽教的公开倡导，直接导致了赴应僧的专业化、商业化，而此举一则是为了整顿元代以来鱼龙混杂的法事活动市场，杜绝不端法事的有害影响，取缔反朝廷活动的秘密温床，二则是希望借由支持和鼓励民众举办、参与合乎官方标准的法事活动，在满足民众信仰需求的同时，通过宣扬法事活动中蕴含的佛教伦理达到导民向善的目的，客观上大大促进了作为佛教之世俗化形态的信仰性佛教、仪式性佛教

20　申时行等：《明会典》，北京：中华书局，1989 年版，第 568 页。

21　参见何孝荣：《论明代的度僧》，《世界宗教研究》，2004 年第 1 期，第 26—37 页。

自身的壮大与其在民间的传播。最后，严格分别僧俗的隔离政策使得教僧成为三类僧人中唯一能够较为自由且合法地接触普通大众的佛教群体，此举一方面刺激了有志从事忏仪业务的僧人群体数量愈发膨胀，随着教僧队伍不断壮大，禅、讲二路僧众大幅萎缩已成必然，[22] 另一方面，正由于教僧有大量接触世俗世界的机会，并能堂而皇之地收取善款，加上日常对佛理钻研较少而在思想教育方面有所缺失，教僧群体内部的腐化堕落几乎是势在必然，而其作为普通民众接触与了解佛教的主要窗口，便不能不令教外人士对佛教的整体评价日益向负面倾斜，以至于明代佛教在教派性质上不断世俗化的同时，在社会舆论的审视中也越来越丧失其宗教神圣性了。

---

22 据龙池清《明代の瑜伽教僧》(载于日本《东方学报》，1940 年第 1 期) 说，明代"教僧占到整个僧侣总数的将近半数"。

附录二　近世正统论的由来及其在元末明初的发展

　　《说文解字》曰："统，纪也。""统"本意为丝的头绪，后引申为事物的根本脉络、根本条理。是故"正统"一词，从字面上即可释义为某一领域或组织之中正当且主要的承接者及其传承体系。在此定义里，"主要的"姑且可以理解为一种事实判断，"正当的"却完全属于一种价值判断。如此一来，必须基于历史事实做出判断而又不仅仅意在描述历史情形的"正统"概念，自其提出之始就天然含有一种内在张力。于是，在客观上确实无法凭借人力百分之百还原过去事实的历史研究领域中，关于正统的阐述往往不会只有一种观点说辞，更有甚者会陷入旷日持久的争议。饶宗颐先生曾总结道："中国史学观念，表现于史学史之上，以'正统'之论点，历代讨论，最为热烈。"[1] 正统论作为中国传统思想史上的热门话题，经过秦汉至宋辽金时代的长期争鸣，发展到元末明初，总体上已经形成了关涉经学、史学、哲学、伦理学等多个领域的复杂理论体系。

1　《中国史学上之正统论》，第 3 页。

一　近世正统论的由来

考察中国传统思想史，正统观念的提出可以追溯到孔子编订《春秋》。如欧阳修曰："正统之说，肇于谁乎？始于《春秋》之作也。"[2] 梁启超亦考证道："'统'字之名词何自起乎？殆滥觞于《春秋》。"[3] 其实，《春秋》经文中未尝直接出现"统"字，二公所指应是《公羊传》。《公羊传》讲求微言大义，针对"（隐公）元年春王正月"一条，有一著名论断"何言乎王正月？大一统也"，是为统纪之论的发端。北宋《春秋》学便以此为基点，构筑起以"尊王攘夷"信条为核心的《春秋》阐释体系，相应的正统思想也应运而生。欧阳修《原正统论》等文提出，尧让舜、舜让禹，及至夏商更替、汤武革命，东周以前的政权改易皆是顺应天意而发生的，其线性过程连续而清晰，时人未尝有明统之需求；之所以有必要辨明正统之所在，恰是因为后世统纪混淆不清，在所谓正统之外同时存在着其他"不正之统"，而孔子身处的东周时期恰好就是这样一个时代。具言之，平王东迁后，周天子作为名义上的最高统治者，其政治权力对于各诸侯而言已然形同虚设。诸侯坐大，各自为政，竞相争霸，往往不把天子号令放在眼里。在这样的背景下，《春秋》开篇即言"王正月"，而后几乎每一年记事的第一条必定标明"王某月"，[4]

2　《原正统论》，《居士集》卷十六，《欧阳修全集》，第 276 页。

3　梁启超：《新史学·论正统》，《饮冰室文集全编》卷三，广益书局，1948 年版，第 41 页。

4　据北宋孙复《春秋尊王发微》统计："群公之年，正月书王者九十二，二月书王者二十，三月书王者一十七。《春秋》之法，唯元年不以有事无事皆书王正月，余年事在正月则书正月。"见陆淳、孙复：《春秋集传微旨·春秋尊王发微》，上海：上海古籍出版社，2019 年版，第 120 页。

以示时序之数出自文王制作。[5] 对此，以欧阳修为首，北宋以来的儒家学者普遍以为，孔子所修《春秋》本为鲁国国史，却始终突出周天子所定历法对天下各诸侯国所行诸般事务的统摄意义，其尊王之旨昭然若揭。[6] 这也同时意味着，一如《公羊传》所释，《春秋》采用独特的时间记录方法，最大的用意就在于昭示统之所在。虽然周室衰微，周王还是"天子"，是人间最高政治权力的唯一合法持有者，亦即正统的代表。其正统性来自天命所授——来源正当且不可随意转移，并应落实于对天下的普遍掌握——即使周室拥有的王权事实上在空间维度已无法贯彻，也应当在时间维度继续发挥效力，所以每岁书"王某月"无疑体现出孔子"尊周室，明正统"的价值诉求。只要认同这套《春秋》学理论，明正统就会变成儒家论历史与论政治绕不开的关键议题。

不过，需要说明的是，《公羊传》所言"一统"之"统"未必完全与近世学者所言正统之"统"同义。《公羊传》"大一统"句何休注曰："统者，始也。夫王者，始受命改制，布政施教于天下，自公侯至于庶人，自山川至于草木昆虫，莫不一一系于正月，故云政教之始。"何注训"统"为"始"，乃汉代今文经学的一般看法，

5　顾炎武说这是每代周王颁布，赵翼否之。

6　旧说多以"王正月"乃孔子作《春秋》有意为之。而顾炎武考证前人说法后则认为，月份前加书"王"字不应是孔子的独创，更可能是鲁《春秋》本文，而且鲁国以外的其他诸侯也惯于采用这种写法，那么此种写法很有可能并无特殊含义，只不过是为了将《春秋》使用的周正与当时仍有国家在使用的夏正、殷正区别开来。但顾氏也并不否认这种写法含有尊王之意，道："已为天子，则谓之正，而复加王。"参见陈垣：《日知录校注》，合肥：安徽大学出版社，2007年版，第167—168页。虽然正统观念脱胎于《春秋》，但正统论很早就已突破经学框架，成为一个相对独立的学术命题，故本文主要着眼于后世《春秋》学与正统论的关系，无意于过分深入《春秋》本身的经学考据问题，但存此说供读者参考。

意在呼应《公羊传》前文以元年为君之始年、春为岁之始，而以文王为周朝受命之始、正月为布政施教之始。[7]按此说，则令世间万物皆奉行天子颁布的正朔来安排自身的全部生活，就叫作"一统"。年代较何休更早的董仲舒释"王正月"亦讲："王者必受命而后王。王者必改正朔，易服色，制礼乐，一统于天下，所以明易姓，非继人，通以己受之于天也。王者受命而王，制此月以应变，故作科以奉天地，故谓之王正月也。"（《春秋繁露·三代改制质文》）其意以为，天运屡变，文王称王乃受命于天，所以为了彰显自身获得人间至高权力的合法性，必须顺应天意而颁布全新的人间制度，其中最重要的项目之一就是更新正朔，以使天下尽归附于新天子建构的秩序之下。又言："正者，正也；统致其气，万物皆应，而正统正，其余皆正，凡岁之要，在正月也。"（同上）此处提及"正统"，概在突出慎始法正之意，好比一旦确立了正月，全年行事自然随之安排妥当，无所不正。正月之"正"本有不偏不倚之义，如果说岁首为本，万物则为末，天子重视改制，统一历法、制礼作乐正可谓"君子务本"、"君子大居正"，于是"一统"与"居正"也就成了一体两面之事。若按汉儒之意，"王者大一统"更多的是对某种政治传统或者说最高统治者执政规律的描述，而未必如近世儒家学者理解的那样蕴藏着书史者价值诉求的表达。无论如何，《春秋》虽未明言"正统"，《公羊传》曰"大一统"很可能最初也仅指王者慎始，但宋代以后近世正统论最为关切的政权合法性问题早在先秦两汉的早期《春秋》学中已可见其雏形。而正统概念的这一重"《春

7　此"四始"加上公即位为一国之始，即所谓"五始"之说。参见汪高鑫：《董仲舒与两汉史学思想研究》，北京师范大学博士学位论文，2002年。

秋》古义"，将对近世正统论的形成发展产生深远影响。

　　随着北宋《春秋》学对《春秋》经传中尊王攘夷思想的深入发掘，近世正统论也形成了不同于秦汉时代的特色，即逐步摆脱神秘主义世界观和循环论历史哲学的影响，围绕政治伦理构建起更具人文主义色彩的历史观与史学方法论。一般认为，近世正统论的奠基者即是欧阳修。欧阳修正统论最为重大的理论贡献就在于全面否定了秦汉以来长期流行的五胜之说，如刘复生所考察，"北宋中期，儒学复兴思潮高涨，'五德转移'学说开始受到强力冲击。……欧阳修的《正统论》在理论上宣告了'五德转移'政治学说的终结"。[8] 五胜之说，或称"五德终始"说，是一种将五行生克学说和善恶报应观念结合起来用以阐明历史发展规律的政治哲学理论，其源出于子思、邹衍，[9] 光大于秦汉，经过历代史家修正补充，直至两宋仍在社会各阶层中具有不小的舆论影响力。北宋前中期，儒家士人有关宋循何德曾有激烈论战，[10] 欧阳修则敏锐把握到了争议的核

8　刘复生：《宋朝"火运"论略——兼谈"五德转移"政治学说的终结》，《历史研究》，1997 年第 3 期，第 103 页。

9　据饶宗颐考证，五德终始说最早应当追溯到子思，而后才由邹衍在思孟学派基础上恢宏之。马王堆《老子》甲本后《佚书》高度怀疑为思孟遗说，其中就对五行（指仁、义、礼、智、信）、五德、善与德之始终作了较完整阐述，构成了一套粗略的"五德终始"说雏形。详见《中国史学上之正统论》，第 12—14 页。

10　譬如，朝中就曾有过三次较大争论，皆要求越过五代，直接上承唐统，改"火德"而用"金德"，分别是：第一次发生在太宗太平兴国九年（984）四月，由布衣赵垂庆上书；第二次发生在真宗大中祥符三年（1010）九月，由开封府功曹参军张君房上书；第三次也发生在真宗朝，天禧四年（1020）五月，由光禄寺承谢绛和大理寺承董行父分别提出。参见陈学霖：《大宋"国号"与"德运"论辩述义》，《宋史论集》，台北：东大图书公司，1993 年版。另见刘复生《宋朝"火运"论略——兼谈"五德转移"政治学说的终结》等文。

心实际上在于本朝应当如何处理五代之统绪。这既是史家著书必然遇到的技术难关，更是现实政治必须解决的思想路线问题。对此，欧阳修认为，用"三统五运"解释政权变更的原因、为新王登基提供合法性证明，无非是据天下为己有的统治者自我粉饰的行径。[11] 与之相对的正确做法应当是将政权交替的合法性诉诸至公大义，亦即"天道"，正如圣人作《春秋》所示范的那样。如此一来，欧阳修就把早期《春秋》学者向来主张的五德终始说和《春秋》历史观完全对立了起来，为他进一步申发正统之"《春秋》大义"扫清了障碍。

欧阳修正统论是否解决了五代正统性的认定问题，本书姑且不作讨论，但其无疑为后世关怀正统问题的学者留下了一笔重要的精神遗产。刘浦江曾指出："这场讨论的最大收获就在于，它第一次将王朝的更迭由'奉天承运'的政治神话变成了'居天下之正'的政治伦理问题，这是宋代史学观念的一个重大进步。"[12] 先宋时代，学者多笃信君权天授，认为旧朝废而新朝立，皆当符合天道周行不辍的本然规律，所以每当政权更迭，德运也会发生相应的转移。为了自证其正，新政权上台后也必须根据所承接的德运改弦更张。宋初关于宋循何德的争论很大程度上就来自宋朝统治者自身的执政合法性焦虑，可面对事实上自身接续的那个"最

11　如其写道："至秦之帝，既非至公大义，因悖弃先王之道，而自为五胜之说。汉兴，诸儒既不明《春秋》正统之旨，又习秦不经之说，乃欲尊汉而黜秦，无所据依，遂以'三统五运'之论，诋秦为闰而黜之。……至于王莽、魏晋，直用五行相胜而已。故曰：昧者之论也。"见《原正统论》，《欧阳修全集》卷十六，第 276—277 页。

12　刘浦江：《"五德终始"说之终结——兼论宋代以降传统政治文化的嬗变》，《中国社会科学》，2006 年第 2 期，第 178 页。

290

不像样的时代"[13]——五代，依靠五德终始说这套沿用数百年的陈旧理论已经不能充分满足北宋政权的自证需要。为了保证宋朝拥有无可挑剔的正统地位，欧阳修干脆舍弃了这种皇权随德运轮转的统绪代际传递方式，重新构筑了王朝正统的评价体系。其要点有二：一是在否定五德终始说的基础上提出"正统有时而绝"，[14]换言之，非是所有取得一方主宰之名的政权，都能同时自然拥有政权合法性的形上依据，正统有断有续，那么谁谓正统就需要重新评判，"必待择人而后加焉"；[15]二是在《春秋》尊王攘夷思想框架内提出了正统的评判标准和评价方法，所谓正统应符合"居天下之正，合天下于一"的标准，至少须"一天下而居上"，[16]而评价依据则应是事实层面的"帝王之理"与"始终之际"，合起来就是要在实证意义上追究历代政权取得天下、经营天下的具体过程，再从中评判其是否恢复或维护了中华大地的地理完整性与政治统一性，最终决定是否将其列入正统谱系。欧阳修正统论可以说是对五德终始说为代表的旧正统论的一次彻底清算：一方面，他主张论迹不论德（指德运之"德"，应区别于道德之"德"），这就从根本上与诉诸术数、符瑞、德运的神秘主义逻辑划清了界限，开启了将统绪问题限定于人本主义史学和政治伦理学范畴之内的正统论新样式；另一方面，欧阳修的正统思想同样取法《春秋》，且在

---

13 据钱穆先生语，见《国史大纲》（上册），北京：商务印书馆，2002 年版，第 502 页。
14 《明正统论》，《居士集》卷十六，《欧阳修全集》，第 278 页。
15 《正统辨上》，《居士外集》卷十，《欧阳修全集》，第 864 页。
16 《正统论下》，《居士集》卷十六，《欧阳修全集》，第 269 页。亦见于早年写作的《明正统论》。

赏善罚恶的史学用意上比汉儒从《春秋》中读出的三统五运说更符合宋明新儒学的学术旨趣，因此不仅在两宋知识界引发了广泛讨论，也为包括元、明、清三代在内的整个近世正统论的发展奠定了基调。

当然，欧阳修正统论也不是完美无缺的。即便制定了相对明确的评价标准，历史发展脉络本身的复杂性也决定了史家在涉及具体的人和事时很难做出非黑即白的客观评价。欧阳修虽然否定了帝王乘运而兴的旧正统观念，但还是不能完全摆脱正统之序上有所承下有所继的思维方式，是以他本人在五代是否正统的问题上就曾发生过激烈的摇摆。[17] 而由于《新五代史》处理后梁统绪采取了"不没其实以著其罪，而信乎后世"[18] 的不彻底态度，章望之、苏轼、陈师道等人都曾作正统论，试图补充或修正欧阳修的论点。将欧阳修所称"《春秋》之志"发挥到极致的是年代稍晚的重要编年体通史《资治通鉴》，该书对南北朝与五代时期正统王朝的认定在历史上饱受争议。可司马光认为，史家的责任更多地在于为后世留下尽可能详实的事实性记载，留待后人褒贬，而不应对本就难以定论、实属私见的朝代正闰问题作多余的主观评判，因此在编修史书时，但

17　欧阳修早年编写《新五代史》，便在纂修义例里确定"不伪梁"，该书亦从"梁本纪"写起，明示后梁为正统王朝。其后又作正统七论，继续坚持了"不伪梁"的主张。但是在晚年重新编订的《正统论》三篇中，欧阳修却一改早年观点，全盘否定了五代的正统性，道："夫梁固不得为正统，而唐、晋、汉、周何以得之？今皆黜之。"见《正统论下》，《居士集》卷十六，《欧阳修全集》，第 273 页。相关研究亦可参见刘浦江《正统论下的五代史观》。

18　见欧阳修：《梁本纪》，《新五代史》卷二，北京：中华书局，1974 年版，第 13—23页。欧公以此为《春秋》之志的体现。

将"合天下为一"者及其后继者们权且当作正统来书写即可。[19] 不过，司马光此举充其量只是回避了史学内含的价值评判任务，自诩贯彻了《春秋》之旨而已。朱熹显然无法接受这种史观，因此他有意重编《资治通鉴纲目》，欲着重发扬史学旌善抑恶的价值导向作用。朱熹设想该书须效法圣人述作，"表岁以首年，而因年以著统，大书以提要，而分注以备言"，从而"使夫岁年之久近，国统之离合，辞事之详略，议论之同异，通贯晓析，如指诸掌"，其中又特别备注"凡正统之年岁，下大书；非正统者，两行分注"，以示公道之所在。[20] 其实，朱熹向来对咬文嚼字的《春秋》学不甚热衷，而更看重《春秋》笔法的道德褒贬意义，旨在从经典文本中领会圣人之意，如其言："《春秋》大旨，其可见者：诛乱臣，讨贼子，内中国，外夷狄，贵王贱伯而已。未必如先儒所言，字字有义也。"[21]

---

19 如其写道："臣愚诚不足以识前代之正闰，窃以为苟不能使九州合为一统，皆有天子之名而无其实者也。虽华夷仁暴，大小强弱，或时不同，要皆与古之列国无异，岂得独尊奖一国谓之正统，而其余皆为僭伪哉！……是以正闰之论，自古及今，未有能通其义，确然使人不可移夺者也。臣今所述，止欲叙国家之兴衰，著生民之休戚，使观者自择其善恶，以为劝戒；非若《春秋》立贬之法，拨乱世反诸正也。正闰之际，非所敢知，但据其功业之实而言之。……然天下离析之际，不可无岁、时、月、日以识事之先后。……故不得不取魏、宋、齐、梁、陈、后梁、后唐、后晋、后汉、后周年号，以纪诸国之事，非尊此而卑彼，有正闰之辨也。"见司马光：《魏纪一·世祖文皇帝上》，《资治通鉴》卷六十九。又讲："夫正闰之论，诚为难晓。"见《答郭纯长官书》，《司马光集》卷六十一，第 1279 页。

20 参见朱熹：《序例》，《资治通鉴纲目》，《朱子全书》第 8 册，第 21—22 页。另，参《语类》记曰："问《纲目》主意。曰：'主在正统。'问：'何以主在正统？'曰：'三国当以蜀汉为正，而温公乃云某年某月"诸葛亮入寇"，是冠履倒置，何以示训？缘此遂欲起意成书。'"见《朱子二·论自注书·通鉴纲目》，《朱子语类》卷一〇五，第 2637 页。由此可以推知，朱熹编《通鉴纲目》最主要的目的就是明正统，定人道。

21 《春秋·纲领》，《朱子语类》卷八十三，第 2144 页。

编纂《通鉴纲目》可以说是朱熹在体悟《春秋》大旨基础上的一次重要史学实践，虽然其具体工作最终是交由赵师渊完成的。根据基本可认为出自朱熹之手的该书《凡例》可见，欧阳修正统论的两个要点很大程度上都被朱熹保留并加以发展了。一来，朱熹力求正统标准体现尊王攘夷的"《春秋》古义"，甚至不再追溯朝代统绪承接于何者，但凡全有天下而能正之者，皆承认其正统性；[22] 再来，基于这一标准，朱熹也主张正统不一定是连续不断的，并进一步提出"无统说"，将周秦之间、秦汉之间、汉晋之间、晋隋之间、隋唐之间、五代等时期的大小国家皆归入"天下分裂，不能相君臣"[23] 的无统之列，不再作正闰细分。但不同的是，欧阳修"绝统说"是在"有继"的前提下讲"有绝"，[24] 总体上似乎依然承认存在一个先验的纵向统绪传承体系，朱熹"无统说"则更加倾向于横向比较、分开评价历朝历代的情况是否符合圣人厘定的正统基准，实现了应有的政治秩序，从而弱化了各个朝代之间正统性的相互关系，使得

22　朱熹曾明确指出："只天下为一，诸侯朝觐狱讼皆归，便是得正统。其有正不正，又是随他做，如何恁地论！有始不得正统，而后方得者，是正统之始；有始得正统，而后不得者，是正统之余。"见《朱子二·论自注书·通鉴纲目》，《朱子语类》卷一〇五，第2636页。对于朱熹来说，"尊周室，攘夷狄，皆所以正天下也"。见《四书章句集注》，第153页。所以，《通鉴纲目凡例》最终列周、秦、汉（至蜀汉炎兴元年为止）、晋、隋、唐为正统。不符合上述正统标准的，则又分为篡贼、建国、僭国、无统、不成君等几种类型，其中只有篡贼、僭国二种在书史时特加以明显的贬斥。

23　《朱子二·论自注书·通鉴纲目》，《朱子语类》卷一〇五，第2636页。

24　《正统论下》阐述"绝统"时特别指出："然则有不幸而丁其时，则正统有时而绝也。故正统之序，上自尧、舜，历夏、商、周、秦、汉而绝，晋得之而又绝，隋、唐得之而又绝。自尧、舜以来，三绝而后续，惟有绝而有续，然后是非公、予夺当，而正统明。"（《居士集》卷十六，《欧阳修全集》，第269页）此文为欧公晚年整理而成，更能代表其成熟的正统观念。

其正统论呈现出更纯粹的政治伦理学属性。可以说，从欧阳修到朱熹，正统的评判标准实现了从时间维度到空间维度的彻底转换，正统论的属性也从历史哲学转换为了政治伦理学。

总之，近世正统论由欧阳修发其端，朱熹集其成，[25] 构建起了迥异于秦汉以来旧正统论的全新理论形态：其以经学为基础，以史学为载体，以政治伦理学为旨归，既非皇权话语体系的附庸，亦非史书编纂过程中单纯的技术性问题。这种转变实际上也是伴随着宋代儒学复兴运动逐步展开的，意味着儒家学者政治主体性的日益觉醒。由宋入元后，随着朱子学成为儒家学术的绝对主流，朱熹的正统思想也成为当时儒家学者绕不开的理论参照系。又由于元廷本身以外族身份入主中原，短短百年后复被属于中华政权的明廷取而代之，元代至明初有关正统问题的讨论一直比较热烈。特别是元明之际，儒学界就正统问题众说纷纭，其中又以江南儒家学者重视统纪之学，最为值得一观。归纳诸家说法可见，元末明初正统论的主要议题包括：第一，元代修订前朝历史带来的问题，即宋、辽、金何者为正统，亦即元接续何统；第二，明初修订元史带来的问题，即元是否有统、明接续何统；第三，不一定由修撰史书而发，在政治伦理学语境甚至是超历史的维度下围绕正统问题进行的学术探讨。

二　元末明初正统论的发展

作为近世江南儒学的重要组成部分，浙东学术向来以经史之学

25　据刘浦江《"五德终始"说之终结——兼论宋代以降传统政治文化的嬗变》一文语。参见《中国社会科学》，2006 年第 2 期，第 179 页。

见长。而正统问题作为史学核心议题之一，自然长期受到浙东儒家学者的关注。元末明初活跃着的江南儒家学者中有相当一批出自浙东学脉，尤其是金华一系，他们在参政议政、敕修史籍、研习经典的过程中或直接或间接地提出了不少有关正统问题的学术见解，继欧阳修、朱熹之后，再次促成了近世正统论的较大发展，并丰富了江南朱子学的理论内涵。

（一）杨维桢：祖述朱子，维护元统

据记载，元至正三年（1343）诏修宋、辽、金三史，《辽史》成于至正四年（1344）三月，《金史》成于同年十一月，《宋史》成于至正五年（1345）十月，可谓速成。[26] 可实际上，早在元世祖时期便有大臣进言请修前朝史，直至元顺帝命脱脱为总裁修纂三史，前后相去数十年，亦不可不谓迁延。史书屡修不成的一个重要原因就在于朝野之间对于宋、辽、金三朝的正统归属问题始终无法达成一致，具体而言，便是独尊宋统和分立南北朝两种主要观点分歧。[27] 最终，总裁脱脱取其折衷之法，"三国各与正统，各系其年

---

26 见欧阳玄：《进辽史表》、《进金史表》、《进宋史表》，《圭斋文集》卷十三，四库全书本。

27 杨维桢就曾总结道："延祐、天历之间，屡勤诏旨，而三史卒无成书者，岂不以三史正统之议未决乎？夫其议未决者，又岂不以宋渡于南之后，拘于辽、金之抗于北乎？"见贝琼：《铁崖先生传》，《清江贝先生文集》卷二，《贝琼集》，杭州：浙江古籍出版社，2019 年版，第 21 页。具言之，如修端认为辽、金当为北史，北宋为宋史，南宋为南史，见王恽：《辩辽宋金正统》，《玉堂嘉话》卷八，北京：中华书局，2006 年版，第 170—173 页；又有史官王理曾著《三史正统论》附议这一观点，见张绅：《通鉴续编序》，《中国史学上之正统论》，第 177 页。但就当时舆论而言，士人中支持独尊宋统的声音也很响亮，参见同上文曰："因忆曩时朝廷纂修三史，一时士论，虽知宋为正统，物议以宋胜国而疑之。"

号",此事方有定论。[28] 然而,三史虽成,不同意见却未就此平息,杨维桢便是其中最值得注意的一个。

按照陶宗仪《南村辍耕录》和贝琼《铁崖先生传》的说法,三史面世后不久,杨维桢便进表,上呈《正统辨》一篇,力辨三史在正统问题上的重大失当。此文原不见于杨维桢本人所著《东维子集》,后由四库馆臣奉谕采陶宗仪所录全文补入,[29] 可见此文不但在元末明初受到重视,其影响甚至延续到清代。针对元廷修史对宋、辽、金三国等量齐观的做法,杨维桢当然坚决地站在了独尊宋统这一方,要求"挈大宋之编年,包辽金之纪载。置之上所,用成一代可鉴之书;传之将来,永示万世不刊之典",[30] 而他的依据就在于《春秋》与朱熹《通鉴纲目》所示的正统之义。他写道:

> 正统之说,何自而起乎?起于夏后传国、汤武革世,皆出于天命人心之公也。统出于天命人心之公,则三代而下,历数之相仍者,可以妄归于人乎?故正统之义立于圣人之经,以扶万世之纲常。圣人之经,《春秋》是也。《春秋》,万代史宗也。首书王正于鲁史之元年者,大一统也。……然则统之所在,不得以割据

---

28 见权衡《庚申外史》载:"先是诸传议论三国正统久不决,至是脱脱扬断曰'三国各与正统,各系其年号',议者遂息。然君子终以为非也。"据考,在此之前,虞集也提出过类似见解,见《送墨庄刘叔熙远游序》,《道园学古录》卷三十二,北京:商务印书馆,1937 年版,第 542—544 页。可知脱脱之断在史馆中亦有其舆论基础。

29 参见《东维子集》四库提要曰:"陶宗仪《辍耕录》载维桢《辨统论》一篇,大旨谓元继宋而不继辽、金。此集不载此篇,未喻其故。今恭奉谕旨,补入集内。盖维桢虽反颜吠主,罪甚扬雄,而其言可采,则不以其人废之。"

30 陶宗仪:《正统辨》,《南村辍耕录》卷三,上海:上海古籍出版社,2012 年版,第 32 页。

之地、僭伪之名而论之也。……或问朱氏述《纲目》主意，曰：
在正统。故《纲目》之挈统者在蜀、晋，而抑统者则秦昭襄、唐
武氏也。……然则今日之修辽、金、宋三史，宜莫严于正统与夫
一统之辨矣。[31]

杨维桢首先指出，自古以来，正统之名就不是由私人随意赋予的，
而必须接受天理和公道之检验。换言之，不仅过去按照德运术数之
类来推算朝代正闰的惯用说法都属于一家之言，[32] 时人利用局部事
实捏造出的所谓"辽承晋统"说、"金承辽宋"说等更加不足取信。
为使"天命人心之公"昭然于天下，不至于被私言陋说所遮蔽，孔
子方才作《春秋》，以一统为大，也为后世立定了书史的最高标准。
杨维桢所理解的"大一统"，全取两宋《春秋》学极为注重的尊王
之旨，强调正闰之分不因力量强弱而转移，即君臣秩序及与之相应
的华夷秩序的相对稳固性，由此就将明正统这一史书体例问题转化
成了政治伦理问题，又一次强调了史书笕善抑恶的现实道德意义。
其实，圣人之经"扶万世之纲常"的道德目的性就是依靠《春秋》
义例来实现的，史实虽不能复制，史法却可以沿用，近世史家法
《春秋》者无不注重体例与笔法的原因便在于此。如此一来，正统
归属的确定自然成了制定史书体例的第一步，保证统绪之正也就成
了修史的题中应有之义。在杨维桢看来，朱熹《通鉴纲目》是晚近

31　《铁崖先生传》，《清江贝先生文集》卷二，《贝琼集》，第 20—21 页。

32　杨维桢此文末尾即明言："若其推子午卯酉及五运之王，以分正统（按：陶宗仪所录者
　　作"正闰"）之说者，此日家小技之论，王勃儿辈之佞其君者尔，君子不取也，吾无以
　　为论。"见同上，第 25 页。

以来践行这一宗旨最为充分的史部著作。因此，元廷诏修前朝史当然应该遥鉴《春秋》，比照《纲目》，把明正统作为当务之急，而当时已成书的三史之弊根本上也就在于错误地赋予了辽、金两国比肩宋朝的正统地位。

为何杨维桢执意黜辽、金而独尊宋统？因为在他眼中，只有宋朝立国符合"大一统"的正统条件。前文已然谈到，支持辽、金正统者不在少数，但他们提出的理由无一不被杨维桢以"割据之地"、"僭伪之名"力驳。归结起来，宋、辽、金三国，各自考其源流，则：契丹立国时正统在唐，即便割占燕云，其后辽为金所灭，遑论承统；[33] 金本辽臣，篡国僭称已失其正，况且先于南宋灭国，也不得承统；[34] 而宋越过五代直承唐统，统一中夏，功高业伟，"天厌祸乱之极，使之君王中国，非欺孤弱寡之所致也"，[35] 得位之正亦世所公论，靖康之后遗统犹在南方，直至为蒙元所灭，正统归属才发生转移。杨维桢据此推定，"我元之大一统者，当在平宋，而不在平辽与金之日"，[36] 勾勒出一条由三代、秦、汉、晋、隋唐、两宋至元的"千载历数之统"传承谱系。由此可以清楚看到，杨维桢《正统辨》一文对正统的评判如实贯彻了朱熹《通鉴纲目凡例》所示的方法，即以中国主要地区政治统一性的基本实现作为王朝正统的起点，以该王朝彻底绝嗣为终点，复以中国再次实现统一作为下一个王朝正统的起点，统绪之间若有空阙则为无统之世，篡僭之辈则必

33　参见《铁崖先生传》"吾尝究契丹之有国矣……"、"议者之论五代……"等段。

34　参见同上文"金之有国……"、"议者又谓完颜氏世为君长……"等段。

35　《铁崖先生传》，《清江贝先生文集》卷二，《贝琼集》，第 22 页。杨维桢详论宋朝正统性可参见该文"又谓东汉四主……"段。

36　同上，第 23 页。

抑其统。应当说，通过对宋、辽、金正统问题的梳理，杨维桢进一步巩固了朱子学的正统思想，明确了评判正统的原则就在于：以功业作为入统的基准，以礼义（君臣上下内外之分）作为黜统的依据。

总之，在杨维桢的正统论中，"大一统"既是史书的宗旨，也是正统的标准。但必须要说明的是，杨维桢之所以力争独尊宋统，目的实在于维护元统的崇高性与纯洁性，不欲出身蛮夷又在政治伦理方面存在瑕疵的辽、金二国干扰元朝继承华夏正统。譬如，他讲元统"承乎有宋，如宋之承唐，唐之承隋承晋承汉"，[37] 而拒绝"以荒夷非统之统（指辽、金）属之我元"，[38] 显然是把蒙元看作与汉、晋、隋、唐、宋这些曾经统一中国的汉族政权无甚区别的文明国家。此外，他在《通鉴纲目》框架之外又提出了一种以儒家文化成就高低来评判正统的方法，讲"道统者，治统之所在"，[39] 主张儒家道统由朱熹传至许衡，意味着治统亦由南宋传至元朝，同样也是为了论证蒙元之承"天数之正，华统之大"。[40] 钱穆就曾对此有所批评，认为杨维桢终身都囿于元儒之立场，其正统论虽发明《春秋》尊王大旨甚多，但"攘夷之旨，虽于匈奴、突厥、五代、辽、金微见其意，而于元则绝不辨夷夏"，[41] 故其晚年亦固辞明太祖之聘。模糊乃至避而不谈夷夏之辨，可以说是有元一朝正统论的显著共同点，接下来将通过王祎、宋濂的正统思想进一步呈现该问题。

---

37 《铁崖先生传》，《清江贝先生文集》卷二，《贝琼集》，第 23 页。

38 同上，第 24 页。

39 同上。

40 同上，第 23 页。

41 《读明初开国诸臣诗文集续篇》，《中国学术思想史论丛（六）》，第 192 页。

（二）王祎：就史论史，融摄朱、吕

《宋元学案》将杨维桢列入艮斋学案敖继公再传，并特记其"得《黄氏日钞》归，学业日进"，[42] 可见杨维桢正统论祖述朱子、宗法《纲目》确有其学统渊源。杨维桢卒于明洪武三年（1370），虽然他的传记收于《明史·文苑》卷首，但从他后半生的行迹来看，杨维桢的心态似乎并未真正入明。事实上，杨维桢正统论大致可以代表元末汉族士人在宋、辽、金、史观上的基本看法，总裁三史编修的揭傒斯、欧阳玄当时就赞同杨维桢的观点，后学如陶宗仪、贝琼、宋濂等对之也都有很高的评价。入明后，宋濂在为杨维桢作墓志铭时还特别提及："会有诏修辽、金、宋三史，君作《正统辩》千言，大司徒欧阳文公玄读之，叹曰：'百年后，公论定于此矣。'"[43] 显然，当时士人大都不以杨维桢正统论不辨夷夏为病，而将元朝的正统地位与宋朝一样当作"世所公论"，明初总裁《元史》编修的王祎、宋濂同样是如此。

首先来看王祎的正统论。王祎曾作《正统论》一篇，文末着重探讨了宋、辽、金以及紧随其后的元朝正统问题，而未提及明朝，观其背景，应当是作于元末。考虑到王祎元至正七年（1347）至九年（1349）曾侍从业师黄溍在京修史，推测此文很有可能是他针对已面世的宋、辽、金三史之正统观所作的回应。与杨维桢相仿，王祎亦支持元继宋统，但他并没有如前者那样全然遵循朱熹《通鉴纲目》的正统评判标准，而是采取了欧阳修正统论的"绝统"说。王

42　《艮斋学案》，《宋元学案》卷五十二，第 1705 页。

43　《元故奉训大夫江西等处儒学提举杨君墓志铭》，《銮坡后集》卷六，《宋濂全集》，第829 页。

祎写道：

> 正统之论，本乎《春秋》。当周之东迁，王室衰微，夷于列
> 国，而楚及吴、徐并僭王号，天下之人几不知正统之所在。孔子
> 之作《春秋》，于正必书王，于王必称天，而僭窃之邦皆降而书
> 子，凡以著尊王之义也。故传者曰"君子大居正"，又曰"王者
> 大一统"，正统之义，于斯肇焉。欧阳修氏曰："正者所以正天下
> 之不正也，统者所以合天下之不一也，由不正与不一，是非有难
> 明，故正统之论所为作也。"……且欧阳氏正统之论以谓正统者，
> 听其有绝有续而后可，不必猥以假人而使勿绝也。猥以假人而使
> 勿绝，则至公大义有所不行矣。[44]

他对正统之说缘何而起的论述，与欧阳修如出一辙，概在突出《春
秋》尊王之旨，澄清史学的根本任务乃在于辨明至公大义之所在。
是以在正统王朝的评判上，王祎也照样沿用欧阳修"居天下之正，
合天下于一"的标准，主张正统的传承是不一定连续、可能发生中
断的，并以帝王事实上的功业事迹来衡量正统之继绝，推导出"所
谓正统者，自唐虞以来，四绝而四续"[45]的结论，即唯有唐虞、三
代、秦、汉（至献帝朝为止）、西晋、隋、唐、北宋与元满足正统
的条件。很明显，王祎提出的正统之序就是在欧阳修晚年"三绝三
续"说的基础上再拓展了由宋至元这"一绝一续"而已，其说完

44　王祎：《正统论》，《王忠文公文集》卷四，《王祎集》，杭州：浙江古籍出版社，2016
　　年版，第104—105页。

45　同上，第106页。

全是为论证元继宋统而服务的。与同时代的很多江南儒家学者不同，王祎此时没有表现出对宋朝的特别推崇，更多的是就事论事地评说史实，直称北宋"自建隆元年复得正其统"，将靖康之后地理上南北分裂的中国归为"绝统"，而将收复辽金、兼并南宋当作蒙元统一中国、复正其统的重大功绩，乃称"元之绍正统，当自至元十三年始也"。[46] 从上述王祎对宋、辽、金、元统绪问题的理解上，可以清楚看到他当时身为元儒对元朝正统性的维护立场。事实上，他也和具表上书《正统辨》的杨维桢一样，始终未有提及蒙元外族政权统治汉族世居之地是否关涉近世儒家正统论另一个重要议题——夷夏之辨。若此文确是在京随行公干时所作，王祎采取"不辨夷夏"态度的原因亦不难想象，但更有可能的是，他主观上本就不具备汉族本位主义的夷夏大防意识。例如，王祎在评述东周政治情况时使用"夷于列国"来形容名存实亡的周天子，这显然是从《春秋》攘夷的本初意涵上去理解华夷关系。也就是说，在王祎的观念中，"夷"指的是接受华夏最高政权统治的地方政权，不见得含有指称异民族的血统区别意义，与此相对的，王祎观念中的"华夏"恰好就应该指的是"居其正、合于一"的正统中央政权。如果顺着这种淡化民族区别意味的华夷关系框架去理解，蒙元统治者的异民族身份当然不会影响王祎对其正统性的判断。

总体上看，王祎《正统论》一文相比于欧阳修几乎没有创新之处，只是运用欧阳修正统论为宋、辽、金、元统绪问题提供了一个

46　参见王祎：《正统论》，《王忠文公文集》卷四，《王祎集》，杭州：浙江古籍出版社，2016年版，第106页。

解决方案。同样是论证本朝接续前朝的执政合法性,除开夷夏大防的问题,王祎面对的情况毕竟不如欧阳修棘手。当王祎所处的元末明初之际,反对五德终始说等神秘主义历史哲学的任务已由宋儒基本完成,王祎断然不必像欧阳修那样旁征博引,大可以坦然承认由"未居天下之正"或"未合天下于一"而造成的正统断绝属于历史发展过程中的自然现象,而将那些论正统"验之天文则失于妄,稽之人言则失于偏"[47]的说法统统归结为史家之偏私,即因学术道德的缺失而"不明于《春秋》之旨"。[48]耐人寻味的是,被王祎指责为不公之说者也包括时人奉为圭臬的朱熹《通鉴纲目》中的若干正统观点。王祎根据自己的正统观念另著有一部《大事记续编》,依照古策书与《春秋》经传相附之例纂述西汉至五代千余年历史,[49]明人何乔新就曾指出此书"其间予夺褒贬,又与《纲目》大不合"。[50]如在是否承认武后正统一事上,王祎便明确批评《通鉴纲目》褒贬过度,有失于《春秋》大义,道:

> 按此盖朱熹所祖以为《纲目》者也。然吕祖谦《大事记》之

---

47 王祎:《正统论》,《王忠文公文集》卷四,《王祎集》,杭州:浙江古籍出版社,2016年版,第105页。

48 同上。

49 该书乃接续吕祖谦《大事记》而作,故起于汉武帝征和四年(前89),今传本至五代后周恭帝显德六年(959)为止。一说该书实迄于南宋德祐二年(1276)。

50 何乔新:《跋大事记续编》,《椒邱文集》卷十八,四库全书本。四库馆臣为《大事记续编》撰写提要时转引了何乔新的总结,道:"如《纲目》以昭烈绍汉统,章武纪年,直接建安,此书乃用无统之例,以汉与魏、吴并从分注。又《纲目》斥武后之号,纪中宗之年,每岁书帝所在,用《春秋》'公在乾侯'例,而此书乃以武后纪年。又李克用父子唐亡称天祐年号,以讨贼为词,名义甚正,故《纲目》纪年,先晋后梁,此书乃先梁后晋。"

作无所襃贬，若用既济之法而黜武氏，是用襃贬也。……昔孔子作《春秋》而乱臣贼子惧，其于弑君篡国之主皆不黜绝之，岂以其盗而有之者？莫大之罪，不没其实，所以著其大恶而不隐欤！……唐之旧史因之列《武后纪》与本纪，盖其所从来远矣。[51]

文中反对的唐史臣沈既济"纪称中宗，事述太后"的纪年方法，正是后来朱熹在《通鉴纲目凡例》里采取的"其篡贼干统……正统虽绝，而故君尚存，则追系正统之年而注其下，如唐之武氏"[52]的笔削之法。应当说，在对武则天"篡国干统"的历史评价上，王祎未必与朱熹不同，可是在史书的制作上，王祎坚决地站在了拥护欧阳修这一侧。正如欧阳修、司马光将"不没其实以著其罪"作为《春秋》之志贯彻于毕生的史籍编纂工作中，王祎也认为"《春秋》之义，尊王抑霸，内夏外夷，诛乱贼，绝僭窃，圣人直书其事，志善恶，列是非，以为赏罚之具，其用在乎正义不谋利，明道不计功"，[53]将尽可能还原历史实情作为修史的基本要求。王祎相信，只有在原原本本陈述史实的基础上，后人才有可能在读史的过程中明辨善恶，"至公大义"才有可能在不断迁变的人心与一成不变的文字记载之间获得即时呈现。由此可见，王祎当然也认同史学具备价值导向的基本功能，但他更倾向于将史书当作启发道德判断力与巩固道德信念的有效工具，而非像朱熹《通鉴纲目》那样是以自家价

51　王祎："唐则天顺圣皇后武氏垂拱元年春正月丁未朔，庐陵王出居于均州，改元"条，《大事记续编》卷五十三，四库全书本。

52　《凡例》，《资治通鉴纲目》附录一，《朱子全书》第 11 册，第 3479 页。

53　《六经论》，《王忠文公文集》卷四，《王祎集》，第 99 页。

值标准对历史进行再建构的结果，或者说将史书写成一部政治伦理教科书。[54]

通过分析王祎的史学代表作可以看到，他之所以采信欧阳修正统论，而对朱熹《通鉴纲目》不以为然，是有其主见的。因此，虽然杨维桢和王祎都支持元朝正统，淡化夷夏之辨，二人对南宋正统性的处理却截然不同。杨维桢遵循朱熹《通鉴纲目》的思路，认为正统性一旦取得就应当是内在于政权本身的一种属性，因而只要宋朝政权没有彻底消亡，其正统性便不应由于领土疆界的改变而丧失，否认南宋正统就相当于承认周边国家以蛮力挑战乃至破坏既有政治秩序（在国与国、汉民族与异民族之间即主要表达为华夷秩序）的正当性。而王祎采信欧阳修的看法，将正统之名与政权的存在形式分为两事，也就是将正统之继绝看作客观的历史现象，于是在宋朝失去北方领土的同时，中华正统的传承谱系亦随之中断，故曰南宋无以承统。表面上看，二者的差异在于正统的评判标准不同，似乎杨维桢正统论在功业之外亦注重用礼义尺度衡量政权合法性，相比王祎纯粹运用功业尺度认定正统之继绝，杨维桢树立的"千载历数之统"具有更强烈的主观价值判断色彩。但实际上，杨、王二公以及他们所赓续的朱熹与欧阳修正统论的根本差异应当在于学术立场及历史观的不同：朱熹书史及论正统的直接目的在于明善恶，历史批判优先于历史叙述，历史叙述则为其政治伦理学服务——这是道学家的立场；欧阳修、王祎书史的直接目的则在于

54　朱熹这样做，是因为其儒学建构追求的是"理"的客观化和知识化，故需要为儒学设置文本依据，其中从求诸历史经验的路径上取得的成果就是《资治通鉴纲目》。参见《南宋儒学建构》，第134—136页。

明史实，历史叙述与历史批判被严格区别开来——也就是史学家的立场。所以，我们可以发现，王祎虽身处朱学脉络之中，平素亦多口称朱子，但比起时人竞相续写《通鉴纲目》，他反而选择完成吕祖谦《大事记》的未竟之业，他从事历史研究的态度也更符合吕学"看史非欲闻见该博，正是要识前言往行以畜其德"[55] 的史学理念。王祎正统论之于朱子学的部分背离，其实在另一面上也意味着对吕祖谦之学的回归，意味着浙东学术经世致用精神在融摄朱子学后的凸显。

（三）宋濂与《谕中原檄》的正统思想

再来看宋濂的正统思想。如果说宋、辽、金三史编修只是间接涉及元统承何而来的问题，那么元史编修则必须直接对蒙元是否正统做出回答。宋濂作为《元史》总裁官，在这个问题上无疑给出了肯定的答案。在向明太祖进呈《元史》成书的上表中，他是这样总结元朝之兴亡的：

> 惟元氏之有国，本朔漠以造家，用兵戈以争强，并部落者十世；逐水草而为食，擅雄长于一隅。逮至成吉思之时，大会斡难河之上，始尊位号，渐定教条，既近取乎乃蛮，复远攻于回纥，渡黄河以蹴西夏，逾居庸以瞰中原。太宗继之，而金源为墟。世祖承之，而宋策遂讫。立经陈纪，用夏变夷，肆宏远之规模，成混一之基业。爰及成仁之主，见称愿治之君，唯祖训之式遵，思孙谋之是遗。自兹以降，聿号隆平，丰亨豫大之言，鼓倡于天历

---

55 《门人所记杂说二》，《丽泽论说集录》卷十，《吕祖谦全集》第二册，第 259 页。

之世；离析涣奔之祸，驯致于至正之朝。……由是群雄角逐，九域瓜分，风波徒沸于重溟，海岳竟归于真主。[56]

宋濂没有避开，也无法避开元朝统治者在血统来历上属于外来异民族的问题，反而用了不短的篇幅描述元世祖消灭南宋之前的蒙元发展历程，然后才给这个取代了南宋的新政权定性。根据文中的表述，蒙元早期的发展历程既是不断兼并征服、最终控制包括华夏在内的广大国土的统一过程，更是草原游牧民族逐步改变生活方式、吸纳儒家文化与中原礼仪制度的汉化过程，因此到元世祖实质上掌握中国全境之时，元朝也相当于具备了承接正统的条件——蒙元确实完成了统一天下的伟业，同时在文化上也达到了汉族知识阶层可以接受的水平。[57]《元史》编修于明洪武初年，史官自然不必刻意避讳元廷的异民族身份，宋濂显然也意识到了夷夏之辨会是讨论元朝正统性时最为敏感的问题，因为元朝正统性并不是一个孤立的议题，它还和紧随其后的明朝是否正统密切相关。所以，宋濂极其谨慎地写下了这段总结，在这份获得史馆共识与明太祖首肯的朝代更迭叙事中，明廷之统非是接续前朝而来，而是经由重新使元末群雄割据、四分五裂的中国合而为一的这份功业自然获致的。如此一来，宋濂不但化解了异民族何以承统的历史遗留矛盾，客观上也巧

---

56 《进元史表》，《銮坡前集》卷一，《宋濂全集》，第 474—475 页。同见于《元史》，第 4673 页。

57 《元史·世祖本纪》给出的元世祖盖棺定论再次强调了元朝统治者"华夏"而非"夷狄"的文化身份，并对其政治成就颇为肯定，道："世祖度量弘广，知人善任使，信用儒术，用能以夏变夷，立经陈纪，所以为一代之制者，规模宏远矣。"见《元史》卷十七，第 377 页。

妙地将明朝正统性的来源与元朝作了切割。关于这样做的目的，他
在《元史》后记中写得更加明白，文中说："昔者，唐太宗以开基
之主，干戈甫定，即留神于《晋书》，敕房玄龄等撰次成编，人至
今传之。肆惟皇上龙飞江左，取天下于群雄之手，大统既正，亦诏
修前代之史，以为世鉴。"[58] 则知，《元史》于洪武元年（1368）仓
促修订这件事本身即是为了在舆论上彰显"元运已革而中夏归于正
统"，[59] 更得益于宋濂对元明统绪关系问题的特殊处理，《元史》成
功地将明朝的正统地位托举得滴水不漏，还避免了欧阳修那样为正
宋统而不得不扶正五代的窘境。

通过宋濂在《元史》中的手笔可以比较清楚地看到，他在
判定王朝正统性时着重考量的是其是否具备统一中华的功业，但
也对统治者治世能否符合儒家政治伦理的要求有相当的重视。那
么，元朝统治者事实上有否变夷为夏，完全汉化呢？学界对此已
有相对比较充分的研究，基本认为元廷对于汉族文化及儒家学者
采取的是利用与打压相结合的态度，而非主动寻求同化。赵翼尝
举"元诸帝多不习汉文"与"元汉人多作蒙古名"两例，即非常
能够说明问题，道："是不惟帝王不习汉文，即大臣中习汉文者
亦少也。"[60] 又道："有元一代诸君，惟知以蒙古文字为重，直欲
令天下臣民皆习蒙古语，通蒙古文，然后便于奏封，故人多学
之，既学之则即以为名耳。"[61] 就事论事而言，元朝统治者自身向

---

58 《元史目录后记》，《銮坡前集》卷一，《宋濂全集》，第 477 页。同见于《元史》，第
   4677 页，微有殊字。

59 《送无逸勤公出使还乡省亲序》，《翰苑续集》卷七，《宋濂全集》，第 1053 页。

60 《廿二史劄记校证》卷三十，第 678 页。

61 同上，第 702—703 页。

汉族文化靠拢的主观意愿总体上并不十分强烈，却善于利用儒学和汉族知识阶层来治国牧民。[62] 有元一代，统治者始终执行民族分化政策，"内北国而外中国，内北人而外南人"；[63] 汉族士人尤其是南方士人很难得到重用，故多只能寄情于庙堂之外，治生之余则潜心于讲学、著述、诗文乃至方外之学，宋濂、王祎、刘基、胡翰等一众元末明初江南儒家学者皆属此列。而这些曾居于元廷治下，甚或偶为元廷所用的汉族士人，政治际遇绝不能说是优渥，可他们即便在入明后，也多对元朝怀有故国之情，[64] 往往不会彻底否定元朝的成就及其历史地位。要进一步澄清造成这种

---

62 许衡受到重用是最典型的例子之一。元世祖即位前，便曾召许衡为京兆提学；中统元年（1260）元世祖即位，至至元十七年（1280）许衡最后一次离京还乡，期间许衡始终受到元世祖的优待，屡被委以重任，并十分密切地参议朝政，如元世祖对许衡关于元朝治国方略的上书《时务五事》表示"嘉纳"，先后命许衡等人制定元朝的选举法、朝仪、官制乃至历法，应当说任用许衡对巩固元朝统治起到了比较重要的作用。相关事迹参见《元史》卷六十七《礼乐一》、卷八十一《选举志一》、卷八十五《百官志一》、卷一五八《许衡传》。其实，许衡本就对夷夏大防问题不甚挂怀，曾赋诗"光景百年都是我，华夷千载共皆人"（许衡：《许文正公遗书》卷十一，《许衡集》，北京：中华书局，2019年版，第375页）；加之他还认为，只要推行汉法，异民族政权也可以治理好中国，道"考之前代，北方奄有中夏，必行汉法，可以长久。……国朝仍处远漠，无事论此。必若今日形势，非用汉法不可也。……苟能渐之摩之，待以岁月，心坚意确，事易而常，未有不可变者"（《许文正公遗书》卷七，《许衡集》，第265—267页）。许衡的主张实则也能折射出当时相当多汉族士人看待元廷这一异民族政权的基本态度。

63 《草木子》卷三，第55页。

64 一个显著例证就是相当数量由元入明的汉族士人对新朝采取了不合作的政治态度，除了明太祖严酷统治带给他们的恐惧，怀恋故元也是重要原因之一。如赵翼所察，"明初文人多有不欲仕者。丁野鹤、戴良之不仕，以不忘故国也"（《廿二史劄记校证》卷三十二，第741页）；另，根据萧启庆的统计，元明之际的进士中"忠元"者远多于"背元"者，且"忠元"进士的主体是汉人与南人，参见萧启庆：《元明之际士人的多元政治抉择：以各族进士为中心》，《元代的族群文化与科举》，台北：联经出版公司，2008年版，第264—269页。

现象的原因及其反映出的正统思想特征，还应考察《谕中原檄》一文。

《谕中原檄》这篇旷世雄文作于公元1367年秋，相传为宋濂代笔于时为吴王的朱元璋北伐前夕。而后，朱元璋麾下军队不出一年，就将北狄蒙元驱离大都，确立了汉族新政权明朝对全国的统治。《谕中原檄》作为元明革命的宣言书，明清以来已有大量学者反复申发其文献价值，在此便不再赘述。但需指出的是，在这些讲论中，很多学者都将"驱逐胡虏，恢复中华"口号的提出视为该文最重要的历史贡献，也让元明易代几乎成为"民族革命"的代名词。然而，单从《谕中原檄》的正统观念来看，由明太祖一手实现的这场朝代更迭并非如后人想象的那样具备鲜明的民族革命色彩。文中写道：

> 自古帝王临御天下，皆中国居内以制夷狄，夷狄居外以奉中国，未闻以夷狄居中国而制天下也。自宋祚倾移，元以北狄入主中国，四海以内，罔不臣服，此岂人力，实乃天授。彼时君明臣良，足以纲维天下，然达人志士，尚有冠履倒置之叹。自是以后，元之臣子，不遵祖训，废坏纲常，……及其后嗣沉荒，失君臣之道，又加以宰相专权，宪台报怨，有司毒虐，于是人心离叛，天下兵起，使我中国之民，死者肝脑涂地，生者骨肉不相保，虽因人事所致，实乃天厌其德而弃之之时也。……当此之时，天运循环，中原气盛，亿兆之中，当降生圣人，驱逐胡虏，恢复中华，立纲陈纪，救济斯民。……予恭承天命，罔敢自安，方欲遣兵北逐胡虏，拯生民于涂炭，复汉官之威仪。……盖我中国之

民，天必命我中国之人以安之，夷狄何得而治哉。[65]

关于谁能够执掌天下的皇权正统归属与认定问题，该文提出了两点主要根据：一是形而上层面的君权天授，二是形而下层面的政治秩序。具言之，一方面，政权的正统性不是随意产生的，而是由某种至高无上的超人间力量先验地赋予特定对象的，所以无论是既成事实的元有天下，还是即将实现的明有天下，都被认为是不可动摇的天赋皇权；另一方面，天命所归固然难以凭人力左右，但也不是毫无规律可循，关键就在于"替天行道"，即只要能在人间实现应有的政治秩序，包括君明臣良的等差协作结构、君德民安的社会治理实效以及内中国而外夷狄的文化外交格局，就可以在统一天下之后理所应当地承担华夏正统地位，而上述这些政治目标能否实现，很大程度上就取决于统治者能否达到儒家政治伦理的要求。所以，文章末尾得出结论，只有"中国之人"才能担此天命，因为只有对汉族文化怀有深刻理解与同情者才有可能将汉族精英们眼中的华夏文明共同理想变为现实。也就是说，立国之初执政清明高效、较为积极践行儒家政治伦理的元廷可以被认为是文化身份上的"华夏"，而一旦其统治下的中国客观上失去了应有的政治秩序，使民陷于水火，登时就会被重新归类为血缘身份上的"夷狄"，成为全体华夏子民声讨与驱逐的对象。由此可见，《谕中原檄》虽然不得不再次搬出"天命"观念来强化其结论的权威性，但其在现实层面上衡量政权合法性时，主要考察的依然还是该政权是否能实现理想的政治

65　"吴元年十月丙寅"条，《明太祖实录》卷二十六，《明实录》第 1 册，第 401—404 页。

秩序，这也意味着支撑该文立论的正统思想具备强烈的政治伦理学属性。正因为如此，《谕中原檄》在夷夏之辨上同样也秉持文化标准，[66] 而非近代民族主义主要遵循的血缘地域标准，是以不宜将此文所表达的反元意识等同于近代意义的民族革命思想。

最后需要说明的是，尽管《谕中原檄》十分重要，其真实作者是否宋濂却是存疑的，可能是宋濂，也可能是王祎，或者其他跟随朱元璋的文臣。不过，无论《谕中原檄》出自谁人手笔，至少该文一定反映了明太祖对元明革命的看法，后者又直接决定了《元史》对元朝正统性的基本论断。面对一位分外强势的开国皇帝，史官只能选择执行君主的意志，然而，的确也很难说以宋濂、王祎为首的《元史》编纂团队不是发自内心地认同元朝正统。如洪武四年（1371），宋濂在赠予苏平仲的序文中提及他对历代史家的看法，称"五代之后而宋承之，宋之后而元承之"，[67] 并表示对已完成的《元史》颇为得意，可见承认元朝正统应当符合宋濂的本意。刘

66　据《明实录》记载的版本，该文末尾特别宣告道："如蒙古、色目，虽非华夏族类，然同生天地之间，有能知礼义，愿为臣民者，与中夏之人抚养无异。"此宣言虽然不免有怀柔之意，但该文作者及明太祖当时不单以血缘地域区别人种，而立足于文化认同提倡多民族共存的观点是清楚的。

　　另，关于明太祖为何会对蒙元旧势力示以等同"中夏"的尊重，宫崎市定认为，明太祖向来对身为异族政权的元朝不怀有特别的敌意，他写道："尤其是朱元璋，他的对手与其说是元军，不如说是与自己有着相似经历的新兴势力，因此，同伙之间的竞争心，远远胜于攘夷的思想。"（［日］宫崎市定：《从洪武到永乐——明朝初期政权的性质》，《宫崎市定亚洲史论考》下册，上海：上海古籍出版社，2017 年版，第 1063 页）同时，宫崎市定还指出，本应酝酿出民族主义思想的知识阶层在元明革命过程中大都没有加入反元势力，即便加入也没有受到重用（如明太祖麾下招募的一众江南儒家学者），这也是元末动乱中攘夷意识淡薄的原因之一。

67　《送国子正苏君还金华山中序》，《銮坡前集》卷七，《宋濂全集》，第 628 页。

基也曾在同一年写下"元承宋统，子孙相传，仅逾百年，而有刘、许、姚、吴、虞、黄、范、揭之俦，有诗有文，皆可垂后者，由其土宇之最广也"，[68] 推崇故元之情溢于言表。究其原因，无论是不仕明朝的杨维桢，还是积极用世的王祎、宋濂、刘基，所一致追求的都是一个符合天道秩序的、高度华夏文明笼罩下的中国，而不单单是由汉族人掌权和治理的中国。这也就意味着曾为元人的他们可以对元朝的政治、风俗、学术乃至君主本人提出尖锐批评，却未必会出于血缘意义上的民族意识去反对元朝统治，这恐怕才是元末江南儒家学者论正统"只识功业，不辨夷夏"最为可能的原因。

（四）胡翰：喻理于史，反对胡元

如果说曾经在元廷统治下生活过的江南儒家学者大都心照不宣地淡化夷夏之辨与正统问题的关系，胡翰恐怕是其中少见的异类之一，他不仅不讳言夷夏，甚至有倡导夷夏大防之论。胡翰一生半仕半隐，以文章享誉当世，亦曾参与编修《元史》。从学统出身上看，胡翰无疑属于江南朱子学正传的金华学脉，如黄宗羲云，他"从吴正传师道受经、吴立夫莱学古文词，又登白云之门，获闻考亭相传的绪"，[69] 可见其理学、经学、文学皆颇有造诣。而胡翰沉浮于元末明初的风云动荡中，尤其对历史与政治有自身独到的见解，对于江南朱子学在元末明初的发展起到了不可忽视的作用。

68　刘基：《苏平仲文集序》，《刘伯温集》卷二，杭州：浙江古籍出版社，2011 年版，第118 页。

69　《宋元学案》卷八十二，第 2772 页。

胡翰《衡运》篇曾道"仲尼殁，继周者为秦、为汉、为晋、为隋、为唐、为宋"，[70] 可以概略视作他所认可的正统谱系。除此之外，胡翰的正统思想集中见于其《正纪》篇。这两篇论文都很受黄宗羲的重视，故后由全祖望采录全文收入《宋元学案》之中。《正纪》一文虽然全篇未着一"统"字，然统、纪二字于语义上实出同源，[71] 该文字面上论述的是胡翰的政治思想，实则也能映射出他在夷夏之辨与正统问题上的主要观点。文章开篇即讲：

> 六合之大，万民之众，有纪焉而后持之。何纪也？曰：天纪也，地纪也，人纪也。天纪不正，不足以为君；地纪不正，不足以为国；人纪不正，不足以为天下。[72]

直截了当地指出要治理好拥有广袤国土与众多人口的中国，必须依靠一定的要领，亦即天纪、地纪、人纪。此处所言之"纪"乃指要领、纲领，又有不可不守之意，故也可以说是法则。这套政治法则包含环环相扣的三个向度：一是所谓天纪，指的是君权天授，"国君受命于天子，天子受命于天，义至公也"，[73] 国家最高统

---

70 《衡运》，《胡仲子集》卷一，第2页。此论将孔子看作西周正统的关键继承者，而向下连接至秦汉等朝，可见胡翰论正统，亦存将道统与治统混而论之的倾向。另，胡翰曾写道："余闻之许氏，乃记之曰：儒者之学，尊本明统。"（《白云亭记》，《胡仲子集》卷七，第100页）许氏即许谦，可知金华学派素以明统为己任，不但关注道统，也关注治统。

71 参见《说文解字》注曰："别丝者，一丝必有其首，别之是为纪。众丝皆得其首，是为统。统与纪义互相足也，故许不析言之。"

72 《正纪》，《胡仲子集》卷一，第3页。

73 同上。

治者的确立必须秉持某种"天命"而获得其在人间的合法性；二是所谓地纪，指的是内中国而外夷狄的空间政治格局，"以中国治中国，以夷狄治夷狄，势至顺也"，[74] 不仅是地处中原的华夏领土与外围其他民族聚居地区被从地理意义上作了严格的界限区分，[75] 关键是必须在此基础上明确华夷有别的政治方针，分而治之；三是所谓人纪，指的是君臣、父子、夫妇、朋友、长幼等社会各阶层、各种人际关系上的伦理道德规范。之所以要强调这三个向度，是因为君主权威、边疆治理与世风民俗是左右传统时代国家政局稳定最重要的三方面因素，只要三纪中任何一个向度有失于正，都极有可能会招致天下大乱的不幸后果。这是胡翰观察与反思历史的结果，文中特别以曹魏篡汉、前赵伪汉与唐太宗朝的边疆策略为例，说明无论是违背天纪而"欲以诈力为之（指获得帝位）"者，还是违背地纪而"欲以冠带治之（指夷狄）"者，结局都将是"乱天下之大义"、"失天下之大势"。[76] 反之，天下大治的时代一定都同时满足这三个向度的要求，上古中国在尧、舜、禹、汤、文、武之世所实现的相对稳定与普遍文明就是明证。对此，胡翰感叹道：

> 三纪之立，其尧、舜、禹、汤、文、武之世乎？善为天下者，亦法乎尧、舜、禹、汤、文、武而已矣。[77]

---

74 《正纪》，《胡仲子集》卷一，第3页。
75 根据胡翰的划分方法，隶属中国的地区只有"北纪胡门"与"南纪越门"之间的"冀、兖、青、徐、荆、扬、豫、梁、雍之地"，也就是《尚书·禹贡》划定的古代中国"九州"范围，除此之外都被认为是四夷之地。参见同上。
76 参见同上。
77 同上，第4页。

古先圣王正是因为遵循正纪法则，构建起了接近理想状态的高度政治秩序，才能在较长时期里保持天下大治的局势，故也理应成为后世君主效法的对象。

通过上及三代、下至隋唐的大跨度历史评析，胡翰找到了影响国家命运、左右历史走向的关键变量，随即他还考察了这三个向度的内在关系。按照儒家政治哲学的一般认识，君主是政治的第一责任人，国家因君主而成立，礼乐刑政等制度也须依靠君权推行，而产生诸如经世济民、移风易俗、稳固边疆等实际效果。若明君善治，立政安民，则天下太平，是以君主、国政与天下被看作是不可分割的整体。既然胡翰所说的天、地、人三纪分别被定位为指向为君、为国、为天下的明确目标，那么基于后三者之间本身具有的因果连续性，前三者就不仅会各自单独对政治局势、国家命运有着决定性影响，而且还会互相影响，乃至引发连锁反应。继而，在胡翰的理论设想中，天、地、人三纪便构成了理想政治秩序的三足鼎立结构，三者互相支撑，牵一发而动全身，他将这一历史规律总结为：

> 天下莫要于人纪，莫严于地纪，莫尊于天纪，乱其一，则其二随之，乱其二，则三者夷矣。[78]

胡翰认为，三纪都非常重要，不可偏废，同时也必须清晰把握三者之间如何发生作用。从历史经验中可知，天地之纪乃立国之本，生

---

78 《正纪》，《胡仲子集》卷一，第4页。

人之纪乃守业之要。具言之，如果没有地位稳固、民心所向的合法统治者和足以维护国家领土与意识形态安全的合理制度，就难以奠定国家长期稳定的基础，更难以创造道德文明赖以成立的客观环境，如其言"天地之纪不正，虽有人纪，君臣也，父子也，夫妇也，朋友之交也，长幼之序也，何自而立哉"。[79] 若天地之纪不正，人纪早晚也会失正；人纪一旦失正，改朝换代就势在必然。即使像魏晋这样的衰世也不乏私德突出的忠义之士，但人伦之美在局部的余存并不能从根本上挽回天地之纪不正带来的毁灭性后果。[80] 所以，胡翰可以说是完全拥护朱熹的《春秋》学观点，称"《春秋》之义也，盖将以正天地之纪也"，[81] 其实也就是在说，《春秋》主旨无外乎尊王攘夷，政治之本无外乎尊王攘夷。只不过在胡翰那里，只有尊王攘夷还不够，必得整肃人伦风俗与之呼应，才成之为理想的政治形态。

然则上述胡翰的政治思想，昭示出他怎样的正统观念呢？首先需要注意的是，在对历史发展规律的总结中，胡翰用了一个"夷"字来形容正纪的反面。换言之，在他看来，纪正与不正，秩序与失序，文明与混乱，华夏与夷狄，已经形成鲜明的对立关系。而且，与其他由元入明的江南儒家学者更多时候是从文明水平高低或者"中央—地方"关系上指称华夷不同，胡翰就是很直白地在血统区别意义上把汉族以外的其他民族称作夷狄，并立场坚决地强调，中

---

79 《正纪》，《胡仲子集》卷一，第4页。
80 胡翰引证了甘宁、周瑜、金祎、耿纪、孔恂等人的事迹来证明虽然"生人之纪未尝泯"，但由于无人能于天地之纪处力挽狂澜，终致魏晋之乱。参见同上。
81 同上。

原居民与外围其他民族之间"风气不同，习俗亦异"，因存在种种天然条件差异和由此带来的不可调和的地域文化差异，"虽有圣人，不能使之同仁，从有（其）族类可也"，二者难以同化，唯有将文化发展程度较低的夷狄隔绝在外，令其自治，才能保证中原大地风俗纯正，长治久安。[82] 很显然，在王祎等人的夷夏观中，夏或夷其实是相对概念；但在胡翰的夷夏观里，二者是绝对无法互相转化的。胡翰《正纪》篇极受钱穆推崇，便是因为这篇写于元季的文章从根源上剖析了世风日坏的历史原因，而敢于重新将夷夏大防纳入儒家政治秩序建构的必要方面，极大契合了钱穆当时迫切的反侵略心态。[83] 然而，如果胡翰秉持着这种严格保守的夷夏观，必然会使另一个问题变得无法回避，即：蒙元作为一统华夏的夷狄政权，应当如何看待其正统性？

很可惜，胡翰没有留下太多直接评价元朝历史地位的文字，需要通过进一步厘清他的正统观念来回答这个问题。从胡翰对天纪的标举可知，他与包括《谕中原檄》作者在内的大多数儒家学者一样，都将皇权正统的终极来源诉诸天命。但与《谕中原檄》不尽相同的是，胡翰认为天赋皇权是政治秩序实现的前置性根本保障，亦即正统是治世的前提条件，而不赞同从政治秩序有无获得实现的经验事实去倒推政权本身的正统与否。这就意味着对于胡翰来说，正统有不变的绝对标准。再结合胡翰对地纪的严防死守，则可知"以

82　参见《正纪》，《胡仲子集》卷一，第3页。胡翰在《皇初》篇也曾说"山川之风气不同，五方之民异俗"，其言"风气"应指风土气候。见《胡仲子集》卷二，第18页。
83　参钱穆评《正纪》曰："伟哉此论！元明之际诸儒知此者又几人？……明初诸臣，极其所至，徒知拳拳乎人纪，而亦岂能明人纪之大本大原所在乎？仲子之论，可谓逴乎独出矣。"（《读明初开国诸臣诗文集》，《中国学术思想史论丛（六）》，第163页）

中国治中国"才是他认可的理想政治形态，异民族出身的统治者断然不应被允许成为华夏正统的承接者。如此一来，前面问题的答案也就不言而喻了。其实，胡翰对元朝正统性的否定态度，也可以间接地从他不仕元廷、避地南华、入明复出的人生轨迹中推测出来。联系《正纪》篇"天地之纪不正，由生人之纪先紊之也"[84]的判词，甚至可以猜想，或许胡翰已经通过风俗胡化的元季世情，预见到了元祚不长的结果，遂愈加固辞不仕。归根结底，胡翰不会相信异族血统的蒙元政权能够真正汉化，更不会相信依靠这样得位不正的君主能够实现华夏文明的终极社会理想。相应的，虽然根据胡翰的正统评判标准，在他有所述评的朝代中，惟有虞、夏、商、周的正统性无可挑剔，秦、汉、晋、隋、唐，或者还包括宋，则各有瑕疵，但对三代以后中原地区次第出现的这些汉民族统一政权，胡翰大体都是持认可态度的。他在《正纪》一文末尾写道："非秦、隋之乱，汉高帝、唐太宗何自而兴哉？汉承秦之变，变而近正者也。唐承隋之变，变而不善正者也。"[85]可见，胡翰并不是盲目保守的复古主义者或民族主义者，他对客观历史进程向前推进的必然性有着充分认识。不过，比起延续前人路径，树立一套更精致的正统史学规范，他更为注重的还是从历史经验中总结规律、吸取教训，也就是找到变幻无常的历史现象深处蕴藏着的恒常不变之理。胡翰相信，王朝兴衰取决于是否遵循三纪；同理，也可以说正统谱系的继绝同样取决于三纪。今人回视胡翰，兴许会诟病其夷夏观偏狭。可不应

84　《正纪》，《胡仲子集》卷一，第 4 页。

85　同上。

忽视的是，传统时代儒家学者论及夷夏之辨时，绝不单纯是在探讨汉族与其他少数民族应当如何相处，而是把夷夏问题当作政治秩序建构过程中最基本和最难以回避的方面，以相当尖锐的态度去考验包含对外政策在内的政治制度整体的合理性，更是在诘问这套制度所依据的意识形态的正义性。胡翰数次辞聘，自愿留在山野民间，保持自身学术与权力中心的距离，也是保持儒者和儒学所提供的知识的批判性、客观性与价值立场。胡翰的正统思想固然有其历史局限性，但相对于同时代的其他江南学者，已经凸显出超越传统史学论域、积极批判现实政治的自觉意识，这也深刻地影响了后来的方孝孺。

主要参考文献

一、古籍资料

贝琼：《贝琼集》，杭州：浙江古籍出版社，2019年版。

陈荣捷：《近思录详注集评》，上海：华东师范大学出版社，2007年版。

陈垣：《日知录校注》，合肥：安徽大学出版社，2007年版。

程颢、程颐：《二程集》，北京：中华书局，1981年版。

董诰等：《全唐文》，北京：中华书局，1983年版。

戴震：《戴震集》，上海：上海古籍出版社，1980年版。

方孝孺：《逊志斋集》，《儒藏》"精华编"二五〇册，北京：北京大学出版社，2014年版。

葛寅亮：《金陵梵刹志》，天津：天津人民出版社，2007年版。

谷应泰：《明史纪事本末》，北京：中华书局，2015年版。

胡广等纂修：《明实录》，台北："中央"研究院历史语言研究所，1962年版。

胡翰：《胡仲子集》，北京：中华书局，1985年版。

何孟春：《余冬序录摘抄内外篇》，北京：中华书局，1985年版。

黄宗羲、全祖望：《宋元学案》，北京：中华书局，1986 年版。

黄宗羲：《明儒学案》，北京：中华书局，2008 年版。

黄宗羲：《黄宗羲全集》，杭州：浙江古籍出版社，1986 年版。

揭傒斯：《揭傒斯全集》，上海：上海古籍出版社，2012 年版。

李国祥、杨昶主编：《明实录类纂》，武汉：武汉出版社，1992 年版。

刘基：《刘伯温集》，杭州：浙江古籍出版社，2011 年版。

黎靖德编：《朱子语类》，北京：中华书局，1986 年版。

陆九渊：《陆九渊集》，北京：中华书局，1980 年版。

刘夏：《刘尚宾文续集》，《续修四库全书》第一三二六册，上海：上海古籍出版社，2002 年版。

李贽：《李贽文集》，北京：社会科学文献出版社，2000 年版。

吕祖谦：《吕祖谦全集》，杭州：浙江古籍出版社，2008 年版。

刘宗周：《刘宗周全集》，杭州：浙江古籍出版社，2012 年版。

欧阳修：《欧阳修全集》，北京：中华书局，2001 年版。

欧阳修：《新五代史》，北京：中华书局，1974 年版。

沈德符：《万历野获编》，北京：中华书局，1959 年版。

宋濂：《宋濂全集》，杭州：浙江古籍出版社，1999 年版。

宋濂等：《元史》，北京：中华书局，1976 年版。

司马光：《司马光集》，成都：四川大学出版社，2010 年版。

孙奇逢：《夏峰先生集》，北京：中华书局，2004 年版。

申时行等修：《明会典》，北京：中华书局，1989 年版。

脱脱等：《宋史》，北京：中华书局，1985 年版。

王祎：《王祎集》，杭州：浙江古籍出版社，2016 年版。

许衡：《许衡集》，北京：中华书局，2019 年版。

许谦：《许谦集》，杭州：浙江古籍出版社，2015 年版。

永瑢等：《四库全书总目提要》，北京：中华书局，1965 年版。

叶盛：《水东日记》，北京：中华书局，1980 年版。

叶子奇：《草木子》，北京：中华书局，1959 年版。

张常明编注：《逊志斋外集》，上海：上海古籍出版社，2009 年版。

周敦颐：《周敦颐集》，北京：中华书局，1995 年版。

张廷玉等：《明史》，北京：中华书局，1974 年版。

朱熹：《朱子全书》，上海：上海古籍出版社，2002 年版。

朱熹：《四书章句集注》，北京：中华书局，1983 年版。

赵翼：《廿二史劄记校证》，北京：中华书局，1984 年版。

二、专著

陈荣捷：《朱学论集》，上海：华东师范大学出版社，2007 年版。

陈来：《古代思想文化的世界》，北京：生活·读书·新知三联书店，2009 年版。

陈来：《古代宗教与伦理》，北京：生活·读书·新知三联书店，2009 年版。

陈来：《中国近世思想史研究》，北京：生活·读书·新知三联书店，2010 年版。

陈来：《宋明理学》，北京：生活·读书·新知三联书店，2011 年版。

陈玉女：《明代的佛教与社会》，北京：北京大学出版社，2011年版。

杜继文：《佛教史》，南京：江苏人民出版社，2006年版。

董平：《浙江思想学术史：从王充到王国维》，北京：中国社会科学出版社，2005年版。

董平：《宋明儒学与浙东学术：董平学术论集》，贵阳：孔学堂书局，2015年版。

管敏义：《浙东学术史》，上海：华东师范大学出版社，1993年版。

郭朋：《明清佛教》，福州：福建人民出版社，1982年版。

龚颖：《似而非的日本朱子学：林罗山思想研究》，北京：学苑出版社，2008年版。

葛兆光：《中国思想史》，上海：复旦大学出版社，2014年版。

何冠彪：《生与死：明季士大夫的抉择》，台北：联经出版公司，1997年版。

何俊：《南宋儒学建构》，上海：上海人民出版社，2013年版。

何俊：《西学与晚明思想的裂变》，上海：上海人民出版社，2013年版。

何俊：《事与心：浙学的精神维度》，北京：北京大学出版社，2013年版。

何俊：《从经学到理学》，上海：上海人民出版社，2021年版。

何俊主编：《江南儒学的构成与创化》，上海：上海书店出版社，2021年版。

胡梦琪：《方孝孺年谱》，西安：陕西人民出版社，1988年版。

黄仁宇：《万历十五年》，北京：生活·读书·新知三联书店，1997 年版。

胡适：《胡适日记全编》，合肥：安徽教育出版社，2001 年版。

侯外庐、邱汉生、张岂之编：《宋明理学史》，北京：人民出版社，1987 年版。

姬秀珠：《明初大儒方孝孺研究》，台北：文史哲出版社，1991 年版。

吕澂：《中国佛学源流略讲》，北京：中华书局，1979 年版。

梁启超：《佛学研究十八篇》，上海：上海世纪出版集团，2009 年版。

吕思勉：《中国通史》，上海：上海古籍出版社，2009 年版。

刘述先：《朱子哲学思想的发展与完成》，台北：学生书局，1995 年版。

李泽厚：《中国古代思想史论》，北京：生活·读书·新知三联书店，2008 年版。

苗润田：《中国儒学史·明清卷》，广州：广东教育出版社，1998 年版。

孟森：《明史讲义》，北京：中华书局，2009 年版。

潘富恩、徐余庆：《吕祖谦评传》，南京：南京大学出版社，1992 年版。

钱穆：《中国学术思想史论丛（六）》，北京：生活·读书·新知三联书店，2009 年版。

钱穆：《国学概论》，北京：九州出版社，2011 年版。

钱穆：《中国历代政治得失》，北京：九州出版社，2011 年版。

饶宗颐：《中国史学上之正统论》，北京：中华书局，2015年版。

容肇祖：《明代思想史》，郑州：河南人民出版社，2016年版。

陶希圣：《中国政治思想史》，北京：中国大百科全书出版社，2011年版。

汤一介、李中华编：《中国儒学史》，北京：北京大学出版社，2011年版。

汤用彤：《汤用彤全集》，北京：中华书局，2000年版。

王春楠、赵映林：《宋濂　方孝孺评传》，南京：南京大学出版社，2011年版。

吴晗：《朱元璋传》，长沙：湖南人民出版社，2013年版。

王宇：《师统与学统的调适——宋元两浙朱子学研究》，北京：社会科学文献出版社，2019年版。

王云五：《王云五全集》，北京：九州出版社，2013年版。

萧公权：《中国政治思想史》，北京：商务印书馆，2011年版。

余英时：《朱熹的历史世界》，北京：生活·读书·新知三联书店，2011年版。

余英时：《士与中国文化》，上海：上海人民出版社，2013年版。

余英时：《论天人之际——中国古代思想起源试探》，台北：联经出版公司，2014年版。

杨柱才：《道学宗主：周敦颐哲学思想研究》，北京：人民出版社，2004年版。

左东岭：《王学与中晚明士人心态》，北京：人民文学出版社，

2000 年版。

张佳：《新天下之化——明初礼俗改革研究》，上海：复旦大学出版社，2014 年版。

周齐：《明代佛教与政治文化》，北京：人民出版社，2005 年版。

张岂之编：《中国思想学说史·明清卷》，桂林：广西师范大学出版社，2007 年版。

周叔迦：《周叔迦佛学论著集》，北京：中华书局，1991 年版。

张树旺：《明初行政体制改革的逻辑：从方孝孺与浙东学派的视角》，北京：社会科学文献出版社，2017 年版。

张学智：《明代哲学史》，北京：中国人民大学出版社，2012 年版。

赵园：《明清之际士大夫研究》，北京：北京大学出版社，2014 年版。

赵轶峰：《明代国家宗教管理制度与政策研究》，北京：中国社会科学出版社，2008 年版。

〔古希腊〕亚里士多德：《尼各马科伦理学》，苗力田译，北京：中国人民大学出版社，2003 年版。

〔德〕康德：《康德著作全集》，李秋零译，北京：中国人民大学出版社，2007 年版。

〔德〕马克斯·韦伯：《学术与政治》，冯克利译，北京：生活·读书·新知三联书店，2005 年版。

〔英〕崔瑞德、〔美〕牟复礼编：《剑桥中国明代史（下卷）》，北京：中国社会科学出版社，2006 年版。

〔美〕费正清编：《中国的思想与制度》，北京：世界知识出版社，2008 年版。

〔美〕田浩：《朱熹的思维世界》，南京：江苏人民出版社，2011 年版。

〔美〕武雅士等：《中国社会中的宗教与仪式》，彭泽安、邵铁峰译，南京：江苏人民出版社，2014 年版。

〔加〕卜正民：《明代的社会与国家》，陈时龙译，北京：商务印书馆，2014 年版。

〔日〕岛田虔次：《朱子学与阳明学》，蒋国保译，西安：陕西师范大学出版社，1986 年版。

〔日〕冈田武彦：《王阳明与明末儒学》，吴光等译，上海：上海古籍出版社，2000 年版。

〔日〕沟口雄三：《中国前近代思想的演变》，索介然、龚颖译，北京：中华书局，2007 年版。

〔日〕沟口雄三：《李卓吾·两种阳明学》，孙军悦、李晓东译，北京：生活·读书·新知三联书店，2014 年版。

〔日〕沟口雄三：《中国思想史：宋代至近代》，龚颖、赵士林译，北京：生活·读书·新知三联书店，2014 年版。

〔日〕宫崎市定：《宫崎市定亚洲史论考》，张学锋、马云超译，上海：上海古籍出版社，2017 年版。

〔日〕宫崎市定：《宫崎市定全集》（第 13 册·明清 ），东京：岩波书店，1992 年版。

〔日〕檀上宽：《永乐帝：华夷秩序的完成》，王晓峰译，北京：社会科学文献出版社，2015 年版。

三、期刊论文

郭万金：《"天下读书种子绝矣"——方孝孺之死的文化阐释》，《浙江学刊》，2007 年第 6 期，第 111—116 页。

何孝荣：《论明代的度僧》，《世界宗教研究》，2004 年第 1 期，第 26—37 页。

刘复生：《宋朝"火运"论略——兼谈"五德转移"政治学说的终结》，《历史研究》，1997 年第 3 期，第 92—107 页。

李谷悦：《方孝孺殉难事迹的叙事演化与"诛十族"说考》，《史学月刊》，2014 年第 5 期，第 37—47 页。

刘浦江：《"五德终始"说之终结——兼论宋代以降传统政治文化的嬗变》，《中国社会科学》，2006 年第 2 期，第 177—190、209 页。

刘浦江：《元明革命的民族主义想象》，《中国史研究》，2014 年第 3 期，第 79—100 页。

李群：《明代"靖难之役"中儒生与皇权的关系——以方孝孺为例》，《管子学刊》，2012 年第 1 期，第 104—107、126 页。

刘宗贤：《明代初期的心性道德之学》，《中国哲学史》，1999 年第 2 期，第 85—92 页。

孙宝山：《以"民族性"重构正统论——黄宗羲对方孝孺的正统论的继承与发展》，《中国哲学史》，2005 年第 3 期，第 101—108 页。

沈刚伯：《方孝孺的政治思想》，《大陆杂志》，1961 年第 5 期，第 1—6 页。

孙湘云：《简析方孝孺的君臣关系说》，《华中师范大学学报（哲社版）》，1991 年第 4 期，第 69—71 页。

孙湘云：《方孝孺的夏夷论》，《华中师范大学学报（哲社版）》，1995 年第 6 期，第 89—92 页。

唐宇元：《论方孝孺的用世和无神论思想》，《浙江学刊》，1986 年第 6 期，第 72—75 页。

唐宇元：《朱学在明代的流变与王学的缘起》，《哲学研究》，1986 年第 9 期，第 70—75 页。

田义勇：《“达”范畴与“士”的价值定位》，《南昌大学学报（人文社会科学版）》，2012 年第 4 期，第 80—85 页。

王成、王彦迪：《方孝孺以民本为主旨的政治思想解析》，《湖南大学学报（社会科学版）》，2013 年第 2 期，第 25—28 页。

向燕南：《引领历史向善——方孝孺的正统论及其史学影响》，《齐鲁学刊》，2004 年第 1 期，第 89—93 页。

张常明：《浙东名儒方孝孺先生及其〈逊志斋集〉版本》，《图书与情报》，2008 年第 6 期，第 129—131 页。

张常明：《〈逊志斋集〉成书及版本考》，《图书馆杂志》，2009 年第 8 期，第 78—80 页。

张德建：《明代隐逸思想的变迁》，《中国文化研究》，2007 年秋之卷，第 19—35 页。

左东岭：《元明之际的“气”论与方孝孺的文学思想》，《文艺研究》，2006 年第 1 期，第 46—56 页。

张梦新：《文彪百代，骨鲠千秋——方孝孺的散文理论与实践》，《浙江学刊》，1991 年第 5 期，第 111—115 页。

张树旺：《论明初行政体制改革的精神内涵——以方孝孺与朱元璋宰相制度改革争论为线索》，《华南理工大学学报（社会科学版）》，2010 年第 3 期，第 43—46 页。

张树旺《论方孝孺之死对明代士风的影响》，《广东社会科学》，2006 年第 1 期，第 77—82 页。

张树旺：《论方孝孺之死的儒学史意蕴》，《船山学刊》，2010 年第 2 期，第 119—121 页。

赵伟：《以道事君：方孝孺与明初士大夫政治文化》，《东方论坛》，2011 年第 1 期，第 1—8 页。

四、学位论文

程曦：《明代儒佛融通思想研究》，复旦大学博士学位论文，2007 年。

陈志峰：《方孝孺及其文学之研究》，中山大学博士学位论文，2009 年。

郭锋航：《明初朱子学研究》，陕西师范大学博士学位论文，2012 年。

郭素红：《明代经学的发展》，山东大学博士学位论文，2008 年。

盛夏：《程朱理学与方孝孺的文学思想及其创作》，湖北大学硕士学位论文，2012 年。

汪高鑫：《董仲舒与两汉史学思想研究》，北京师范大学博士学位论文，2002 年。

王伟：《明前期士大夫主体意识研究（1368—1457）》，东北师范大学博士学位论文，2011 年。

王雄军：《方孝孺"礼治主义"政治思想研究》，北京大学硕士学位论文，2005 年。

后　记

　　横渠四句曰："为天地立心，为生民立命，为往圣继绝学，为万世开太平。"初次得闻圣贤此语的我还是一名刚刚辗转入读中国哲学专业的研究生，无论是对浩瀚的传统思想，还是对系统性的研究方法，都一知半解。即便如此，这句先儒传世之言无需阐释已深深打动了我。可以说，我真正抛弃旧的认识，立志要以治学为业，便是从这一刻开始的。然而我由伦理学转读中国哲学，基础薄弱，不得其法，幸得恩师何俊先生不弃，百忙之中始终耐心细致地指导我的学业，为我打开了思想史研究的门径，给予我充分的研究自由，又为我解决生活中种种后顾之忧提供了莫大的帮助，使我无比幸运地至今仍能继续徜徉在学术的海洋，虽缓慢却不孤独地泅渡着。

　　若能给儒家精神作一简略表述，我愿用"做事"二字概括之。而元末明初就是这样一个儒家学者纷纷离开书斋、投身践履的时代。有趣的是，后人如刘宗周、黄宗羲对明初理学毫不吝惜赞美之辞，对元末之学亦能有中肯的评述，今人却时常会用迂阔、支离、守旧之类的词汇来形容这个时代的学术和学者们。金华朱学作为元末明初代表性的儒家学派，其相关研究在当下便处在这样一个略显尴尬的境地，学界或是认为其学术思想研究价值有限，或是倾向于主张它更应被归为文学流派，甚或根本不承认其独立学派的地位。克罗齐曾讲："一切真历史都是当代史。"做出适切价值判断的前提是对事实内容尽可能充分的了解，如果说思想史研究的任务之一是为后来者更确切地把握学术思想发展的完整过程提供材料，从而有助于后来者作出适用于他们那个时代的价值判断，那么本书所做的微不足道的工作也不算是白费功夫了。

本书脱胎于我的博士学位论文，又基于毕业从教后围绕金华朱学的课题研究一并修订而成。书中的部分内容曾发表在刊物上，所修改处，今略下不表。由衷感激何师常年垂爱，此次又特别赐文为序，令拙稿蓬荜生辉。本书但有可陈之善，皆赖先生教导有方，而诸多不足实乃我学养不精、笔力羸弱之故。书稿撰写过程中，业师董萍教授，周可真、吴震、范立舟、钱明、王锟诸教授及师兄王宇给予的指教和鼓励令我受益良多，谨在此致以谢忱。同时，感谢上海古籍出版社杨立军老师的悉心策划与审读，和徐卓聪老师的关心指点。感谢浙江省哲学社会科学规划课题和浙江省习近平新时代中国特色社会主义思想研究中心的资助，使本书得以出版面世。借此机会，同样深深感谢父母多年的支持，引我入门的陈泽环老师与王江武老师，以及一路走来的诸多良师净友们。

甲辰年小满前，金紫微识于杭州寓所